KB251976

뉴 밀레니엄

새벽 만나 2

(신명기, 여호수아, 사사기, 룻기, 사무엘상, 사무엘하)

가종현 목사 지음

말씀과만남

추 천 사

세상에는 새로운 일을 하고자 하는 의식이 점점 식어져 가고 있습니다. 색다른 일, 남들이 하지 않는 일을 했을 때 얻어지는 명성보다는 따가운 눈총과 경계를 더 많이 의식하고 있는 것 같습니다. 그러다 보니 대부분의 사람들은 현실에 안주하기를 좋아하고 적당히 살아가는 것에 익숙해져있습니다. 목회자의 세계도 예외는 아닐 것입니다. 늘 그 모습이 그 모습이고 새로운 것을 향해 도전하는 목회자들을 보기가 쉽지 않습니다. 뭔가를 기대해보지만 신선한 것이 없어 늘 아쉬울 따름입니다.

그러던 차에 사랑하는 후배 가종현 목사께서 큰 일을 한다는 소식을 들었습니다. 교회를 개척하여 크게 성장시키고 있다고 하더니 이번에는 그 동안 새벽기도회를 한 설교 원고를 책으로 낸다 하는 것입니다. 웬만한 설교자라면 새벽기도회보다는 주일 낮 예배 설교에 더 많은 비중을 두고 준비를 할 것입니다. 새벽 설교란 의례히 원고 없이 하는 것에 익숙합니다. 그런데 가 목사의 설교집이 새벽 설교의 모음집이라니 놀라지 않을 수 없었습니다.

책으로 낼까 한다는 말과 함께 가종현 목사께서 가져온 원고를 읽으며 나는 또다시 놀랐습니다. 그 내용이 간단하면서도 신학적이고 또한 본문의 내용을 정확히 꿰뚫고 있었습니다. 그러면서도 목회 현장에서 얻어지는 것들을 잘 옮겨 놓아 성도들의 삶과 실제적으로 적용되는 내용들을 담고 있었습니다. 또한 설교가 쓰여졌을 때 어떤 설교들은 그 '맛'을 잃는 경우가 허다하지만 그의 설교는 선포되어 졌을 때의 그 뜨거움을 그대로 유지하고 있었습니다.

나는 그의 책 〈뉴 밀레니엄 새벽 만나〉가 다른 설교자들에게 도전과 함께 목회에 큰 도움을 주리라 생각합니다. 설교 자료집으로써, 혹은 보조 자료로써 설교자들의 강단을 살찌우는 데 충분한 가치가 있다고 봅니다. 뿐만 아니라 〈뉴 밀레니엄 새벽 만나〉는 매일매일 말씀을 묵상하는 평신도들에게도 좋은 길잡이 역할을 하리라 기대합니다. 왜냐하면 가종현 목사는 목회자의 안목으로 말씀을 깊이 통찰하여 그것을 현장 사역자의 입장에서 일목요연하게 잘 설명하고 있기 때문입니다.

나는 목회자의 한 사람으로써 앞으로 이와 같은 책들이 후배 동역자들의 손을 통하여 많이 출판되기를 기대합니다. 그래서 한국교회의 강단을 살찌우고 또한 평신도들에게도 좋은 길잡이 역할을 해 주기를 바라는 간절한 소원이 있습니다. 가종현 목사께서 참으로 귀한 일을 한데 대해 선배로서 자랑스럽게 생각합니다. 아울러 〈뉴 밀레니엄 새벽 만나〉가 여러 계층으로부터 많은 사랑을 받기를 바라는 마음으로 추천의 글을 전합니다.

기독교대한성결교회 증경총회장 신학박사 강신찬 목사

머 리 말

몇 번이고 망설이다가 새벽강단을 준비하시는 목회자들에게 조금이나마 도움이 되었으면 하는 바램을 가지고 이 책을 내 놓습니다. 어떤 설교든지 설교한다는 것은 다 어려운 일이지만 그 중에 새벽 설교를 매일 해야 한다는 것은 저에게 있어서 큰 부담이었습니다. 그러한 부담을 안고 고민하다가 생각한 것이 창세기부터 요한계시록까지 매일 한 장씩 설교해 보리라는 결심이었습니다. 그런 생각을 가지고 서점에 가서 자료를 찾아보았으나 신약을 강해한 설교 자료는 있는데 구약 전권을 새벽 설교에 맞게 강해한 것은 흔치 않았습니다.

그래서 할 수 없이 매일매일 여러 주석을 보면서 새벽 설교를 한 것을 모아 놓다 보니 어느덧 방대한 설교 자료가 되었습니다. 하루에도 몇 시간씩 기도하면서 공들여 쓴 설교 원고를 보면서 새벽 설교를 준비하느라고 저와 같은 고민을 하실 목회자들이 계실 것이라는 생각을 하게 되었습니다. 그런 마음에서 부족하지만 그 분들께 조그마한 보탬이라도 되었으면 하는 작은 소망을 가지고 〈뉴 밀레니엄 새벽 만나〉를 출판하게 된 것입니다.

일반 성도들에게는 가정예배, 개인QT 그리고 성경을 체계적으로 배우기를 원하는 이들에게 많은 도움을 줄 것입니다.

이 책이 나오기까지 편집과 교정에 힘써 주신 말씀과만남 출판사 임직원 여러분께 감사를 드립니다.

지은이 가종현 목사

차 례

추천사 / 3
머리말 / 5
차례 / 6

여호수아

사사기

룻기

사무엘상

가나안을 정복하라 (신명기 1:1-8)

신명기는 모세가 죽음을 맞이하기 전에 하나님께서 이스라엘에게 주셨던 여러 가지 명령들을 재 강조함으로써 이스라엘 백성들에게 하나님을 향한 경건한 신앙심을 굳게 해 주려고 쓰여진 책입니다. 그러므로 율법의 반복, 혹은 율법의 재 강조라고 볼 수 있습니다.

신명기의 기록 목적은 광야에서 출생하고 자라난 제2세대 혹은 새로운 세대들을 교육시키기 위한 것으로써 레위기와 민수기에 언급된 율법의 재 강조입니다. 하지만 레위기와 다른 점이 있다면,

①기록한 장소가 다릅니다. 레위기는 시내 산에 거주했을 때 주어진 것이고 신명기는 가나안을 바라보며 진치고 있던 모압 평지에서 주어진 것입니다.

②이스라엘의 방랑생활의 차이가 있습니다. 레위기는 이스라엘의 방랑이 시작될 때 주어진 것이지만 신명기는 광야의 방랑생활을 종지부 찍고 가나안 땅 입성을 준비하고 있을 때 주어

진 것입니다.

③레위기는 주로 제사장이나 레위인 같은 성직자의 규례와 법도를 가르친 반면에 신명기는 성직자보다 일반인에게 초점을 맞춰 일반인이 지켜야 할 법도와 거룩한 생활을 가르치기 위하여 주어진 것이라는 점이 다릅니다.

오늘 본문은 불순종의 대가로 40여 년을 광야에서 방황한 끝에 비로소 가나안을 목전에 둔 모압 평지에서 행한 모세 설교의 서론이라 할 수 있습니다.

1. 모세는 율법 재 선포의 필요성을 느꼈습니다.

광야생활 40여 년간 출애굽 1세는 모세와 여호수아와 갈렙을 제외하고는 모두 소멸됐습니다. 이 기간 중 2세들은 거의가 출생하지 않았을 때이며 출생했다 하더라도 나이가 어렸기 때문에 율법에 대한 지식이 없었습니다. 40년이 지난 그들은 지금 성인으로 성장해 있었습니다. 그러므로 가나안 땅 입성이 임박하였고 뿐만 아니라 모세 자신의 임종이 임박한 이 시점에서 이스라엘 백성들에게 율법을 가르치지 않으면 안되었던 것입니다.

가나안 땅에 들어갈 준비로는 군비보다 율법에 의한 정신무장이 더욱 필요했기 때문입니다. 또한 40년 동안 필요에 따라 그때그때 계시하신 율법의 체계화를 위해서도 신명기서는 필요 필수 조건이기 때문입니다. 이렇게 하나님의 법은 한 시대가 가면 반드시 그 다음 세대 사람들에게 가르쳐 져야 만이 영적 생명을 유지 할 수 있는 것입니다.

2. 본문에서 설교, 시기, 장소 등이 구체적으로 언급되어 있는 것을 볼 수 있는데 이것은 대단히 중요한 의미를 지닙니다.

본서의 내용이 결코 신화나 전설같이 지어낸 이야기가 아니라 실제로 존재했던 인물을 통해 하나님이 초자연적으로 주신 말씀이라고 하는 사실을 말한 것입니다.

3절에 모세는 자신의 설교가 신적 기원임을 밝히고 있습니다. 이는 모세의 자의적 설교모음이 아니라 하나님에 의해 분명히 주어졌다는 사실입니다. 그러므로 모든 성경은 하나님의 영감에 의해 사람들의 손길을 통해 주어진 사실을 믿고 율법을 지키는 백성이 되어야 합니다.

3. 제일 먼저 주어진 명령은 가나안을 점령하라는 것이었습니다.

8절에 보면 "너희의 열조에게 맹세하사 그들과 그 후손에게 주리라 한 땅이 너희 앞에 있으니 들어가서 얻을찌니라"고 하였습니다. 신앙은 하나님의 약속을 믿고 행동하는 것입니다. 행동할 때 기적이 나타나는 것입니다.

동족과 다투지 말라 (신명기 2:1-15)

모세는 앞장에 이어 계속해서 지난날의 이스라엘 광야 여정을 회상하고 있습니다.

1. 먼저 모세는 이스라엘이 광야에서 오랫동안 머문 것에 대해 간단하게 이야기하고 있습니다.

1절에 보면 "우리가 여러 날 동안 세일 산을 두루 행하더니"라고 했는데 이 여러 날은 14절에 보면 무려 38년이나 걸린 것을 볼 수 있습니다. 14절에 나오는 가데스바네아는 바로 12명의 정탐꾼을 가나안 땅에 보냈던 곳입니다.

12명의 정탐꾼들이 40일 동안 정탐하고 돌아와서 보고했을 때 이스라엘 백성들은 긍정적인 믿음의 보고를 한 여호수아와 갈렙의 보고를 듣지 않고, 부정적인 보고를 한 10명의 정탐꾼의 보고를 듣고 하나님께 불 신앙을 저지르게됩니다. 이 일로 진노하신 하나님께서는 40일을 40년으로 계산해서 광야에서 유리방황 하다가 죽을 것이라고 하셨는데, 그 말씀대로 이제 그들은 38년을 유리방황하고 있었던 것입니다.

그런데 성경은 그 38년이란 방황의 시간에 대해선 침묵하고 있습니다. 이젠 오히려 가나안을 향하여 나아가라고 명령하셨습니다. 아마 하나님께서는 그 긴 시간을 통해 그들을 겸손케 함으로 가나안에 들어갈 수 있도록 훈련시키셨을 것이며 또한 가나안에 살고 있던 종족들에게 회개의 기회를 주셨을 지도 모르겠습니다. 하지만 이제 하나님은 이스라엘 백성들에게 가나안을 향해 나아가라고 하셨습니다. 이렇게 하나님은 하나님의 백성들과 오랫동안 다투기는 하셔도 영원히 다투시지는 않으십니다. 그러므로 하나님은 사랑의 결말을 자녀들에게 주시는 분인 줄 믿고 광야 같은 안정되지 못한 삶이 있더라도 인내하며 하나님의 때를 기다리는 성도가 되어야 합니다.

2. 하나님은 이스라엘 백성들에게 에돔과 모압과 암몬 족속과 다투지 말라고 하셨습니다(4-9절).

에돔은 에서의 후손들이 사는 땅이요 모압과 암몬은 아브라함의 조카 롯의 딸들을 통하여 생겨난 후손들입니다. 하나님이 그들과의 전투를 금하신 이유는 그들은 같은 종족들이기 때문입니다. 우리는 우리의 친척들이 우리에 대하여 자신들의 의무를 이행치 못한다 하더라도 우리는 친척이란 생각을 품고 있어야 하며 기회가 있을 때 우리는 그들에 대하여 의무를 이행치 않으면 안되는 것입니다. 그 이유는 그들의 땅도 하나님께서 허락하여 주시고 그들도 하나님의 구속사역에 포함시켰기 때문입니다.

그러므로 우리도 살아가는 동안 어떤 일이 있더라도 형제들과 다투지 말아야 합니다. 이것은 하나님이 결코 기뻐하시는 일이 아니기 때문입니다. 형제들간의 화평은 하나님의 사랑에 대한 인간의 응답이며 하나님의 은혜를 수용하는 인간의 태도인 것입니다. 예수님께서도 제단 쌓기 전에 형제와 원수진 일이 있으면 가서 화평하고 와서 제단을 쌓으라고 하셨습니다.

3. 하나님은 이스라엘 백성에게 돈을 주고 양식과 물을 사라고 하셨습니다(6절).

하나님은 에돔 족속 이나 암몬 과 모압 족속이 사는 땅을 지날 때 먹을 것이나 마실 것을 공짜로 취하지 말고 반드시 돈을 주고 양식과 물을 사라고 하셨습니다. 이것은 인간 관계에서 꼭 지켜야 할 윤리입니다. 공짜를 바라는 것은 도적의 마음입니다. 모든 것이 하나님께 받은 것이지만 하나님은 각자의 소유를 인정하셨습니다. 그러므로 그리스도인들은 결코 남의 소유를 탐내거나 거저 취하는 일이 있어서는 안됩니다. 왕상 21장에 보면 나봇의 포도원을 공짜로 가로챈 아합 왕은 그로 인해 망했습니다. 반면 역대상 21장에 보면 다윗은 오르난의 타작마당을 거저 준다고 해도 금 육백 세겔을 주고 사서 하나님께 예배드렸습니다. 사람 관계도 공짜를 좋아해서는 안되지만 하

나님과의 관계에서도 나의 소유로 정성스러운 예배를 드릴 줄
알아야 합니다.

모세의 간구 (신명기 3:21-29)

가나안 지경까지 이른 모세에게 가장 가슴 아픈 일은 지금껏
고생해온 자신이 가나안 땅에는 들어가지 못하고 광야에서 죽
으리라는 하나님의 선언이었습니다. 그리하여 모세는 하나님
께 그 선언을 철회하실 것을 간구 하였으나 그의 기도는 거절되
었습니다. 이와 같은 모세의 슬픈 개인적 역사를 통하여 우리
에게 들려주시고자 하시는 하나님의 교훈과 그 의미를 알아보
겠습니다.

1. 모세는 가나안 입성을 간절히 기도했습니다.

23절에 보면 "그때에 내가 하나님께 간구했다"고 했는데 "그
때란" 바로 앞 절인 21-22절의 말씀 그대로의 때입니다. 즉
여호수아에게 하나님께서 두 왕을 완전히 쳐 부신 것을 네가
보았듯이 네가 가는 모든 나라에서도 이와 같이 하나님이 싸우
실 것이니 너는 두려워하지 말라고 격려하며 말씀하셨을 때입
니다. 다시 말하면 여호수아에게 가나안 입성을 약속 하셨을
때입니다. 바로 그때에 모세 자신은 하나님이 가나안에 들어가
지 못하리라 말씀하셨음에도 불구하고 그 곳에 건너가고자 하
는 강렬한 충동을 받은 것입니다.

그러므로 모세는 하나님께 가나안에 들어 갈 수 있도록 간절히 기도했습니다. 그것은 하나님의 선고에 반항하는 것이 아니라 은혜스러운 변경이 있기를 겸손히 기도 드렸던 것입니다. 그의 기도는 "나로 건너가서 왕과 지배자가 되게 하소서가 아니라, 나로 건너가게 하사 아름다운 땅을 보게 하소서"였습니다. 이는 하나님의 약속하셨던 땅을 보고싶은 간절한 열망이 있었던 것입니다. 이런 열망이 있는 그에게 가나안을 목전에 두고 그 자신이 제외 당한다는 것은 큰 슬픔이 아닐 수 없습니다. 하지만 그는 그 슬픔을 하나님께 간구함으로 아뢰었습니다. 우리도 슬픔을 당할 때 모세처럼 하나님께 기도함으로 슬픔을 극복하는 사람이 되어야겠습니다.

2. 모세의 기도는 거절당했습니다.

히스기야와 다윗은 경고를 받은 후에도 기도하였는데 히스기야는 응답 받았고 다윗은 거절당했습니다. 이와 같이 모세도 다윗처럼 거절당했습니다. 그는 지난날의 므리바 사건의 단 한 번의 실수(민 20:2-13절)로 가나안 입성이 금지되었습니다. 므리바 사건은 지도자로서 하나님의 영광을 드러내지 못했고 많은 백성에게 죄의 여파를 남겼기 때문입니다. 이렇게 하나님의 영광을 가리우고 죄를 범한 자는 그가 하나님의 큰 은혜를 입은 자라 할지라도 하나님께 징계를 받는다는 점을 명심해야 합니다. 뿐만 아니라 하나님은 많은 은사를 베푼 자에게 더 많은 책임을 요구하신다는 점을 알아야합니다. 그러므로 먼저 믿은 자 일수록 하나님께 영광 돌리는 일을 먼저 생각해야지 자신의 뜻대로 행동해서는 안됩니다. 인간이 객관적으로 볼 때는 옳고 타당해 보이더라도 하나님의 뜻과는 거리가 멀 수도 있기 때문에 항상 하나님의 뜻에 맞는가를 생각하며 행동함으로써 하나님께 영광 돌리는 일에 최선을 다해야합니다.

3. 하지만 모세의 기도는 부분적이나마 응답 받았습니다.

26절에 보면 모세의 간청을 거절하신 하나님은 "그만해도 족하니 이 일로 내게 말하지 말라" 하시면서 27절에서는 "너는 비스가 산에 올라가서 네 눈으로 그 땅을 보라"고 하셨습니다. "그만해도 족하다"는 말은 여지까지 받은 은혜만으로도 족한 줄 알라는 말씀입니다. 비록 모세가 가나안 땅에는 들어가지 못했지만 예수님에게 까지도 구약의 최고 선지자로 인정되었습니다(눅 9:28-36절). 그러므로 성도는 하나님께서 여지까지 베풀어주신 은혜에 만족하며 감사하며 살아야합니다. 이렇게 족한 줄 알 때 하나님은 모세에게만 비스가 산에 올라가서 가나안 땅을 바라보게 하셨습니다. 이것은 모세의 기도를 외면하신 것만 아니라 그의 기도를 응답하셨다는 뜻입니다. 응답하시되 인간의 뜻대로가 아니라 하나님의 뜻대로 응답하신 것을 말합니다. 그러므로 하나님의 뜻대로 응답되기를 기도해야 합니다.

율법을 준수하라 (신명기 4:1-8)

이스라엘의 40년 광야 여정에 대한 모든 회상이 끝난 모세는 이제 그들이 받은 율법을 회상하며 새로운 세대에게 하나님의 법이 무엇인지를 가르치기 시작했습니다.

1. 율법을 준행하면 너희가 산다고 하셨습니다(1절).

먼저 모세는 하나님의 백성들이 하나님과의 관계에서 지켜야할 규례와 법도를 준행하라고 말합니다. 그러면서 이것은 너희의 사는 길이라고 말합니다. 이것은 모세가 광야를 통하여 배운 몇 가지 잊지 못할 역사적 교훈을 배경으로 한 준엄한 명령입니다. 이스라엘 백성들은 하나님을 불 신앙적으로 원망하고 불순종하다가 하나님의 계명들을 어김으로 많은 수가 멸망했던 것을 생생히 기억하고 있습니다. 그러므로 이것은 순종의 중요성을 넘어 생과 사의 문제였던 것입니다.

3-4절에 보면 바알브올을 쫓는 사람은 진멸했으나 쫓지 않았던 자들은 생존했습니다. 뿐만 아니라 율법을 준행하는 삶은 주시는 땅에 들어가 그것을 얻게 하는 기준의 척도도 되었습니다. 그들은 가나안을 목전에 둔 모압 평지에 와있지만 아직도 하나님의 약속은 성취되지 않았습니다. 그 성취를 위한 마지막 노력은 약속의 성취를 굳게 믿고 그 땅을 취하라는 하나님의 명령을 준행하는 것입니다. 그러므로 구원받은 성도는 하나님의 약속을 믿고 준행해 나갈 때 그것이 사는 길이요, 성장하는 길이요, 하나님께서 약속하신 축복을 얻는 길임을 명심해야 합니다.

2. 율법에 가감하지 말라고 하셨습니다(2절).

이것은 모세가 이스라엘 백성에게 하나님의 율법 즉 규례와 법도들의 완전성과 충족성과 거룩성을 가르쳐 율법을 순수하고 온전하게 보존하려는 의도에서 말한 말씀입니다. 하나님의 규례와 제도가 시대적 상황에 맞지 않는다고 어떤 창의 안을 보태거나 어떤 종교예식을 도입해서도 안되며 자신의 연약함으로 지킬 수 없다 하여 자신의 사정에 맞게 고쳐서도 안 되는 것입니다.

결국 하나님은 인간의 변하기 쉬운 심성을 아셨기에 하나님의 말씀 자체를 원망하거나 탓하지 말고 오직 순종만 하면 택하신 백성들은 기쁨을 맛보게된다는 말입니다. 그러면 6절의 말씀대로 지혜와 지식이 있는 백성이 되며 큰 나라 사람이 된다고 했습니다.

그러므로 참된 지혜와 지식과 큰 나라 사람이 될 수 있는 것은 이 세상의 생활 방식대로 살아갈 때 되는 것이 아니라 하나님의 규례와 제도를 그대로 가감없이 지킬 때 이루어지는 것입니다. 이렇듯이 보수적이 되어서는 안되지만 보수신앙은 가져야 합니다.

3. 율법을 지키는 생활은 하나님을 가까이 하는 생활입니다.

7절에 보면 하나님은 기도할 때마다 우리에게 가까이 하신다고 하셨습니다. 예수님도 마태복음 7:7절 이하에서 구하는 삶이 곧 하나님의 성령을 모시는 삶이라고 하셨습니다. 이렇게 기도할 때마다 하나님은 우리를 가까이 하시는데 하나님의 율법을 지키는 사람에게는 얼마나 더 가까이 하시겠습니까? 이것은 마치 아버지와 대화하는 자녀에게 아버지는 친밀감을 갖는데 아버지의 말에 순종하는 자녀는 얼마나 더 친밀감을 갖겠는가 하는 말입니다.

그러므로 우리는 하나님을 더욱 가까이 하기 위해 기도하고 말씀대로 사는 성도가 되어야겠습니다. 하나님을 가까이하면 그만큼 하나님도 우리를 가까이 하심을 믿는 축복된 성도가 되시기 바랍니다.

십계명을 주신 목적 (신명기 5:1-21)

하나님께서 이스라엘 백성을 출애굽 시킨 뒤 시내 산에서 제일 먼저 그들에게 십계명을 주셨습니다. 십계명을 주셨다는 것은 이제 신분이 달라졌다는 말이며 달라진 신분에 맞게 행동하라는 말씀입니다. 다시 말하면 선택된 하나님의 백성이기에 하나님의 백성답게 살라는 말입니다.

십계명을 지키는 것은 오늘날에도 마찬가지로 우리가 지켜야 할 의무입니다. 십계명은 출 20장에 이미 언급되었습니다만 신명기에 다시 언급된 것은 그 당시 십계명을 들었던 세대가 바뀌어졌기 때문입니다. 중요한 교육이란 반복되어 진다고 해도 잘못될 것이 하나도 없기에 우리도 십계명에 관한 말씀을 다시 한번 깊이 생각하는 시간을 갖도록 하겠습니다.

십계명은 크게 두 가지로 구분 할 수가 있는데 1계명서부터 4계명까지는 하나님께 대한 관계의 계명입니다. 이 계명들을 통해서 우리는 하나님께서 당신의 백성과 올바른 관계를 갖기를 얼마나 열망했는지 알 수 있습니다. 또 5계명서부터 10계명까지는 인간에 대한 계명입니다.

하나님은 하나님의 백성들이 이웃과의 관계에 있어서 하나님께 받은 사랑을 실천하면서 살기를 원하셨음을 알 수 있습니다. 그러면 하나님께서 이스라엘 백성에게 이 같은 십계명을 주신 목적과 이유는 무엇이겠습니까? 구체적으로 생각해 보겠습니다.

1. 하나님의 말씀이 생의 기준임을 알리기 위해서 주셨습니다.

십계명은 인간의 삶을 총망라한 하나님의 명령입니다. 여기에는 하나님께 대한 도리나 이웃에 대한 인간의 도리는 물론 인간의 내면의 문제와 외면의 문제를 동시에 다루고 있습니다. 그런데 이러한 십계명에서 가장 강조하고 있는 것은 바로 이 십계명의 입안자이신 하나님과 하나님의 말씀이 인간생활의 절대 기준이 된다는 것입니다.

십계명을 주신 것은 인간에게 유일신 하나님에 대한 절대신앙, 절대순종, 절대사랑을 요구하는 것입니다. 더 나아가서 하나님의 말씀을 등지고는 결단코 평안과 번영에 이를 수 없다는 것을 말씀하고 있는 것입니다. 그러므로 믿어 구원받는 것이고 계명을 지켜 행함으로 복 받는 것입니다.

2. 하나님의 백성다운 삶을 살아가게 하기 위해 주신 것입니다.

하나님께서 이스라엘 백성에게 십계명을 주신 근본적인 목적은 이스라엘을 사랑하기 때문에 주신 것임을 알아야 합니다.

6절 말씀을 보면 십계명을 주시기 전에 하나님께서 자신을 소개하셨는데 그것은 "나는 너를 애굽 땅 종 되었던 집에서 인도해 낸 너의 하나님 여호와로라"라는 말씀입니다. 이 사실은 무엇을 의미합니까?

십계명을 다 지켜야 구원받는다는 구원의 조건이 아니라 하나님의 사랑과 은혜로 구원해 주신 다음에 하나님의 백성답게 살라고 주신 계명이라는 말입니다. 다시 말하면 하나님의 자녀로 사랑하기 때문에 주신 계명이라는 말입니다.

그러므로 십계명은 이스라엘을 옭아매는 속박이 아니라 이스라엘에게 복과 생명을 주시는 사랑의 계명임을 의미하는 것입니다. 그래서 십계명을 지키는 것은 하나님의 사랑에 응답하는 삶인 것입니다.

십계명을 지키지 않고 살아간다면 하나님을 무시하는 자라는 것을 아무도 부인할 수가 없을 것입니다. 그러므로 십계명을 지키며 살려고 노력하는 것은 하나님의 사랑 받은 자로써 그 받은 사랑에 응답하며 살아가는 하나님의 백성다운 삶을 의미하는 것입니다.

3. 모든 인간을 그리스도께로 인도하기 위해 주어졌습니다.

엄밀히 말해서 이스라엘이 가나안에 입성하고 구원을 받은 것은 그들이 십계명을 지켜서가 아니라 전적인 하나님의 은혜였습니다. 십계명이 주어질 때도 마찬가지로 하나님의 은혜로 그들을 애굽 땅에서 구원해 내신 뒤 십계명을 주신 것입니다. 그렇다면 십계명은 무엇입니까?

십계명을 다 지킬 사람은 아무도 없습니다. 도리어 율법은 자신이 죄 아래 있는 죄인임을 뚜렷이 알게 해줍니다. 이것이 십계명이 우리에게 주는 유익입니다.

결과적으로 인간의 행위로는 구원받을 수 없기에 우리의 중보자이시며 율법의 완성자이신 그리스도께로 나아가도록 만드는 것이 율법의 역할입니다(갈 3:21-25절).

그러므로 율법의 가장 기본적인 골격인 십계명을 통해서 그리스도 앞으로 나아가 구원받은 백성은 하나님의 큰사랑을 받았기에 이웃을 사랑하며 살아가야 하는 것입니다.

율법의 근본 목적 (신명기 6:1-15)

앞장에서(5장) 십계명을 강론한 모세는 이제 본 장에서 25장에 이르기까지 율법 전반에 대하여 강론합니다. 오늘 본문을 몇 가지로 나누어 생각해 보겠습니다.

1. 율법의 근본 목적에 대해서 말하고 있습니다(1-3절).

1-3절은 서론적으로 백성들에게 하나님의 율법이 주어진 근본적인 목적에 대해서 설명하고 있습니다.

1-2절은 율법의 목적에 대한 기술입니다. 율법의 목적은 한마디로 인간이 하나님을 올바로 섬길 수 있게 하기 위해 주어진 것입니다. 그리고 율법을 순종할 때 하나님은 축복과 은혜를 약속하셨습니다. 2절 하반절에 보면 "네 날을 장구케 하기 위함이라"고 했고, 3절에 보면 "행하면 복을 얻고 땅을 얻고 심히 번성케 하신다"고 하셨습니다.

그렇기에 율법을 주신 것은 하나님 자신을 위한 것이 아니라 우리를 복되게 하시려고 주신 것이며 우리를 사랑하시기 때문에 주신 것임을 알 수가 있습니다. 그러므로 우리 모두는 이러한 하나님의 사랑을 깨닫고 하나님의 계명을 지킴으로 축복 받는 성도들이 되어야겠습니다.

2. 신앙이 시들거나 부패되지 않게 하기 위해 신앙을 지키게 하는 방편들을 말씀하고 있습니다(4-9절).

본문을 이스라엘 백성들은 '쉐마'라고 부릅니다. 히브리어로 '들으라'는 뜻입니다. 이것은 반드시 하나님의 말씀에 귀기울이고 그것에 순종해야 함을 시사한 말씀으로 두 가지로 구분됩니다.

첫째로, 하나님을 사랑하는 것과(4-5절) 둘째로, 그 말씀을 자손들에게 부지런히 가르쳐야 한다는 명령으로 이루어져 있습니다. 구체적으로 신앙이 시들거나 부패되지 않고 신앙을 지킬 수 있는 방법은, ①말씀을 명상하는 것입니다. 말씀을 마음에 새기는 것을 의미합니다. 하나님을 사랑하는 사람은 말씀을 마음에 둡니다. ②자녀에게 말씀을 부지런히 가르쳐야 합니다. 가정에서 자녀를 향한 철저한 신앙교육은 부모의 신앙 지킴의 척도가 됩니다. ③하나님의 말씀을 항상 전파해야 합니다(7절). 하나님의 말씀을 가정뿐 아니라 사회 등 어느 곳에서라도 대화의 중심이 되도록 해야 합니다. ④말씀이 모든 행동의 지침이 되어야 합니다(8절). 손목에 기호를 삼고 미간에 붙이라고 하는 말은 말씀을 자주 읽으라는 말도 되지만 동시에 무슨 일을 하든지 말씀이 삶의 지침이 되게 하라는 말입니다.

또 9절에 보면 말씀을 문설주에 기록하여 글자 그대로를 받아들이는 문자에 매여 있는 생활을 했습니다. 실제로 그들은 메주자라는 box를 만들어 문밖에 두고 들어올 때 나갈 때 그 속에 들어 있는 쉐마라고 불리는 본문 말씀을 읽고 들어오고 나갔습니다. 그런 일들을 반복함으로 말씀을 지키는 것이라고 생각했습니다.

예수님이 바리새인을 책망한 이유 중에 하나도 그들의 의식 중 하나인 팔에 차는 네모난 경문과 옷술을 다른 사람의 것보다 더 크고 넓은 것을 가진 것을 자랑했기 때문이었습니다(마 23:5). 하나님의 말씀은 겉으로만 부지런히 읽는 것을 넘어서서 그 말씀을 지키고 행하는 것입니다. 그것이 곧 하나님을 사랑하는 일인 것입니다.

3. 번창하고 풍요해진 날에 하나님을 잊어서는 안 될 것을 주의하고 있습니다(10-12절).

이 말씀은 이스라엘 백성들이 가나안에 정착한 후 지켜야 할 도리에 대해서 언급한 말씀입니다. 이제 그들은 가나안 땅에 들어갈 때 자신들이 수고하지 않고도 하나님이 준비해 주신 많은 것들을 얻게 될 것인데(11절) 그 모든 것은 하나님이 준비해 주시는 은혜의 소산물인 것입니다. 그런데 문제는 부요함 때문에 이 은혜를 잊고 하나님을 마음으로 떠날 수 있다는 점입니다. 그러므로 우리는 항상 하나님께서 주신 것들을 헤아리며 감사하는 백성이 되어야겠습니다.

가나안 족속과 구별하라 (신명기 7:1-16)

본문은 이스라엘 백성들이 가나안 땅에 들어가서 그 땅을 얻게 되었을 때 그 땅 거민들을 완전히 섬멸하고 그들과 교류하지 말라는 명령입니다.

1. 토착민들을 불쌍히 여기지 말고 철저하게 진멸하라고 하셨습니다(1-5절).

가나안 본토에서 살던 토착민들은 대게 함의 후손들인데 아브라함이 갈대아우르에서 이전해 오기 전부터 그 땅에 살고 있었던 사람들입니다. 하나님은 이스라엘 백성들에게 ①서로 약속하지 말고 ②불쌍히 여기지 말고 ③서로 혼인하지 말고 ④우상을 파괴하라고 하셨습니다. 그리고 급기야는 그들이 이스라엘 백성들의 손에 진멸 될 것이라고 하셨습니다.

가나안 족속에 대한 진멸 명령은 하나님의 자비와 긍휼에 반대되는 것 같습니다. 어떤 의미에서는 너무 잔인한 것 같다는 감이 없지 않습니다. 하지만 그들을 진멸하라고 하신 것은 이스라엘 백성들을 들어가게 하기 위한 조처가 아니라 그것은 가나안 족속에 대한 하나님의 오랜 참으심 뒤에 오는 심판이었음을 알아야 합니다.

창 15:16절에 보면 "네 자손은 4대 만에 이 땅으로 돌아오리니 이는 아모리 족속의 죄악이 아직 관영치 아니함이라"고 하셨는데 하나님은 그들에게 회개할 충분한 기회를 주었는데도 끝까지 하나님을 떠나 우상을 숭배한 백성들이기에 이제 이스라엘 백성들을 도구로 사용하여 진멸하시는 심판을 행하시겠다는 말씀입니다. 하나님은 이렇게 죄를 철저히 보응하시는 분이십니다. 그러므로 어떤 의미에서 아모리 족속인 가나안 족속에게 주었던 유예 기간이 우리에게도 해당될는지도 모르기에 기회 있을 때 죄를 회개하는 사람이 되어야 합니다.

2. 이스라엘 백성이 선민 된 이유를 말씀하고 있는 것을 보게 됩니다(6-11절).

하나님은 가나안 족속을 진멸하라고 하신 반면 이스라엘 백성을 선민으로 선택하신 이유를 분명히 말씀하고 있습니다.

하나님이 이스라엘을 선민으로 택한 이유는 가나안 족속보다 의로워서가 아니고 그들이 다른 민족보다 수효가 많다거나 뛰어나서가 아니고 오직 하나님이 사랑하시기 때문이요, 믿음의 열조들에게 하신 약속을 지키기 위해서라고 하셨습니다(9절). 다시 말하면 약속에 신실하신 하나님의 긍휼과 은혜로 구원하시고 선택하신 것이라는 말입니다. 은혜로 말미암아 선민이 되었다는 말입니다.

그러므로 이스라엘 백성들은 항상 감사하며 구별된 백성답게 살아야 하는데 그것이 규례와 법도를 지켜 행하면서 사는 일인 것입니다. 이것은 오늘날 성도들에게도 마찬가지입니다. 하나님의 주권적인 섭리와 사랑과 은혜로 구원받았으니 이제 감사하면서 하나님의 말씀을 행하면서 살아야 하는 것입니다.

3. 계명 준수에 따르는 축복에 대해서 말씀하고 있습니다 (12-16절).

계명에 준수하면서 사는 것은 구원받은 은혜에 응답하면서 살아야할 의무임에도 불구하고 계명을 준수하는 자에게는 하나님께서 축복하신다고 하셨습니다. ①인애를 베푸시고(12절) ②번성케 하시고(13절) ③물질적으로 풍요케 하시고(13-14절) ④건강의 축복을 주신다고 하셨습니다(15절). 계명을 준수하는 것은 도리임에도 불구하고 계명을 준수하며 살 때 이렇게 엄청난 축복 받음을 믿고 행하는 성도들이 돼야겠습니다.

광야 생활을 기억하라 (신명기 8:1-20)

본문도 역시 하나님의 율법을 지키는 일에 대한 중요성을 말하고 있습니다. 7장은 이스라엘 백성이 애굽 탈출사건의 경험을 근거로 가나안 땅에 담대히 나갈 것을 말한 반면 본 장에서

는 광야의 경험에 근거하여 하나님의 명령을 준행 할 것을 말하고 있습니다.

1. 40년 동안 광야의 길을 걷게 하신 것을 기억하라고 말하고 있습니다(1-6절).

이제 이스라엘은 영적으로 성년이 되었기에 그들이 하나님의 축복하신 기업을 받게 되었으므로 오늘이 있기까지 하나님이 그들을 훈련시킨 방법을 회상하지 않을 수 없게 되었습니다. 회상하는 이유는 그것을 통해 더욱더 하나님의 말씀을 순종하고 지켜 행하기 위함인 것입니다.

그러므로 하나님은 이제 그들이 왜 광야40년의 길을 걷게 되었는지를 말씀하고 계십니다. 이제는 왜? 그런 고난의 길을 걷게 했는지의 의미를 알 수 있는 영적 성숙의 단계에 있었기 때문입니다. 그 이유는,

①그들의 순종여부를 알게 하시기 위함이었습니다(2절). 순종의 시금석이란 순탄할 때가 아니라 고난 당할 때입니다. 그러므로 명령을 지키려는지 아닌지를 광야 40년을 통해 시험하신 것입니다.

②광야 생활 중 만나를 주신 것은 사람이 떡으로만 사는 것이 아니요 하나님의 입에서 나오는 말씀으로 사는 것을 알게 하려 하심이었습니다(3절).

사람은 전혀 불가능해 보이는 형편 속에서 비로소 하나님의 기적적인 도움의 손길을 경험 할 때가 있습니다. 그런 경험이 있은 후에야 모든 것이 하나님께서 하심을 알게 되고 하나님의 말씀은 불가능이 없다는 것을 알게 됩니다. 이런 경험은 광야를 경험하지 않고는 얻을 수 없는 지식입니다.

③아버지의 심정으로 징계하셨음을 말씀하셨습니다(5-6

절). 40년의 유랑 생활이 단순히 하나님을 반역한 결과만은 아니고 이스라엘 백성이 하나님의 선민으로써 훈련하는 과정이었음을 말하고 있습니다. 그들은 범죄했으나 하나님은 심판하시지 않고 다만 징계하심으로 그들로 하여금 아버지의 아픈 사랑을 깨닫고 돌아서게 하시는 사랑을 베푸셨다는 말입니다.

이스라엘 백성들은 광야 길의 고통을 당하는 동안에도 몰랐지만, 오늘 우리는 현재의 고난과 고통의 의미를 바로 알고 잘 훈련받아 시험에 합격하는, 고난을 응용하는 성도가 되어야겠습니다.

2. 형통할 때 잊지 말 것을 말씀하고 있습니다(14-16절).

이스라엘이 가나안에 들어가서 형통할 때에 하나님을 잊지 말아야 할 것을 다짐하고 있습니다. 그 이유는 그들이 그곳에 들어가면 샘물과 곡물과 온갖 과실이 풍성하고 지하자원인 광물도 많아 생활이 곧 안정될 것이기 때문입니다(7-9절).

이렇게 모든 조건이 풍성해지면 그로 인해 오히려 하나님을 잊을 위험을 하나님은 잘 알고 계시기 때문입니다. 그러므로 형통할 때 하나님을 잊지 않으려면 10절 말씀대로 "모든 은혜를 베풀어주신 하나님께 항상 감사하며 찬송 드려야 합니다". 감사 찬송이 끊어지면 내 신앙이 병들고 있음을 알아야 합니다.

3. 자고하지 말 것을 말씀하고 있습니다(17절).

다시 말하면 모든 것이 자기가 유능해서 재물을 얻었다고 생각해서는 안 된다는 말입니다. 사람은 처음에는 하나님의 은혜를 생각했다가 자고 해지면 모든 것이 자기가 유능해서 이루거나 얻었다고 생각하는 병폐가 있습니다. 그렇게되면 자기가 우상이 되고 재물이 우상이 됩니다. 우리는 끝까지 변함없이 모든 것을 하나님이 이루어 주셨다는 은혜의 감격을 잊지 말아야 합니다. 만일 그렇지 않으면 우리에게 곧 멸망이 오기 때문입니다(20절).

자기 의를 버려라 (신명기 9:1-6)

이제 이스라엘 백성이 침공해야 할 가나안 땅의 성읍과 군사들은 난공불락의 상대였습니다. 그러나 하나님께서는 이스라엘이 능히 승리할 것임을 말씀하셨습니다. 그런데 그들의 승리는 이스라엘의 의로움이나 강함에 있지 않고 오직 하나님의 은혜로 될 것을 말하고 있습니다. 이것은 가나안 땅에 들어간 이스라엘이 행여 자만심으로 인해 또 다시 불행해 지는 일이 없게 하기 위한 하나님의 교훈이었습니다.

1. 모세는 먼저 그 백성들에게 대면해야 할 원수들의 무서운 힘에 대하여 말하고있습니다(1절).

그들이 상대할 적은 오합지졸이 아니라 이스라엘 보다 더 많고 강한 민족들임을 주지 시켰습니다. 그들은 2절의 말씀대로 누구도 당하지 못하는 강한 나라 백성들이었습니다.

이 이야기는 민 13:28절에 나오는 그들의 조상들의 보고 즉 가데스바네아에서 10명의 정탐꾼들의 보고와 동일한 말이었습니다. 하지만 모세가 그들에게 이렇게 이야기 한 것은 그들의 보고와는 의도가 다릅니다. 악한 정탐꾼들은 이스라엘로 하여금 하나님으로부터 멀어져 용기를 잃게 하려고 하는 것이었고 모세는 그들을 하나님께로 이끌어 그 안에서 용기를 가지게 하려는 것이었습니다.

같은 상황을 말할 때에라도 불신으로 말하는 것과 믿음을 갖고 말하는 것이 얼마나 다른가를 보게 됩니다. 우리는 우리의 언어로 다른 사람에게 불신을 주는 사람입니까? 믿음을 주는 사람입니까?

2. 모세는 원수의 강함에도 불구하고 그들과 함께 하시는 하나님의 능력으로 승리케 됨을 알라고 말합니다(3절).

사실 이스라엘 백성들은 40여 년 동안 광야를 방황하며 지칠 대로 지친 백성들이었습니다. 반대로 가나안 족속들은 안주하며 군사력을 길러온 강한 민족이었습니다. 이런 사람들을 상대로 전쟁을 해서 승리한다는 것은 도저히 불가능한 일이었습니다.

그러나 3절 말씀대로 우리는 하나님이 역사 하시면 능치 못할 일이 없음을 알아야 합니다. 그러므로 우리는 전력을 다하여 하나님의 은혜를 의지해야 합니다.

이렇게 자신들의 힘으로는 불가능함을 깨닫고 전력을 다해 하나님의 은혜를 의지하면 하나님은 믿고 의지하는 자에게 함께 하시는 은혜를 꼭 베푸시는 분이심을 믿어야 합니다. 그것은 가나안 땅을 주겠다고 약속하셨듯이 믿고 구하는 자에게 주겠다고 약속하셨기 때문입니다.

3. 모세는 섭리에 대해 겸손한 신앙을 가지라고 말하고 있습니다(4-5절).

이스라엘 백성들이 가나안 족속을 몰아내고 그 땅에서 살게 되는 것은 하나님께서 아브라함과 이삭과 야곱에게 약속하신 약속의 섭리 때문이었습니다. 즉 하나님의 구원의 역사를 이루어 나가시는 섭리였다는 말입니다. 그러므로 이스라엘 백성이 가나안 족속을 몰아내고 가나안 땅에 가서 사는 것은 순전히 하나님의 섭리 속에서 진행될 사건이었습니다. 그 일에 이스라엘 백성을 도구로 사용하신 것뿐이었습니다.

그러므로 4절에서 모세는 이스라엘 백성들에게 "행여 심중에 이르기를 나의 의로움으로 인하여 이 땅을 얻게 하셨다"고 하는 생각을 추호도 갖지 말라고 말합니다. 의로 말한다면 6절에 말씀대로 목이 곧은 불순종의 백성이었는데도 불구하고 그 땅을 얻은 것은 온전히 하나님의 은혜로 되었으니 겸손한 마음을 가지라는 말입니다. 오늘날 우리의 구원의 역사도 마찬가지임을 알아야 합니다.

자비에 의해 회복된 언약 관계
(신명기 10:1-11)

모세는 앞장에서 왜 그들이 자신의 의로움을 의존해서는 안 되는지에 대해서 말하며 그들의 죄를 상기시켰습니다. 그러나 본 장에서는 그들의 반역에도 불구하고 그들 앞에 하나님의 큰 자비가 함께 있었다는 사실을 피력하고 있습니다.

하나님은 이스라엘 백성들에게 하나님의 백성임을 증거하는 십계명을 주셨습니다. 이것은 하나님께서 주신 일방적인 은혜의 사건이었습니다. 그런데 이스라엘 백성들은 금송아지를 만들어 우상을 섬겼으므로 모세가 그 돌 판을 그들 속에 던져 깨뜨렸습니다. 이것은 계약이 깨졌음을 의미합니다. 이제 그들은 스스로 하나님과의 계약을 깨뜨렸으므로 하나님과는 아무런 관계가 없는 광야에 버려진 미아들이었습니다. 그들의 미래는 암담할 수밖에 없었습니다. 그런데 다시 하나님 편에서 그들에게 자비를 베푸셨습니다. 그것은,

1. 하나님께서 그들에게 기록된 율법을 주셨다는 사실입니다(1-2절).

이스라엘이 언약을 파괴함으로 돌 판은 깨졌습니다. 그러나 하나님의 노여움이 끝나고 하나님의 자비로 새로운 돌 판이 주어졌습니다. 새로운 계약관계가 성립되었다는 말입니다. 이것만큼 하나님과 이스라엘 백성 사이에 화해가 성립되었다는 확실한 증거는 없습니다. 이것은 하나님께서 일방적으로 베푸시는 자비에 의해 회복된 언약의 관계인 것입니다.

모세는 싯딤나무 궤를 만들어(3절) 그 언약의 돌 판을 보관했습니다. 하나님의 언약의 말씀의 성취는 바로 이 궤와 같은 마음이 준비된 자들에게 이루어집니다. 그러므로 우리 마음이 하나님의 언약의 말씀을 담는 그릇이 되도록 겸손한 마음을 가져야 합니다.

2. 그 말씀을 담은 궤가 어떻게 보관되었는가 하는 것은 하나님의 자비를 볼 수 있는 방편인 것입니다.

5절 말씀을 보면 "하나님께서 명하신 대로 그 판을 내가 만든 궤에 넣었더니 지금까지 있느니라"고 했습니다.

　　모세는 자기에게 위탁된 복음을 이스라엘 백성들에게 전했고 그들은 목숨을 걸고 이 말씀을 지켰습니다. 40년 동안 고달 픈 방랑의 생활 속에서도 말씀을 잃지 않고 지금까지 있었다는 것은 말씀에 대한 이스라엘 백성들의 진실 된 자세를 말하는 것입니다.

　　오늘 우리도 우리에게 위탁된 아름다운 말씀을 잘 지켜 "그 말씀이 지금까지 있느니라"고 하는 말씀에 대한 변함없는 자세 를 가져야 합니다.

3. 하나님은 당신의 일을 맡기기 위해 레위 족을 택하셨습 니다(8-9절).

　　이스라엘이 가나안을 향하여 진군하는 동안 아론을 죽었고 아론대신 그의 아들 엘르아살이 제사장의 직임을 행할 뿐만 아 니라 레위 족속을 성별하여 하나님의 궤를 성스럽게 보호하여 메고 가도록 하였습니다. 가나안을 향하여 나아가도록 한 것이 나 레위 족속을 성별하여 하나님의 법궤를 메고 가는 그들 속에 진행하시는 하나님의 임재는 모두가 다 하나님의 자비에 의해 이루어진 것입니다.

　　레위 족속이 하나님의 궤를 메도록 성별 된 것은 모든 이스라 엘 백성이 금송아지를 만들 때 끝까지 반대했기 때문입니다. 이것은 그들에게 위대한 축복이었습니다.

　　지금도 성령의 풍성한 능력으로 그 직책의 연속성은 보존되 고 있습니다. 말하자면 성령께서 사명감을 충만케 주시는 자들 에게 레위 족속의 일을 해 나가게 하신다는 말입니다. 그러므 로 하나님의 일에 쓰임 받고 있다는 사실 하나만이라도 하나님 의 자비를 힘입은 것입니다.

하늘의 비를 흡수하는 땅 (신명기 11:1-17)

계속해서 하나님의 명령에 대한 절대적인 순종을 강조해 왔던(6-10장) 모세는 본 장에 이르러 복과 저주 번영과 좌절의 관건이 바로 하나님의 말씀에 대한 순종여부에 달려있음을 역설합니다. 본 장의 내용을 요약해 보면,①출애굽 당시 경험한 하나님의 은혜의 회상(1-7절)과 ②순종하는 자에게 주어지는 풍요로운 약속의 땅에 대한 설명(8-17절)과 ③불순종 할 때의 저주에 대한 경고(18-32절) 등으로 이루어져 있습니다.

1. 하나님의 백성은 하나님을 사랑하고 하나님의 명령을 항상 지키면서 살아야 할 의무가 있습니다(1-7절).

이스라엘 백성이 하나님을 항상 사랑하고 하나님의 명령을 항상 지키면서 살아야 하는 이유는 분명합니다. 그 이유는 과거 하나님의 권능의 역사로 애굽에서 저들을 구원해 주셨기 때문입니다. 그러므로 모세는 과거 출애굽의 역사를 잘 모르는 신세대들에게 먼저 과거의 역사를 잘 기억하는 백성이 되라고 말하고 있습니다.

출애굽의 역사는 참으로 권능의 역사요 이적의 연속이었습니다. 강퍅한 바로와 애굽의 군대 위에 베푸신 10가지 재앙이며 쫓아오던 애굽 군사를 홍해 속에 수장시킨 일 그리고 40년간의 광야 여정 동안 이스라엘 위에 베푸신 숱한 이적과 표적은 하나님이 이스라엘 백성을 어떻게 사랑해 주셨는가를 생생하게 보여준 산 교육이었습니다.

그러므로 모세는 가나안 땅에 들어갈 신세대들에게 과거 하나님이 베풀어 주셨던 은혜들을 오늘날 잊지 말고 기억하라고 말합니다. 과거 베풀어주신 은혜를 잊지 않고 기억하는 한 그들은 하나님을 사랑하고 하나님의 명령에 순종하며 살아 갈 수 있기 때문입니다.

오늘날 성도들도 역시 지나온 인생 과정을 곰곰이 회고해 보는 일을 잊지 말아야 합니다. 그리고 그 속에서 역사 하신 하나님의 권능의 손길을 오늘에 새삼 느끼고 체험해야 합니다. 그리할 때 진정 감사와 감격 속에서 하나님을 사랑하고 하나님의 명령을 지키면서 살게 될 것입니다.

2. 하나님의 말씀에 순종할 때 축복을 주신다고 하셨습니다(8-12절).

모세는 먼저 이스라엘이 조만간 들어가서 살게 될 가나안 땅의 풍요로움에 대해 설명했습니다. 한마디로 그곳은 젖과 꿀이 흐르는 옥토였습니다(9절). 그리고 때를 따라 이른 비와 늦은 비가 내려 하늘의 비를 흡수하는 땅이요. 육축이 배부르게 풀을 뜯는 곳이라(11-15절)고 했습니다.

그곳은 발로 물대기를 하던 애굽 땅(10절)과는 비교가 안 되는 땅이라고 했습니다. 애굽 땅의 농사법은 특이했습니다. 애굽은 거의 비가 오지 않는 곳이었습니다. 하지만 애굽의 나일강을 아프리카의 오지 우간다에서 발원하게 되는데 그곳에서 큰비가 내리면 강물이 흘러 내려와 애굽의 나일강이 범람하게 됩니다. 그래서 애굽사람들은 강물이 범람 할 때 물을 저장해 두었다가 농사지을 때 양수장치를 해서 물을 대었는데 그때의 양수장치란 발로 수차를 돌리는 것이었습니다. 그러므로 물대기란 한마디로 고통이었습니다.

하지만 가나안 땅은 하늘에서 내리는 비를 흡수하는 땅이라고 했습니다. 다시 말하면 하나님의 관심과 돌보심으로 농사를 지을 수 있는 땅이라는 말입니다. 하지만 이 모든 것을 장구하게 누리는 방법은 하나님을 사랑하고 그 말씀에 순종하는데 있다고 했습니다(9절). 참으로 이 원리는 모든 세대의 하나님의 백성들에게 똑같이 적용되는 불변의 말씀입니다. 정녕 하나님의 말씀에 순종하는 자만이 축복을 장구하게 누리며 살수 있는 것입니다.

3. 말씀에 불순종하면 저주가 따른다고 하셨습니다(13-17절).

모세는 순종에 따른 축복을 설교한 다음 이어서 불순종에 따르는 저주를 교훈했습니다. 이스라엘이 들어가 살게될 가나안은 그 자체가 풍요한 축복을 보장해 주는 것이 결코 아니었습니다. 만일 이스라엘이 하나님을 떠나 우상을 쫓으면 그 땅은 하늘의 비도 없고 땅의 소산도 없는 저주의 땅이 될 것이라고 했습니다(16-17절). 그러므로 하나님 없는 가나안은 아무런 의미가 없는 것입니다. 오늘날도 마찬가집니다. 축복의 근원은 오직 하나님뿐이십니다. 그러므로 하나님의 말씀에 불순종하다가 불행을 만나지 말고 순종하여 축복 받는 성도들이 되어야 하겠습니다.

예배를 위한 준비 (신명기 12:1-14)

지금까지 모세는 백성들이 하나님께 순종하며 하나님을 사랑해야할 당위성을 역사적인 측면에서 조명하였습니다. 이제 본 장에서부터는 백성들이 지켜야 할 율법 전반에 대해서 말씀하고 있습니다. 그 중에서 첫째가 되는 일은 바로 하나님을 예배하는 일에 대한 준비와 준수해야 할 일들입니다.

1. 하나님을 예배하기 위한 전제는 바로 우상을 타파하는 일이라고 했습니다(1-4절).

우상의 제거는 하나님을 경배하는 일에 있어서 대전제가 되어야 합니다. 그러므로 이스라엘 백성이 가나안 땅에 들어가서 무엇보다 먼저 해야 할 일은 그 땅의 우상 숭배와 우상 숭배 장소를 파괴하고 그 죄악의 요소를 완전히 제거하는 일이었습니다. 그 이유는 우상이 하나님과 함께 할 수 없으며 우상 숭배와 하나님께 드리는 예배를 동시에 할 수 없기 때문입니다.

이방인들은 신에게 조금이라도 가까이 할 수가 있다고 생각하여 높은 산이나 울창한 숲을 신성시하여 섬겼습니다. 그러므로 우상이란 인간 위주로 생각하여 예배하는 방법이 우상임을 알아야 합니다. 하나님 방법보다 자기방법을 더 우월시 하는 것이 우상이란 말입니다. 더 나아가서 우상이란 하나님보다 더 사랑하는 것이 우상인 것입니다.

오늘날 현대인에게 있는 우상을 살펴보자면,

①시간이 우상입니다. 무엇이 그렇게 바쁜지 바빠서 교회를 못나오고 주일을 못 지킵니다. 이렇게 자기 편리한대로 시간을 사용하여 거룩한 주일을 지키지 못하기에 시간이 우상인 것입니다.

②물질입니다. 물질을 하나님보다 더 사랑하면 곧 그것이 우상임을 알아야 합니다.

③내 뜻이 우상입니다. 하나님 뜻보다 내 뜻을 앞세울 때 그

것이 우상임을 알아야 합니다. 바로 이런 모든 것들보다 하나
님을 더 사랑하는 마음이 전제되어야 진정한 예배를 드리는 것
입니다.

2. 하나님께서 택하신 거룩한 장소에서만 예배드리도록 했습니다(1-7절).

사실 이스라엘 백성은 이미 시내 산에서 하나님을 예배하는
방법과 제사 제도 등 모든 규례를 받았습니다(레 1:7, 7:38절).
그럼에도 불구하고 그들은 40년이 지난 지금까지도 그 규례를
다 지켜 행하지 못하고 각 지파 또는 가족 단위로 단을 쌓고
하나님을 예배했습니다. 그 이유는 그들이 한곳에 정착하지 못
하고 유랑 생활을 한 까닭이었습니다. 그러나 이제 가나안 땅
에 들어가서는 하나님께서 지정하신 장소에서만 예배드리도록
명령하셨습니다. 후일에 그 장소는 바로 예루살렘 성전이 되었
습니다.

왜? 하나님은 이렇게 성소 단일화를 말씀하셨을까요?

그것은 하나님께 대한 순수 신앙을 보전하려는데 진정한 의
의가 있었던 것입니다. 만일 인간이 편리한 대로 편리한 곳에
서 예배를 드리다 보면 서로 각자 다른 예배 방법이 되고 그러
면 순수한 신앙을 보존할 수 없기 때문입니다.

물론 신약에 와서 하나님을 예배하는 장소의 개념은 확대되
었습니다. 마 18:20에서 주님은 "둘 이상 내 이름으로 모인
곳에 함께 하신다"고 하셨습니다. 따라서 주님이 계신 곳이면
어디나 거룩한 장소가 됩니다.

하지만 신앙의 순수성을 위해 정해진 장소, 즉 섬기는 교회
에 모여서 예배드리는 일을 통한 신앙의 순수성은 오늘날에도
반드시 유지되어야 합니다.

3. 지시한 예배 규례에 따라 예배드려야 했습니다(8-14절).

하나님께 예배드리는 방법은 즐겁게 드려야 합니다. 예배는 하나님 앞에서 하나님과 연합이며 가족, 이웃과의 연합입니다. 그러므로 7절에 "거기 곧 너희 하나님 앞에서 먹고 너희 하나님 여호와께서 너희 손으로 수고함 앞에 복 주심을 인하여 너희와 너희 가족이 즐거워할지니라"고 하셨습니다. 이렇게 즐거움이 있는 교제가 진정한 예배입니다. 그 중에서 특별히 레위인과 함께 즐거워하라고 했습니다(12절). 그 이유는 레위인은 세상 기업이 없으므로 이들과 함께 즐거워하는 것은 곧 하나님과 함께 즐거워하는 것이기 때문입니다. 갈 6:6절에도 "가르침을 받은 자는 가르치는 자와 모든 좋은 것을 함께 하라"고 했습니다. 오늘 우리는 가르침을 받는 자로서 가르치는 자에게 좋은 것을 함께 할 때가 많습니까? 아니면 나쁜 것을 함께 할 때가 많습니까?

거짓 선지자를 경계하라 (신명기 13:1-5)

앞장에서 모세는 장차 이스라엘이 가나안에 입성한 후 미혹 받을지도 모를 우상 숭배 행위에 대해 엄히 경계하라고 했습니다. 그러나 본 장에서는 외부로부터의 미혹이 아닌 이스라엘 자체 내에서 발생할 수 있는 거짓 종교에 대해서 엄히 경계하고 있습니다.

1. 이적과 기사에 대한 경계에 대해서 말씀하고 있습니다 (1절).

모세는 1절에서 "선지자나 꿈꾸는 자가 일어나서 이적과 기사를 네게 보이고 이적과 기사가 그 말대로 이룰지라도 그 선지자나 꿈꾸는 자의 말을 청종하지 말라"고 했습니다.

고대에는 환상이나 꿈을 신의 초자연적 계시로 여기는 것이 통례였습니다. 구약 성경 또한 하나님께서 꿈과 같은 방법을 통해 계시를 전달한 예가 자주 있었음을 기록하고 있습니다(창 37:5-11, 40:8, 슥 10:2). 또한 이적과 기사도 많았습니다.

그러므로 기독교는 이적과 기사로 뭉쳐진 종교라고 말 할 수 있습니다. 하지만 성경에는 하나님과 거리가 먼 이방인들도 이적을 행한 예를 기록하고 있습니다. 가령 바로 왕의 술객들이 이적을 행한 일(출 7:11), 그리고 신약에서는 시몬이라는 자가 마술을 행하여 사마리아 사람을 놀라게 했고(행 8:9), 요한계시록 16:14절에 보면 "저희는 귀신의 영이라 이적을 행하여 온 천하 임금들에게 가서 그들을 모은다"고 했고, 주님도 마24:24절에서 "말세에는 거짓 그리스도들과 거짓 선지자들이 일어나서 큰 표적과 기사를 보여 할 수만 있으면 택하신 자들을 미혹케 하리라"고 하셨습니다.

그러므로 꿈이나 이적과 기사가 나타난다고 해서 참 진리라고 단정할 수는 없습니다. 기독교 신앙에서 이적과 기사는 믿음에 따르는 부수적인 것이지 신앙의 본질이라고 말 할 수는 없습니다.

꿈이나 환상을 통한 특별계시는 이제 기록된 성경으로 말미암아 종결되었습니다. 그러므로 꿈꾸는 자나 이적과 기사를 행하는 자들을 우리는 경계해야 합니다. 그 이유는 하나님의 영광을 그들이 가로채기 때문입니다. 예수님은 표적을 보여주기를 원하는 바리새인들과 서기관들에게 요나의 표적밖에는 보일 표적이 없다고 하셨습니다(마 12:39).

요나가 고래 뱃속에서 3일 밤낮을 있다가 산 것은 예수님의 죽음과 부활의 표적을 의미한 것입니다. 십자가와 부활 이상 더 큰 표적이 없음을 믿어야 합니다.

2. 성경 말씀에만 의존하는 신앙을 가져야 합니다(3-4절).

참 선지자와 거짓 선지자를 구분할 수 있는 기준은 하나님을 사랑하는지 아닌지를 아는 것입니다. 그렇다면 하나님을 사랑하는지 아닌지를 아는 길은 무엇입니까? 그것은 4절 말씀대로 하나님을 순종하며 그를 경외하며 그 명령을 지키며 그 목소리를 청종하며 그에게 부종하는 것이라고 했습니다.

부종이란 말의 뜻은 자신의 뜻과는 상관없이 쫓아가는 것을 말합니다. 교인들 중에 성경 공부는 등한시하면서 누가 예언한다는 소문이 들리면 열심히 찾아다니는 분들이 있습니다. 또 자신이 꾼 꿈이 성경보다 더 중요한 것처럼 말하는 사람도 있습니다. 크게 잘못된 것입니다. 하나님의 계시는 결코 성경 말씀을 벗어나지 않습니다.

하나님은 꿈이나 표적과 기사를 통해 사람들을 현혹하는 거짓 선지자를 둔 것에 대해서 3절 하반절에 "하나님을 사랑하는 여부를 알려 하사 너희를 시험하심이니라"고 하셨습니다.

왜 하나님은 이런 시험을 하십니까? 그들은 이미 하나님의 말씀을 받았기에 진정으로 하나님을 사랑한다면 보지 않아도 말씀을 믿을 수 있었기 때문입니다. 예수님도 보고 믿는 도마에게 보지 않고 믿는 자가 복된 자라고 하셨습니다.

3. 시험 자를 살려두지 말라고 하셨습니다.

이는 악을 제거하라는 뜻입니다. 더 이상 감염되지 않으려면 감염된 부위를 잘라 버려야 암이 치료되듯 신앙의 암적인 것과 같은 질병은 더 감염되기 전에 잘라 버려야 합니다.

성별 하라 (신명기 14:1-21)

전 장에서 이스라엘 백성들에게 우상숭배의 위험에 빠지지 말 것을 경고하신 하나님께서는 이제 본 장에서 하나님의 백성으로서 거룩한 생활을 할 것을 명령하십니다. 따라서 본 장은 이스라엘 민족이 거룩하고 구별된 생활을 해야만 하는 이유를 말하고 있습니다.

1. 성별 된 사람으로 살아야 되는 당위성에 대해 말씀하고 있습니다(1-2절).

하나님께서는 이스라엘 백성들의 명예가 되게 하기 위해 먼저 그들을 택하셨다고 하셨습니다(1절). 그들이 다른 민족들보다 하나님께 헌신과 복종을 더 했기 때문에 택한 것이 아니라 하나님의 은혜로 그들을 택하셨습니다. 그리고 택했을 뿐 만 아니라 자녀로 만들어 주셨습니다. 그러니 얼마나 큰 은혜입니까? 요 15:17절에도 주님은 "너희가 나를 택한 것이 아니라 내가 너희를 택하여 불러 세웠다"고 하셨습니다.

그 다음에는 성민 이라고 하셨습니다(2절). 성민에 해당하는 히브리어는 '암 카도쉬'인데 이 말은 거룩히 구별하여 바친 백성이란 뜻입니다. 따라서 이스라엘 백성들은 하나님의 은혜로 많은 민족들 가운데서 특별히 택함 받아 구별된 백성들이기 때문에 구별된 삶을 사는 것은 지극히 당연한 일입니다.

엡 1:4절에 보면 "곧 창세 전에 그리스도 안에서 우리를 택하사 우리로 사랑 안에서 그 앞에 거룩하고 흠이 없게 하시려고, 또 7절에서는 그의 피로 구속 곧 죄사함을 받게 했다"고 하셨습니다. 그러므로 우리는 특별히 선택되어 하나님의 자녀가 되었으니 그리스도의 피의 공로를 믿고 의지하여 날마다 성별 된 삶을 사는 일에 힘쓰는 성도가 되어야 합니다.

2. 몸에 대한 성별을 요구하셨습니다(1절).

하나님은 이스라엘 백성들을 존귀하게 하셨기 때문에 우상 숭배자들의 미신적 관습을 받아들임으로써 이스라엘 백성들 자신을 그들과 같은 수준에 놓이지 않게 하였습니다. 그리고 스스로 저하시켜서는 안 되는 것을 구분하기 위해 자신들의 몸을 두 가지 사실에서 구별하도록 했습니다.

①상을 당해도 자기 몸을 베지 말라고 했습니다. 그것은 당시 근동의 풍습 중에 장례식 때에는 자신의 슬픔을 극도로 나타내서 죽은 자를 위로할 뿐 아니라 음부의 신을 달래어 죽은 자의 영혼이 편히 쉴 수 있게 한다는 의미에서 자신의 몸을 자해하는 미신적인 행위가 흔히 행해졌습니다. 그렇기에 하나님의 백성은 이와 같은 이방인의 풍습을 절대로 받아들여서는 안되었습니다.

②가깝고 사랑하는 친지들을 잃었다고 너무 지나치게 슬퍼해서는 안되었습니다. 그 이유는 성도의 죽음은 끝이 아니라 영원한 하나님 나라의 귀향이기 때문입니다. 살전 4:18절에 "그러므로 여러 말로 위로하라"고 했습니다. 어머니가 죽었다고 너무 슬픈 나머지 아들마저 따라 죽는 극도의 슬픔은 천국에

소망이 없는 사람들이나 하는 행동입니다.

3. 음식에 대한 성별을 요구하셨습니다(3-21절).

그들은 음식물에 대해서도 특이성을 가지지 않으면 안되었습니다. 3절에 보면 "가증한 물건은 먹지 말라"고 하시면서 굽이 갈라지지 않고 되새김질하지 않는 것은 먹지 말고, 21절에 "스스로 죽은 것도 먹지 말라"고 하셨습니다. 물론 이 모든 것들은 이스라엘 백성들에게만 국한되었던 것입니다.

그러나 21절에 보면 이방인에게는 스스로 죽은 것도 팔 수 있었던 것을 볼 때 이방인들은 먹을 수 있었던 것 같습니다. 그렇다면 왜 먹지 말라고 했을까요? 부정한 짐승은 대부분 이방인들이 매우 존귀하게 여기거나 신성시했던 것들이었습니다. 물론 오늘날에는 해당되지 않습니다(롬 14:4절). 하지만 먹던지 마시던지 무엇을 하던지 간에 하나님께 영광 돌리는 일에는 구별됨이 있어야 합니다(고전 10:31절)

채무 면제의 규례 (신명기 15:1-11)

전 장에서 이스라엘 백성들에게 정한 음식과 부정한 음식을 정해주고 성별을 명령하신 하나님께서 본 장에서는 면제 년의 규례를 명령하십니다. 면제 년이란 매 7년마다 돌아오는 안식년에 이웃의 채무를 면제하라는 규례입니다.

1. 안식년에는 이웃과 형제가 진 부채를 독촉하지 말고 면제해 줄 것을 명령하셨습니다(1-6절).

이 면제년 규례에 대해서 주석가들은 크게 두 가지 다른 주장을 합니다. 주석가 알렉산더는 "면제년에 빛 자체가 탕감되는 것이 아니며 채무자에게 그 해만은 빛 독촉을 하지 않는 것을 말한다"고 했습니다. 또한 메튜헨리는 "지불 불능의 사람의 것만은 완전히 탕감하라는 명령"이라고 주장합니다.

그러나 면제년에 대해 성경을 자세히 살펴보면 완전한 탕감을 뒷받침할 근거가 없습니다. 만일 완전히 탕감하는 것으로 했다면 이스라엘 사회에서는 상거래나 금품 대여가 사라지고 말았을 것입니다. 2절 하반절에 "형제에게 독촉하지 말지니" 한 것을 볼 때 채무자로 하여금 부담감에서 벗어 날 수 있는 기회를 주라는 말입니다.

하나님께서는 아무런 수확도 거둘 수 없는 안식년에 빛 독촉에서 벗어나 안식과 평안을 누릴 수 있도록 의도하셨던 것입니다. 이 말씀을 통해서 알아야 할 점은 하나님의 모든 율례는 근본적으로 인간을 향한 하나님의 자비와 사랑에서 기인하고 있다는 점입니다. 그러므로 하나님의 사랑을 가지고 이웃을 생각하는 마음을 갖고 산다면 하나님은 그 자체를 귀하게 여길 것입니다.

2. 하나님의 사랑을 가지고 이웃에게 면제하거나 빛 독촉을 하지 않음으로 손해를 보는 일이 있다면 하나님은 그들의 재물과 사업에 축복을 내리사 그것을 보충해 주신다고 약속하셨습니다(4-6절).

"만일 그들의 의무에서 배려해서 면제하거나 빛 독촉을 하지 않는다면 면제해 줌으로 받는 손해를 손해 보지 않도록 축복을 내리시사 그 해 마지막에 가서 그들의 재물이 넉넉케 하실 것이다"라고 하셨습니다. 그 모든 소산은 그 땅에 내리신 하나님의 축복의 결실이기 때문에 하나님의 명령에 순종하여 면제 년의 규례를 행하면 하나님은 6절 말씀대로 더 많은 민족에게 꾸어 줄 찌라도 꾸이지 않는 삶을 살게 축복하신다고 하셨습니다.

3. 면제년을 생각하고 악념을 품지 말라 하셨습니다(7-11절).

만일 어떤 사람이 안식년이 가까이 왔다고 궁핍한 형제에게 꾸어주지 않는다면 이것은 하나님 앞에 악념을 품는 일이라고 하셨습니다. 또한 이런 마음은 7절 말씀대로 마음을 강퍅케 하는 일입니다. 가난한 자가 꾸고자 할 때 그 꾼 것을 갚을 수 있는 여부를 계산하고 불가능하겠다고 생각하고 거절하는 마음이 강퍅한 마음이라 할 수 있습니다.

또한 악념을 품는 것은 탕감해 주는 것이 싫어서 꾸어주지 않는 약삭빠른 꾀를 말합니다. 만일 강퍅케 하거나 악념을 품으면 죄를 얻는 것이라(9절)고 하셨습니다. 하지만 손을 활짝 펴서 구제하면 10절 말씀에 "네 범사와 네 손으로 하는 바에 복을 주리라"고 하셨습니다.

그러므로 우리는 꾸어 주는 자비를 베풀 때에 채무자를 신뢰할 수 없더라도 하나님은 신뢰해야 합니다. 그것은 하나님의 약속이기 때문에 반드시 하나님의 약속대로 이루어져서 범사와 내 손으로 하는 모든 것에 복을 주십니다.

이스라엘의 3대 절기 (신명기 16:1-17)

타락한 우상 문화에 찌든 가나안 땅에 들어가 살게 될 선민 이스라엘 백성에게 요구되는 각종 거룩과 성결의 규례를 가르쳤던 모세는 본 장에서도 거룩을 유지해 가기 위한 이스라엘의 3대 절기인 유월절, 칠칠절, 초막절에 지켜야 할 종교적 의무에 대해서 가르치고 있는 것을 보게 됩니다.

하나님께서 이스라엘 백성들에게 3대 절기를 지키게 하신 것은 과거에 베풀어 주셨던 하나님의 은혜를 영원히 기억하고 기념함으로써 하나님과의 관계를 더욱 돈독히 하고 오직 하나님만이 참 구원자 되심을 기억토록 하셨던 것입니다. 이제 우리는 하나님께서 명하신 3대 절기를 살펴봄으로로써 하나님께서 우리 신앙인들에게 요구하는 것이 무엇인지 살펴보도록 하겠습니다.

1. 유월절을 지키라고 했습니다(1-8절).

유월절은 3대 절기 가운데서도 으뜸가는 절기로써 애굽의 노예 생활에서 구원해 내신 것을 기념하고 감사 드리는 절기였습니다. 이것은 평생을 통해 매년 유월절을 지키면서 그 쓰라린 애굽의 압제를 기억하고 해방과 자유를 주신 하나님의 은혜에 진정 감사하는 절기입니다. 엄격히 유월절은 아빕월(태양력으로 3.4월) 14일 저녁부터 다음날 아침까지 하룻밤을 지키는 것이었습니다. 그리고 나머지 기간은 무교절 이었습니다. 그러나 유월절과 무교절은 한 주간에 걸쳐 동시에 지켜졌기 때문에 동일한 절기로 취급되었습니다(출 12:3-20절).

백성들은 유월절 다음날부터 7일간 누룩 없는 빵을 계속 먹어야 했으며 제7일에는 성회로 모이고 노동을 금했습니다.

　이러한 의식들은 출애굽 당시의 사실을 생생히 기억토록 하기 위함이었습니다. 따라서 오늘날 성도들도 이 유월절의 뜻을 올바로 알고 유월절을 지켜야 한다는 뜻입니다. 그렇다면 유월절 정신은 무엇입니까?

　①하나님의 구속사역을 매일 삶 속에서 잊지 말고 감사하는 자세를 가지는 것이며,

　②우리 가운데서 누룩으로 상징되는 죄를 제거하면서 항상 거룩한 삶을 살아가야 하며 다시는 애굽의 쓰라린 죄악의 날들로 돌아가지 않겠다는 결의를 날마다 가지는 것입니다.

2. 칠칠절을 지키라고 했습니다(9-12절).

　칠칠절은 유월절 축제가 끝나는 날로부터 7주가 지난 다음날에 밀의 첫 열매의 단을 하나님께 바치는 절기인데 맥추절 이라고도 부릅니다. 이렇게 하는 것은 하나님의 은혜로 기쁨의 수확을 거두게 된 사실을 깨닫고 감사하는 축제였습니다.

　오늘날 성도들 역시 칠칠절의 정신을 계승하여 지켜야 합니다. 자신의 모든 수확물(축복)이 오직 하나님의 은혜로 주어진 것임을 인정하며 감사 드리는 생활을 게을리 하지 말아야 합니다. 말하자면 구원받은 후에 주시는 모든 은총 즉 크신 돌보심과 보호와 축복이 있었기에 수확의 기쁨을 누릴 수 있었음을 항상 잊지 않고 사는 마음입니다.

3. 초막절을 지키라고 했습니다(13-17절).

　초막절은 한해의 농사를 마무리짓고 모든 수확물을 저장 한 후에 그 모든 수확이 오직 하나님의 크신 은혜로 말미암았음을 고백하는 마음으로 지키는 감사 축제의 절기입니다.

특별히 이 절기는 야외에 초막을 지어놓고 그 속에서 지켰는데 이는 과거 40년 광야의 천막생활 동안 먹이시고 입혀주신 하나님의 은혜의 손길을 생생하게 기억하기 위함이었습니다.

오늘의 성도들도 삶의 여정을 돌이켜 보며 참으로 어렵던 시절을 함께 하시며 은혜의 손길을 펼쳐 주셨던 하나님의 은혜를 늘 잊지 말아야 합니다.

말씀을 가까이 하자 (신명기 17:14-20)

본 장은 역시 이스라엘의 가나안 생활을 전제한 규례를 소개한 부분으로써 이스라엘이 하나님 앞에서 바른 종교생활(1-7절)과 이스라엘 공동체 전체의 공의를 실현할 수 있도록 하기 위해 주어진 말씀입니다(8-20절). 그 중에서 본문은 이스라엘에 왕의 제도가 생겼을 때 어떤 자를 왕으로 세워야 되며 또한 그 왕은 어떤 행동원리를 가져야 되는가에 대하여 하나님께서 지시한 말씀입니다.

여러 가지 행동원리 중에서 가장 중요한 원리는 왕이 된 자 즉 지도자는 평생에 하나님의 말씀인 성경을 옆에 두고 읽어야 한다고 명령하고 계십니다(19절) 왜? 하나님은 왕 된 자에게 이렇게 하나님의 말씀을 가까이 하라고 하셨을까? 하나님의 말씀을 가까이 하면 어떤 유익을 가져다주는지 본문을 중심으로 살펴봅시다.

1. 말씀을 가까이 하면 겸손해지기 때문입니다(20절).

20절 말씀을 보면 "그리하면 그의 마음이 그 형제 위에 교만하지 아니하고"라고 했는데 '그리하면'이란 뜻은 말씀을 '가까이 하면 겸손해진다'는 말입니다. 왜 지도자는 겸손해야 합니까? 겸손은 하나님이 쓰시는 척도이며 교만은 하나님이 버리시는 척도이기 때문입니다.

잠언서에 보면 "하나님은 교만한 자를 물리치시고 겸손한 자에게 은혜를 베푸신다"(잠 3:34절)고 하셨습니다. 그러면 참된 겸손이란 무엇입니까? 먼저 자신의 연약을 아는 것입니다. 그 다음에는 자신의 연약을 알기에 절대적으로 하나님만을 의지하는 것입니다.

오늘 본문 16절을 보면 "왕 된 자는 말을 많이 두지 말 것이요. 말을 많이 얻으려고 그 백성을 애굽으로 돌아가게 말 것이니(16절)" 또한 "아내를 많이 두어서 그 마음이 미혹되지 말라(17절)"고 했는데 여기서 말을 많이 두지 말라는 것은 기마병을 주력부대로 하여 군사 강국을 유지하던 애굽의 국방정책을 본받지 말라는 말이며 또한 아내를 많이 두지 말라는 말은 결혼정책으로 이방 나라와 유대를 강화하지 말라는 말입니다.

다시 말하면 이스라엘의 왕 된 자는 인간적 수단을 의지하지 말고 오직 하나님만을 의지해야 된다는 말입니다. 만일 인간적 수단을 의지한다면 그것이 교만해 지는 것이며 그렇게 되면 하나님께 버림받는 것입니다. 그러므로 오늘날 우리는 항상 말씀을 통해서 우리의 연약함을 발견하고 겸손하게 오직 하나님만을 의지하는 길이 우리가 사는 길임을 명심해야 합니다.

2. 말씀을 가까이 하면 좌로나 우로나 치우치지 않게 됩니다.

하나님을 믿는 자가 걸어가야 할 길을 가리켜서 '정도'라고 합니다. 또한 예수님은 좁은 길이라고 하셨습니다(마 7:13절). 그렇기에 이 길에서 벗어나는 삶은 좌우로 치우치는 삶인 것입니다. 좌우로 치우치면 멸망의 길에 이르고 만다(마 7:13-14)고 하셨습니다. 좌우로 치우치면 큰 낭패를 당하고 마는 것입니다.

그러면 좌우로 치우치는 것은 무엇을 의미하는 것입니까? 그것은 하나님의 말씀을 떠나는 삶입니다. 하나님을 떠나게 되면 우상을 섬기게 되고(1-7절) 물질을 의지하게 됩니다(17절). 이렇게 되면 결국 망하고 맙니다. 자기만 망하는 것이 아니라 모두 망하고 마는 것입니다. 그러므로 왕 된 자, 즉 지도자들은 항상 하나님의 말씀을 가까이 하여 좌우로 치우치지 말고 오직 말씀에 서야 합니다.

3. 말씀을 가까이 하면 장구한 축복을 받습니다(20절).

이 말의 뜻은 하나님의 축복을 오랫동안 누리게 된다는 뜻입니다. 흥망성쇠는 오직 하나님의 손길에 달려 있습니다. 그런데 말씀을 가까이 하면"왕위에 있는 날이 장구하리라(20절)"고 하셨습니다. 그러므로 우리는 하나님의 축복을 장구하게 누리기 위해 말씀을 가까이 해야합니다.

레위 지파의 기업 (신명기 18:1-14)

앞장에서 재판장과 그리고 왕 된 자의 의무에 관해 언급한 모세는 이제 종교 지도자적 위치에 있는 제사장, 레위인 그리고 선지자에 대하여 언급합니다.

레위인에 대한 특별한 규례는 오경의 많은 곳에서 반복되어 강조되는데 이는 그들에게 땅의 기업이 주어지지 않았기 때문에 이스라엘 백성이 그들에 대한 의무를 소홀히 할 경우 궁핍한 생활로 전락할 위험이 있었기 때문입니다.

만일 레위인들이 궁핍한 생활로 전락하여 성소를 섬기는 일에 전념치 못하면 이스라엘 백성의 영적인 삶이 지속되어 나가지 못하게 되고 그렇게 되면 곧 이스라엘 백성의 영적 위기가 오기 때문입니다. 이렇게 중요한 문제이기 때문에 레위인들에 대한 규례가 반복되어 강조되는 것임을 알아야 합니다. 부흥회 때마다 십일조 생활과 목회자를 대우해야 하는 문제가 강조되는 점은 바로 이런 차원에서임을 알아야 합니다.

1. 하나님은 왜 레위인을 선택하셨습니까?

하나님께서 이스라엘 민족을 구원하실 때, 애굽의 장자는 바로 왕의 장자로부터 옥에 갇힌 사람의 장자까지 그리고 생축의 처음 난 것까지 다 진멸 해 버리는 재앙을 내리셨습니다.

이때에도 이스라엘 백성들이 사는 집만은 은총을 베푸셨는데 그것은 유월절 양의 피를 문설주 위에 바른 집만 장자가 죽는 재앙이 면해졌습니다. 그때부터 장자는 하나님의 것이 되었습니다. 심판으로 이미 죽을 수밖에 없었는데 하나님이 대신 값을 치르고 사셨기 때문입니다.

그러므로 각 가정의 장자를 대신해서 레위인을 세운 것입니다. 오늘날 예수 그리스도가 유월절 양이 되시어서 죄 값으로 죽어 마땅한 인생들을 살리신 것과 같습니다. 피 값을 치르고 사신 하나님의 것이기에 하나님께 헌신해야 합니다. 그러나 모두가 다 헌신 할 수 없기에 하나님이 레위인을 세웠듯이 오늘날 교회에 목회자를 세운 것입니다. 오늘날 목회자들은 하나님께 헌신해야 할 일을 대신해서 세운 자들임을 알아야 합니다. 나와 무관한 자가 아니라 나를 대신해서 세웠다는 말입니다.

2. 레위 지파의 분깃은 하나님 자신이셨습니다(2절).

제사장과 레위인들은 종교적 직무와 교육, 행정 등을 담당하기 위해 이스라엘의 처음 난자들을 대신해서 하나님께 구별된 자들이었습니다. 따라서 그들은 생업을 위해 일할 수 없었습니다. 그래서 기업도 없었습니다. 하지만 그들의 일용한 양식을 위해 분깃이 주어졌는데 바로 하나님께 드려진 십일조와 각종 예물들이었습니다. 그러한 의미에서 레위 지파의 분깃은 하나님 자신이셨습니다. 이러한 사실은 하나님의 사역에 전심전력하는 자의 생계는 하나님이 책임져 주신다는 말입니다.

오늘날 성도들이 교회의 사역자 들의 생계를 책임져야 함도 바로 이 때문입니다. 다시 말하면 하나님을 대신하여 그 분깃을 받는 것입니다. 그러므로 오늘날 교회에서는 두 가지의 실수를 범하지 말아야 합니다.

①목회자의 생활비를 교회가 봉급 주듯이 준다고 생각지 말아야 합니다. 성도가 하나님께 바친 헌금은 하나님이 책임져 주시는 것입니다.

②교회에서 가장 우선 되어야 할 것은 목회자의 생계를 책임지는 것입니다. 그 다음에 나머지 것을 가지고 선교도 하고 교육도 해야 하는 것입니다. 그것은 하나님이 그들의 기업이기 때문입니다. 생계보다 우선되어지는 것은 없기 때문입니다. 하나님이 영화롭게 한 자들을 마땅히 영화롭게 하는 것은 당연한 것입니다.

3. 이방 풍속의 추종을 금지했습니다(9-14절).

아무런 이유 없이 가나안 거민이 그 땅에서 쫓겨난 것은 아닙니다. 그들이 쫓겨난 실제 이유는 우상숭배였습니다. 이렇듯 이방인들도 우상숭배 죄로 쫓겨났는데 그리스도인들의 우상숭배는 생각할 수도 없는 것입니다.

도피성 (신명기 19:1-13)

앞장에서 종교 지도자들의 규례를 언급한 모세는 이제 일반 백성들과 관계된 규례를 언급합니다. 지금까지는 하나님께 대한 신앙과 예배행위에 대한 율법이었는데 이제는 사람과 사람 사이에 있어야 할 '의'에 관한 의무를 말하고 있습니다. 그 중 본문은 이미 수 차례 언급된 도피성에 관한 제도에 대해서 말하고 있습니다.

1. 도피성의 존재 이유는 무엇입니까?

생명을 귀중하게 여기는 제도입니다. 고대 근동의 법은 동해 복수법 이었습니다. 동해 복수법이란 '눈은 눈 이는 이'로 갚는 것을 말하는데 사람을 죽인 자는 반드시 죽는 것을 말합니다. 만일 그렇게 되면 피 흘림과 보복의 악순환이 계속되어 사회 질서를 혼란케 할 우려도 있었습니다.

이에 하나님은 도피성을 두어 부지중에 살인 한 자가 그곳에 피신하여 생명을 보존할 수 있도록 하신 것입니다(3절). 따라

서 도피성 제도는 생명을 귀중히 여기는 하나님의 긍휼과 자비
를 나타낸 것입니다.

고전 10:13절에 하나님은 시험 당하는 자에게 피할 길을 주
신다고 하셨습니다. 이렇게 우리의 삶에 피할 길을 주시는 하
나님의 긍휼과 자비에 감사해야합니다.

2. 도피성은 그 땅의 모든 구석에서도 같은 거리상에 있게 했습니다.

누구나 도피하기를 원하면 쉽게 도달하게 했습니다. 이와 같
이 그리스도는 우리에게 멀리 떨어져 있는 도피성이 아닙니다.
도피성을 찾기 위해 하늘로 올라가거나 깊은 곳으로 내려 갈
필요가 없습니다. 그리스도께 달아 날 수 있는 길은 그리스도
를 믿고 의지하기만 하면 되는 매우 평범하고 간단한 일인 것입
니다.

요 3:16절에 "하나님이 세상을 이처럼 사랑하사 독생자를
주셨으니 이는 저를 믿는 자마다 멸망치 않고 영생을 얻게 하려
하심이라"고 했습니다. 누구든지 저를 믿기만 하면 주님이 도
피성이 되셔서 우리를 멸망치 않게 해 주실 뿐만 아니라 영생을
주십니다. 할렐루야!

살인자가 도피성에 있으면 안전하듯 우리도 도피성 되시는
그리스도안에 있을 때 죄와 사망의 권세에서 안전함을 얻을 수
있는 것입니다.

3. 그러나 고의로 사람을 죽인 자는 도피성으로 피한다고 하더라도 효력이 없었습니다(롬8:1-2).

이와 같이 도피성은 부지중에 살인죄를 지은 자만이 구원함
을 받을 수 있지만 예수 그리스도 안에 도피는 악인이든 선인이

든 차별하지 않고 누구든 죄를 회개하는 자에게는 용서함 받게 하시고 영생을 얻게 하셨습니다. 예수님께서 십자가에 달릴 때 오른편 강도는 바로 예수 그리스도에게 피했습니다. 그러자 그는 오늘 나와 함께 낙원에 임하리라고 도피성을 제공받았습니다.

마 11:28절에 "주님은 수고하고 무거운 짐 진 사람은 다 내게로 오라. 내가 너희를 편히 쉬게 하리라"고 하셨습니다. 그러므로 평안을 원하신다면 지금 도피성이신 주님께 피하시기 바랍니다.

전쟁에 대한 교훈 (신명기 20:1-20)

앞장(19장)에서는 사회생활에 관련하여 이웃의 생명과 재산과 인격을 보호하기 위한 몇 가지 규례가 주어졌습니다. 그런데 본 장에서는 이스라엘이 가나안 정복시 필연적으로 직면할 전쟁에 관한 행동규범에 대해서 말씀하고 있는 것을 보게 됩니다.

1. 백성들 중에서 군인을 징집할 때에 대한 교훈을 말씀하고 있습니다(1-9절).

먼저 이스라엘이 치러야 할 전쟁은 참혹한 수탈을 하는 침략전쟁이 아니라 하나님 나라를 건설하기 위한 거룩한 전쟁이었습니다. 즉 성전이었습니다. 그래서 군인으로써 갖추어야 할 자세가 다른 군대와는 달랐습니다.

먼저 제사장이 앞장서야 하는 전쟁이라는 점이 달랐습니다. 제사장은 이스라엘 백성들을 신앙으로 무장시키는 임무를 맡았습니다(1-4절). 그들은 군사들에게 "마음에 겁내지 말라, 두려워 말라, 떨지 말라, 놀라지 말라(3절)"고 격려했습니다. 그 이유는 하나님께서 함께 하시기 때문이라(4절)고 했습니다.

이것은 오늘날 성도가 싸워야 할 영적 전쟁에 비유됩니다. 성도가 원수 마귀와 대적할 때 유일하게 승리할 수 있는 길은 오직 하나님만을 믿고 담대한 마음을 갖고 전쟁에 임하는 길입니다.

그 다음에는 온전한 헌신자만이 군인이 되어야 한다는 점이 달랐습니다. "집을 짓고 낙성치 못한 자나(5절) 포도원을 만들고 과실을 못 딴 자(6절), 약혼하고 결혼하지 못한 자(7절), 두려워서 마음에 겁내는 자(8-9절)"들은 다 돌려보내라고 했습니다.

거룩한 영적 전쟁을 수행해야 할 성도들은 철저하게 자신의 몸과 마음을 하나님께 헌신해야 되는 것을 뜻한 것입니다. 만일 그렇게 헌신하는 자세가 아니고 몸과 마음이 온전히 세상살이에 매달려 있다면 이런 자는 결코 하나님의 거룩한 군사로써 성전을 수행할 수 없는 것입니다. 그러므로 몸과 마음을 온전히 하나님께 헌신하는 것 바로 이것이 사단과의 싸움을 승리로 이끄는 비결인 것입니다.

2. 가나안 족속이 아닌 적군들을 대하는 교훈에 대해서 말씀하셨습니다(10-15절).

하나님께서는 이들에게 전쟁에 임하기 전에 먼저 화친을 청하도록 명령하셨습니다(10절). 이는 평화적인 방법으로 항복을 받아내라는 말입니다. 그리스도인들은 비록 피치 못할 사정이 있어 전쟁을 하더라도 가능하면 전쟁보다 화평에 힘써야 하는 것을 말하고 있는 것이며 또한 생명의 존귀함을 결코 망각해서는 안 된다는 것을 의미한 것입니다.

전쟁시에는 전쟁과 무관한 많은 생명들이 필요 이상으로 희생되는 경우가 허다했습니다. 그러므로 그리스도인들은 이런 경우 전쟁터일 망정 존귀한 생명을 함부로 해치는 잔혹한 살인 행위를 절대로 해서는 안 되는 것입니다.

3. 하지만 가나안 족속은 진멸하라고 하셨습니다(16-20절).

가나안 족속이 아닌 적군들에게는 화평할 수 있으면 화평 하라고 명령하셨던 하나님이 가나안 족속만은 사정없이 점령하고 하나도 남김없이 진멸 할 것을 명령하셨습니다. 왜? 그렇게 명령하셨을까요? 그 이유는 이미 우상숭배가 극에 달해 하나님이 그들을 심판하기로 작정하셨기 때문이었습니다. 말하자면 이스라엘 백성들은 가나안 족속을 심판하시는 하나님의 도구였다는 말입니다.

또 다른 이유는 그대로 그들을 놔두면 이스라엘 민족이 그들로 인하여 우상숭배의 죄를 범할 것이 염려되었기 때문이었습니다. 이처럼 하나님께서는 하나님의 백성들이 얼마나 구별되고 성별 된 삶을 살기를 원하셨는가를 성도들은 알아야 하며 구별된 삶을 살기에 최선을 다하는 노력을 해야 합니다.

미결 살인 대속 규례 (신명기 21:1-9)

오늘 본문은 백성들이 사회 생활을 해 나가는데 겪을 수 있는 여러 규례 중 성읍에서 살인 사건이 발생했을 경우에 대하여 언급하고 있습니다. 고의적 살인자는 마땅히 보응을 받아야 했습니다. 하지만 시체는 발견했으나 살인자가 누구인지를 모를 때 그 사건을 그냥 미결 상태로 남겨두어서는 안되었습니다. 이런 경우 성읍 주민 전체가 공동 책임을 지고 반드시 대속 해야만 했습니다. 피 흘림이 없이는 사함 받을 수 없기 때문입니다(히 9:22절). 이럴 때에 대한 지시를 살펴봅시다.

1. 가까운 성읍의 장로들이 속죄 의식의 집행자로 세워졌습니다(1-3절).

백성을 대표하는 자는 백성의 이익을 추구하기 위해 애써야만 했습니다. 그래서 성에서 명예와 권력을 가진 자들은 백성들의 불평을 제거하도록 노력해야만 했습니다. 명예를 얻는다는 것은 권리만 찾는 것이 아니라 의무를 감당하는 것을 말합니다. 우리는 내게 맡겨진 일에 권리를 찾는 것 보다 의무를 지려고 하는 사람이 되어야 합니다.

2. 장로들은 한번도 부려보거나 멍에를 매지 아니한 암 송아지를 택해 물이 흐르고 경작할 수 없는 깊은 골짜기로 가서 목을 꺾는 의식을 행해야 했습니다(4절).

이때에는 제사장들과 레위인들이 입회하여 엄숙한 의식을 돕고 주재했습니다. 이것은 제물이 아니었습니다. 그것은 제단에 바쳐진 것이 아니기 때문입니다. 이것은 오히려 만일 살인

자를 잡는다면 이렇게 처형하겠다는 엄숙한 선언이자 경고였습니다. 암송아지를 계속 험한 계곡으로 끌고 왔다는 것은 그 사람의 흉악성을 의미하며 그 사람의 일생은 불모화 될 것이라는 의미의 의식이었습니다.

3. 그 후 장로들은 송아지 위에서 물로 손을 씻으며 자기 성읍의 백성들은 살인죄와 무관하며 목격하지도 못했다고 맹세합니다(6-7절).

그 다음엔 무고하게 죽은 자의 피에 대한 책임이 자신들에게 임하지 않도록 기도해야 합니다. 왜 하나님은 이런 의식을 행하도록 하게 하셨을까요? 그것은 몇 가지의 교훈적 의미가 있는 것입니다.

①범죄자를 처리하는 것은 사회전체의 공동의 책임이 있다는 것이요,

②자신이 속한 지역 사회와 민족 및 국가에서 일어난 사건에 대해서 모두가 책임을 공감하고 그 처리에 동참해야 된다는 뜻이요,

③자신과 자신의 주변에서의 죄악의 요소는 철저히 제거해야 한다는 뜻입니다. 다시 말하면 공동체의 책임을 강조한 말씀입니다.

가끔씩 신문에 보면 어떤 사건을 놓고 파출소들이 자기 구역이 아니라고 하면서 귀찮은 일들을 서로 다른 사람들에게 떠맡기려고 했다는 일이나, 어떤 택시 기사가 전철 안에서 고성방가하며 방자하게 떠드는 젊은이들을 꾸짖다가 오히려 매 맞아 병원에 입원했다는 기사를 읽으며 씁쓸한 마음을 갖습니다. 바로 이런 일이 없도록 자기 구역 내에서 일어난 개입하기 싫은 사건들은 공동적으로 책임을 느끼고 해결하라는 말씀입니다.

이웃 사랑의 규례 (신명기 22:1-12)

미해결 살인 범죄로 인하여 사회 전체가 오염되는 불행한 일을 막고 각 가정의 질서와 평화를 정착시키기 위해 몇 가지 규례가 주어졌던 앞장(21장)에 이어 본 장에서도 사회생활의 기본이 되는 이웃 사랑과 자연을 아끼고 보호해야 하는 자비의 정신과 택한 백성으로써의 순결을 유지하는 규례들에 대해서 말씀하고 있습니다.

1. 이웃사랑의 실천 규례에 대해서 말씀하고 있습니다(1-4절).

이웃을 사랑하는 구체적 실천 방안에 대한 몇 가지 규례를 말씀하고 있는데 먼저 길 잃은 이웃의 가축을 보거든 못 본체하지 말라고 명령하셨습니다(1절). 다시 말하면 재산을 잃어버린 이웃의 심정을 생각하라는 말입니다. 이웃에 대한 무관심의 이기주의를 배격하고 이웃에게 관심을 가져야 된다는 교훈입니다.

뿐만 아니라 반드시 그 주인을 찾아 줄 것과 혹 주인이 누구인지를 모르면 주인이 찾을 때까지 자기 집에 보관했다가 돌려주라고 하셨습니다(2-3절). 이것은 이웃의 소유권을 인정할 뿐 아니라 이웃의 것을 탐내지 않는 삶을 말한 것입니다.

이 말씀을 볼 때 단순히 이웃에게 해를 끼치지 않는 것이 이웃 사랑이 아니라 한 걸음 더 나아가서 이웃에게 관심을 갖고 이웃의 입장에 서서 생각하는 마음이 이웃 사랑임을 알 수가 있습니다. 그러므로 이 말씀은 "네 이웃을 네 몸과 같이 사랑하라(마 22:37절)"고 하신 그리스도의 가르침에 부합되는 말씀인 것입니다.

오늘날 사회 모습은 어떤가? 이웃의 재산을 돌아보아 주기는 커녕 이웃에 대한 무관심뿐만 아니라 자신의 이기적인 만족을 위해 이웃의 소유조차도 내 것으로 만들려고 하는 일이 얼마나 많은 세상입니까? 그러므로 우리 그리스도인들은 잃어버린 이웃의 소유를 찾아 줄 수 있는 그리스도의 이웃 사랑을 실천하면서 살아야 합니다.

2. 자연을 아끼고 보호하는 자연 사랑에 대해서도 말씀하셨습니다(6-7절).

"어미 새와 그 새끼, 혹은 새의 알을 동시에 취하지 말라(6절)."하신 말씀은 자연을 보호하고 사랑하라는 말입니다.

하나님은 천지를 창조하실 때 자연을 질서 있게 창조하신 후에 인간으로 하여금 자연을 다스리도록 임무를 맡기셨습니다(창 1:28절). 그래서 인간은 자연을 잘 다스려야 할 책임이 있습니다. 만일 이기적인 욕심을 채우기 위해 자연을 훼손한다면 이것은 하나님의 창조 질서에 위배되는 것입니다. 자연은 인간 생명을 유지할 수 있는 귀중한 것들을 제공해 주기 때문에 자연을 보호, 유지, 번성케 하는 것은 곧 우리 자신이 생육하고 번성하는 길인 것입니다. 자연을 잘 보호하는 길이 복을 누리고 장수하는 길(7절)임을 알아야 합니다.

3. 성결한 삶에 대해서도 말씀하셨습니다(9-12절).

본문은 일상적인 의식주와 관련하여 이스라엘 백성들이 성결한 삶을 위해 지켜야 할 규범들을 소개합니다.

①남녀 의복을 서로 바꾸어 입지 말라(5절)고 했습니다. 이 것은 당시 가나안 인들의 문화로써 문란한 제사 의식에 유래한

관습을 경계한 것과 성적인 방종과 불 경건한 행동을 방지하기 위한 조처였습니다.

②포도원에 두 종자를 뿌리지 말고, 양털과 베실을 썩어 짠 것을 입지 말라고 했습니다(9,11절). 이것은 이방의 혼합주의를 경계한 것으로 하나님께 대한 순수 신앙과 이스라엘 백성의 거룩성을 보존하라는 말씀이었습니다.

③소와 나귀를 겨리 하여 갈지 말라고 했습니다(10절). 두 짐승은 서로 보폭이 다르기 때문에 멍에를 매어 밭을 갈 수 없었습니다. 즉 신앙인의 삶과 불 신앙인의 삶이 다르다는 말입니다.

④겉옷 네 귀에 술을 달라(12절)고 했습니다. 겉옷 네 귀에 술을 달면 그 옷을 입은 자는 한 눈에 이스라엘 사람임을 알 수가 있는 표시였습니다. 옷에 단 술은 하나님의 계명을 상징했습니다. 이스라엘 백성은 하나님의 계명에 순종함으로써 이방인과는 구별된 거룩한 삶을 살라는 말입니다.

서원한 것은 갚아라 (신명기 23:19-25)

본 장은 하나님의 백성으로 견지해야 할 합당한 생활 규범에 대하여 교훈하고 있습니다. 그 중에서 본문은 하나님께 대한 서원의 규례와 공동체 생활 규례에 대해서 말씀하고 있습니다.

1. 네 하나님 여호와께 서원 하거든 갚기를 더디 하지 말

라고 하셨습니다(21절).

이 말씀은 하나님께 서원 했으면 반드시 갚아야 된다는 말씀입니다. 갚기를 더디 하지 말라는 말씀은 서원한 것은 추호라도 갚지 않으려고 망설일 필요가 없다는 것을 강조한 표현이기도 한 것입니다.

왜 서원 한 것은 반드시 갚아야 하는 것입니까?

①하나님께서 반드시 그것을 요구하시기 때문입니다. 하나님께서는 언약의 하나님이십니다. 그러므로 하나님은 언약한 것에 충실하신 분이기에 우리가 하나님께 서원한 것을 반드시 요구하시는 것입니다.

②더디면 죄가 되기 때문입니다. 여기서 우리는 죄의 속성을 보게 되는데 그것은 하나님과의 약속을 어기는 것이 죄라는 말입니다. 하나님과의 약속을 어기면 그것은 하나님을 조롱하는 것과 같은 것입니다. '더디 하지 말라'고 하신 것은 더디 하게 되면 서원 했던 마음이 퇴색되어 아예 자신의 마음에서 잊어버리게 되기 때문입니다. 그것은 결국 탐욕 때문에 생기는 결과인 것입니다.

창 34장에 보면 야곱이 고향으로 돌아오다가 세겜에 오래 머무르게 되었습니다. 이유는 그 땅이 목축업을 하기에 알맞은 땅이었기 때문이었습니다. 머무르는 동안 야곱은 벧엘에서 하나님께 서원한 것을 까맣게 잊어 버렸습니다. 그 결과 외동딸 디나가 세겜 추장 아들에게 강간당하고 이를 복수하기 위해 그 아들들이 살인을 하는 가정의 비극을 낳았습니다.

그때에 하나님은 야곱에게 벧엘로 올라가라고 명령하십니다. 이것은 야곱이 삼촌 라반의 집으로 도망 갈 때 벧엘에서 하나님께 서원한 것을 빨리 이행하라는 말씀이었습니다. 그때서야 야곱은 벧엘로 올라가 하나님께 제단을 쌓습니다. 서원에 대한 이행입니다. 탐욕은 하나님께 서원한 것을 이행하지 못하게 합니다. 그러므로 하나님께 서원한 것을 속히 이행하기 위해 탐욕이 우리 마음을 점령하지 못하게 해야 합니다.

2. 서원치 않으면 무죄라고 했습니다.

이 말씀은 성도가 서원을 하던 안 하던 자유라는 말입니다. 그러나 서원한 것은 반드시 책임을 져야 합니다. 서원은 하나님을 향한 각 개인의 신앙과 관계 있는 것이며 결코 강요되지는 않았습니다. 하지만 하나님은 서원한 기도에 대해서 속히 응답한 예가 많이 있습니다.

대표적인 예는 야곱의 서원 기도와 한나의 서원 기도 등입니다. 그들은 서원한 대로 응답 받았습니다. 그러므로 23절에 "네 입으로 서원한 것은 그대로 실행하기를 힘쓰라"고 하셨습니다.

3. 공동체 생활 규례에 대해서 말씀하고 있습니다.

그 내용을 살펴보면 두 가지입니다.

①고리대금업의 금지입니다(19,20절). 본문은 백성들간의 이식(利息)을 취하지 말도록 명령했습니다. 그것은 이스라엘 백성을 보호하고 또한 자신이 직접 노력과 수고를 하지 않은 불로소득을 얻지 못하게 하여 노동의 보람을 알게 하기 위함이었습니다. 그러나 이방인에게는 이자를 받으라고 했습니다. 그러므로 이자놀이 그 자체를 금한 것이 아니라 가난한 자에게 동정을 베풀라는 말입니다.

②굶주린 이웃에게 자비와 긍휼을 베풀라고 하셨습니다(24-25절). 배고픈 자가 자신의 과수원이나 밭에 들어가서 허기를 채우는 것을 용납하도록 했습니다. 하지만 그릇이나 낫을 이용

하여 남의 소유를 취하는 것은 금하고 있습니다. 그러므로 본
문은 자비와 긍휼을 베풀라는 말이지 게으른 자의 배를 채워주
는 방편은 될 수 없음을 말씀한 것입니다.

불우한 이웃을 돌보라 (신명기 24:14-22)

본문은 불우한 이웃을 위한 규례로써 이웃 사랑의 정신을 교
훈 한 말씀입니다. 내용을 살펴보면 다음과 같습니다.

1. 주인들은 자기들의 가난한 종들에게 정의로 대하라고 말씀하고 있습니다(14, 15절).

주인이라고 해서 종을 학대해서는 안되며 품꾼의 품삯은 해
가 지기 전에 지불하도록 했습니다. 그 종이 비록 이스라엘에
거하는 나그네라 하더라도 학대해서는 안되었습니다.

그 이유는 그들도 한때는 나그네 되었던 땅 애굽에서 종이었
기 때문입니다(18절). 그들은 엄한 주인 아래서 억압받는 것이
얼마나 고통스러운가를 알고 있었습니다. 그래서 하나님은 그
들에게 과거를 거울삼아 나그네 된 자들에게 친절을 베풀며 억
압하지 말라고 말씀하신 것입니다. 엄밀히 말하면 저들의 주인
은 하늘에 계시기 때문입니다.

그러므로 저들에 대한 노임체불은 범죄 행위인 것입니다. 일
당을 받고 일하는 사람들은 그날 벌어서 그날 먹고사는 사람들
인데 그날 품삯을 받지 못하면 가족 생계유지를 못하기 때문에

종들에게 큰 고통인 것입니다. 하나님은 이런 행위를 죄로 취급한다고 하셨습니다. 주인은 자기에게 다소 불리하다 할지라도 종들에 대한 노임은 반드시 지불해야 합니다.

2. 부당한 연좌제를 폐지하라고 하셨습니다(16절).

16절 말씀에 "아비는 그 자식들을 인하여 죽임을 당치 않을 것이요 자식들은 그 아비를 인해 죽임을 당치 않을 것이라 각 사람은 자기 죄에 죽임을 당할 것이니라"고 했습니다. 이 말씀은 소위 연좌제를 없애고 범죄를 저지른 당사자만 처벌하라는 말씀입니다.

당시의 이방 민족들 사이에는 이런 식의 징벌이 공통적이었습니다. 우리 나라에서도 역적의 가문은 3족을 멸했습니다. 이러한 것은 아주 비인간적인 일들인 것입니다.

기독교는 구원과 심판에 대해서 철저하게 개인적입니다. 구원받는 것도 개인의 믿음과 신앙고백에 의하여 받으며 심판도 개인의 죄와 불 신앙으로 인하여 받는 것입니다. 이것이 하나님의 공의의 진면목인 것입니다.

예수님께 나아온 소경 된 자를 보고, 사람들이 그가 눈 먼 것에 대해 부모의 죄로 인한 것이냐 라고 물었을 때 예수님은 하나님께서 하시는 일을 나타내고자 함이라 하셨습니다. 그러므로 우리들은 어떤 가정에 자식들의 불행을 아비의 죄 값이라고 쉽게 말하는 잘못을 범하지 말아야 합니다.

3. 부자들에게는 곤궁한 자들에게 친절하며 자비로워야 할 것을 명하고 있습니다.

자비에 대한 것은 세부적으로 실례를 들고 있는데 저들이 곡식이나 포도나 감람을 수확 할 때 조금이라도 남아있는 것이 없나 하고 애쓸 만큼 탐욕을 내서는 안 된다고 했습니다. 이것은 모두가 하나라도 남겨 두어서는 안 된다는 생각은 결국 자기만을 생각하는 이기적인 마음에서 나온 행동입니다.

그러므로 성경은 객과 고아와 과부를 위하여 얼마쯤은 남겨 두라고 하셨습니다. 이 말은 이기심을 버리고 우리 주위에 곤경에 처한 이웃이 없는가를 살펴보라는 말씀입니다. 그 이유는 역시 애굽 땅에서 종 되었던 것을 기억하기 위해서입니다(22절). 다시 말하면 가난했었을 때를 기억하라는 말입니다.

그런데 오늘날 현대인들에게 이렇게 가난한 이웃을 생각하는 마음이 병들어가고 있음을 봅니다. 그렇기에 우리는 항상 가난한 이웃을 생각하며 내가 좀 덜 쓰고 남겨 주는 자의 삶을 살아야겠습니다. 성경은 "주는 자가 받는 자 보다 더 복되다"고 했습니다. 그러므로 우리가 그렇게 살아갈 때 하나님께서 약속하신 복이 우리에게 임할 것입니다.

엄위한 공의와 세심한 자비 (신명기 25:1-19)

본 장에서는 재판, 가정생활, 경제활동 등에 대한 여러 가지 율법들이 별다른 순서가 없이 나열되었는데 이는 지금까지 모세가 말한 것 중에 빠진 내용을 언급한 것 같습니다.

1. 태형법에 대해서(1-4절).
사람과 사람 사이에 시비가 생겨서 재판을 청하거든 재판장은 그를 공정하게 재판하여 의인과 악인을 잘 분별하여, 악인은 태형을 가하되 40대 이상을 초과하지 못하도록 했습니다.

40대 이상을 초과하지 못하게 한 것은 범죄자라 할지라도 생활에 지장을 미칠 정도로 형벌이 가해져서는 안 된다는 말입니다. 그러면서 사람이 잔인해서는 안 되는 것을 동물에게까지라도 적용시키고 있습니다.

4절에 곡식 떠는 소의 입에 망을 씌우지 말라고 했는데 이는 주인의 편익을 위해 수고하는 짐승에게 무자비하지 말라는 말씀입니다.

사도 바울은 본문을 인용하여 고전 9:1절에서 전도자가 그 삯을 받는 것이 마땅하다는 말로 설명하면서 주의 일꾼들을 잘 대접하라고 했습니다.

2. 가정 혈통 계승법에 대해서(5-10절).

이 율법은 유다의 가정이야기를 보면, 독특한 가계 유지를 위한 고대 관습이었음을 알 수 있습니다(창 38:8). 물론 여기에 제시된 경우는 한 남자가 후사 없이 죽은 경우였습니다. 아마도 이 제도는 죽은 형제의 대를 이어주고, 형제의 기업을 보호해 준다는 원대한 목적이외에도 이스라엘 여인이 이방인과 결혼함을 방지, 미망인을 보호하는 사회보장적 차원이었던 것 같습니다. 오늘날에 이런 제도는 없어졌지만 불행을 당한 형제를 돌보아야 할 의무를 말한 것입니다.

3. 경계해야 할 품행에 대해서(11-12절).

본문은 거룩한 백성으로서 지켜야 할 정숙함을 망각하고 품위를 내 팽개친 여인에 대한 처벌 규정입니다.

자기 남편이 다른 남자와 싸우다가 남편이 곤경에 처한다고 상대편의 생식기를 붙잡았을 경우 그 여인의 손을 찍어 버리도록 규정하고 있습니다.

우리는 이 말씀을 문자적으로 이해할 것이 아니라 오늘날 이 말씀이 주는 교훈들을 생각해야 합니다. 정리해보면,

①성도는 아무리 급박한 상황에 처한다 하더라도 하나님의 자녀로써 품위를 망각하지 말아야 하며,

②어떠한 경우에도 자기 자신이나 가족의 안전만을 생각하여 다른 사람에게 손상을 끼쳐서는 안되며,

③성도는 자기일 뿐 아니라 다른 사람의 일을 돌아보아야 하는 것이 성도의 마땅한 자세라는 것을 교훈 해 주고 있는 것입니다.

4. 공정한 상거래를 하라(13-16절).

그리스도인들은 매매하는 일에 있어서 정직해야할 것을 강조한 말씀입니다. 그러므로 도량형 도구들을 이중으로 가지지 말라고 말하고 있습니다. 그것을 보관하고 있으면 당장은 사용하지 않더라도 언젠가는 사용하고 싶은 유혹이 있기 때문입니다. 남을 속여 재물을 얻는 것은 곧 멸망을 자초하는 지름길임을 알아야합니다.

5. 아멜렉 인을 진멸하라(17-19).

아말렉은 에서의 손자입니다(창 36:12). 그들을 진멸하라고 한 이유는 이스라엘이 여행에 지쳐있고 싸울 의사가 없었음에도 불구하고 뒤에서부터 공격했기 때문입니다. 하나님은 행악한 자의 행위를 결코 용납치 않으시고 심판하시는 분이십니다.

첫 소산의 예물 (신명기 26:1-15)

본문은 첫 열매 바칠 때 외우는 신앙고백, 또는 기도문에 대한 기록입니다. 신앙 고백문의 주제는 한마디로 감사였는데 그 감사는 하나님이 이스라엘을 택하시고 애굽에서 구원하시고 가나안에 인도하심으로 첫 열매를 드릴 수 있음에 대한 감사였습니다.

1. 그들이 첫 열매를 하나님께 봉헌해야할 구체적인 이유들에 대해서 말씀하고 있습니다(1-11절).

①먼저 하나님께서 그들의 조상에게 약속하신 가나안 땅을 기업으로 주신 은혜에 대한 감사입니다(3,9절). 그 땅은 곧 젖과 꿀이 흐르는 땅이었기 때문입니다.

②소수 민족이었던 자신들을 크고 강하며 번성한 민족이 되게 하신 하나님께 대한 감사입니다(4,5절). 그들의 조상 야곱은 밧단아람에서 20년간 살았고 거기서 두 아내와 11명의 아들을 낳았습니다. 그들은 유리하는 아람 사람들이었고 그 뒤 요셉 까닭에 야곱은 70인을 거느리고 애굽으로 갔습니다. 70인은 소수에 속한 무리였습니다. 그런데 430년만에 무려 약 200만에 가까운 큰 민족이 되었으니 얼마나 큰 하나님의 은혜인가요.

③또한 애굽의 압제하에 고통 당했던 과거의 비참한 생활을 회상하며 크신 능력으로 자신들을 구원하고 인도하여 내신 하나님의 섭리에 대한 찬양과 감사 때문입니다(6-8절).

④그러므로 결국 그들이 지금 누리고 있는 모든 복은 하나님이 주셨으므로 하나님의 은혜를 감사하고 천지 만물의 주인이

하나님이신 것을 믿고 그 앞에 겸손히 경배하는 마음으로 첫 열매를 하나님께 봉헌해야 한다는 말입니다.

2. 첫 열매는 하나님께 봉헌해야 하는 것을 통해 우리가 교훈 받아야할 내용은 다음과 같습니다.

①행위만으로는 하나님을 기쁘시게 할 수 없다는 것입니다. 하나님께 대한 감사와 신앙 고백이 행위 이전에 반드시 전제되어야 하며 참다운 신앙 고백과 더불어 그에 부합되는 행위로써 첫 소산을 드려야만 된다는 사실입니다.

②하나님께서 주신 재물은 무엇보다도 하나님의 영광을 나타내는데 먼저 사용해야 한다는 뜻이 첫 소산을 드리는데 있습니다. 그러므로 우리는 항상 우리의 소유를 가지고 하나님께 먼저 영광 돌린 뒤에 쓰여지는가를 생각해야 합니다.

3. 제 3년의 십일조 제도에 대해서 말씀하고 있습니다(12-15절).

첫 열매를 하나님께 드리는 것이 하나님의 사랑과 관계된 것이라면 본문은 이웃 사랑과 관계된 것입니다. 구약에는 십일조가 두 종류였음을 봅니다. 하나는 모든 소산의 십일조인 제1의 십일조이고 또 하나는 오늘 본문인 안식년을 기점으로 제3년과 6년에 드리는 제2의 십일조입니다. 제1의 십일조는 제사장과 레위인의 몫이었고, 제2의 십일조는 가난한 자와 불쌍한 자를 돕는데 사용되었습니다. 이것은 다른 명목으로 사용되어서는 안되었습니다. 이것은 오늘날 우리가 남을 돕기 위해 내는 헌금과 같은 것으로써 우리는 십일조 외에 남을 돕는 일을 위해 헌금을 내서 그들을 도와야 할 사명이 있는 것을 알아야 합니다. 하나님은 이런 삶에 반드시 복을 주신다고 하셨습니다.

잠잠히 들으라 (신명기 27:1-10)

모세는 지금까지 이스라엘 백성들에게 하나님께 대한 의무와 그들 상호간의 규례 등을 구체적으로 설명하였습니다. 하지만 모세는 시내 산에서 율법을 받은 것을 직접 경험하지 못한 이 새 세대들이 약속의 땅 가나안에 진입한 후 이 율법을 잊어버리지 아니할까 하는 염려가 있었습니다. 그래서 모세는 백성들이 가나안 땅에 들어간 후 율법을 어떻게 하면 잘 지켜 복을 받을 수 있을지를 생각했습니다. 그 결과,

1. 가나안 땅에 들어가면 큰돌을 세워 그 위에 율법을 기록하라고 했습니다(1-7절).

제일 먼저 요단을 건너 가나안 땅에 도착하게 되면 기념 돌비를 세워 율법을 한가지라도 빠뜨리지 말고 다 기록하라고 했습니다. 이것은 약속의 땅에 이른 후에 제일 먼저 행해야 할 것은 율법을 기억해야 된다는 말입니다. 그리하면 그 땅이 젖과 꿀이 흐르는 축복의 땅이 된다고 했습니다.

"그리하면(3절)"이라는 말은 조건을 강조한 말입니다. 그렇지 않으면 그 땅은 축복의 땅이 될 수 없다는 암시도 들어 있는 말씀입니다. 그리고 이 돌 비를 에발 산에 세우라고 했습니다.

그런데 에발 산은 저주의 표상이었습니다(신 11:29절). 왜 율법의 기념비를 저주의 상징인 에발 산에 세우라고 하셨을까요? 여기에는 몇 가지 깊은 의미가 있습니다.

①율법 아래 있는 자는 여전히 저주 아래 있다는 것을 의미합니다(갈 3:10절).

②그리고 율법을 어길 때 닥쳐올 저주의 심각성을 경고해준

것입니다.

③구속사적인 측면에서 중요한 의의를 지닙니다. 즉 이것은 죄와 저주가 예수그리스도의 희생 제사로 말미암아 속함 받게 될 것을 보여줍니다. 신 21:23절에 "나무에 달린 자는 저주받는 자니라" 했는데 예수 그리스도는 바로 나무 아래 달려 인간의 모든 저주를 대신 지시고 죽으셨기에 예수 그리스도 안에는 저주가 없습니다.

2. 돌 단을 쌓으라고 했습니다(5-8절).

5절에 "네 하나님 여호와를 위하여 돌 단을 쌓으라"고 했습니다. 율법을 기록하는 것은 백성들을 위한 것이지만 돌 단을 쌓는 것은 하나님을 위한 것입니다.

이제 이스라엘 백성들이 가나안 땅에서 하나님께 제일 먼저 해야 할 일은 가나안 땅으로 인도해 주신 하나님께 감사와 경배를 드리는 일이었습니다.

우리는 어떤 일에든지 먼저 하나님께 고하여 범사에 감사하는 신앙의 태도를 가져야 합니다. 그런데 그 돌 단은 6절에 보니 철로 다듬지 않은 돌을 사용하여 돌 단을 쌓으라고 했습니다. 이것은 하나님께 경배와 감사를 드릴 때 꾸밈이나 가식을 가지면 하나님을 기쁘시게 못한다는 의미입니다.

그러므로 우리는 내 모습 그대로를 가지고 나와 하나님께 예배 드려야 합니다. 그리고 그 첫 번째 드릴 제사는 화목제였습니다. 주님과의 화목은 어떤 것보다도 중요합니다. 그리고 주님과의 화목은 말씀을 순종하는 것임을 알아야 합니다.

3. 잠잠히 들으라고 했습니다(9-10절).

하나님은 이스라엘 백성이 가나안 땅에서 절대 저주받기를 원치 아니하시고 축복 받기를 원하셔서 "이스라엘아 잠잠히 들으라" 엄숙히 선언하셨습니다. 잠잠히 들으라는 말은 ①깊이 생각하라는 말이요, ②절대 청종하라는 말이며, ③말씀대로 행하라는 뜻입니다. 그러므로 우리는 말씀을 잠잠히 들으므로 주님과 화목하며 축복 받는 백성이 되어야겠습니다.

축복과 저주 (신명기 28:1-19)

본 장은 신명기의 특징과 주제를 보여주는 대표적인 기록으로써 주된 내용은 가나안 땅에 들어가서 하나님 말씀에 순종하는 자들에게 주어지는 축복의 내용과 불순종하는 자들에게 주어지는 저주의 내용에 대해서 말씀하고 있습니다.

1. 복 받기를 위한 첫째 조건은 말씀을 듣는 것입니다.

약 1:19절에 "사람마다 듣기는 속히 하고 말하기는 더디 하라."고 했습니다. 하나님은 하나님의 모든 자녀가 복 받기를 원하시는 분이십니다. 그러므로 성내기는 더디 하셔도 자비를 나타내는데는 신속한 분인 것입니다.

그런데 왜 많은 그리스도인들이 복을 받지 못합니까? 그것은 복 받을 만한 행동을 하지 않기 때문입니다. 그 복 받을 행동의 첫 번째는 말씀을 듣는 것입니다.

본문 1절에 "하나님의 말씀을 삼가 들으라."했고 시편 119:105절에 "주의 말씀은 내 발에 등이요 내 길에 빛이니이다"라고 하셨습니다. 또 히 4:12절에 하나님의 말씀은 살았고 운동력이 있다고 하셨습니다. 이렇게 하나님의 말씀에는 생명력이 있는 것입니다. 또한 그 말씀에는 축복이 들어 있습니다. 왜냐하면 말씀을 하시는 하나님 그분이 복의 근원이시기 때문입니다.

2. 복 받기 위한 둘째 조건은 듣기만 하는 것이 아니라 그 말씀을 행하는 것입니다(1-2절).

1절 말씀에 보면 "그 모든 명령 지켜 행하면"이라 했고, 2절에는 "여호와의 말씀을 순종하면"이라고 했습니다. 다시 말하면 하나님의 말씀을 순종할 때 하나님께서 2-14절까지의 복을 주신다고 했습니다.

1-4절까지는 개인적으로 임하는 복이고 5-14절까지는 민족적으로 임하는 복에 대한 말씀입니다. 이렇게 하나님은 개인은 물론 민족적으로도 복 주시기를 원하시는 분입니다. 그러므로 민족적으로도 복 받는 민족이 될 수 있도록 말씀에 순종하는 삶으로 인도해야 합니다. 그러기 위해서는 민족적인 구원을 위해서도 기도하고 애써야합니다.

2-14절까지의 말씀을 다시 정리해 보면 대략 몇 가지로 나눌 수 있습니다. ①복 주시기를 원하는 하나님. ②대적으로부터 보호하시는 하나님. ③성민이 되게 하시는 하나님. ④창성하게 하시는 하나님. ⑤때를 따라 도우시는 하나님. ⑥머리가 되게 하시는 하나님의 축복으로 나눌 수 있습니다. 이렇게 하나님은 택하신 자녀들을 복 주시기를 원하시는 것을 깨닫는 자녀라면 그 말씀대로 행해 하나님께서 우리에게 약속하신 모든 복을 받아 누리는 자녀들이 되어야 합니다.

3. 반대로 하나님의 말씀에 순종치 않으면 저주가 임한다고 했습니다(15-19절).

하나님의 말씀은 축복만의 말씀도 아닙니다. 순종 여하에 따라 축복도 되고 저주도 되게됩니다. 15절부터 마지막 절까지는 순종치 아니할 때 임할 저주에 대해서 말씀하셨습니다. 하지만 오늘날에 그리스도안에 있는 사람에게는 저주가 없습니다. 그것은 신 21:23절에 나무에 달린 자는 저주를 받았다는 말씀대로 예수님이 십자가에서 우리의 저주를 대신 짊어지셨기 때문입니다. 하지만 그리스도안에 있는 자로써 말씀에 불순종할 때는 매와 징계가 있음을 알아야 합니다. 징계와 매는 저주와는 근본적으로 다른 사랑의 매임을 알아야 합니다. 그러므로 우리는 불순종함으로 매맞지 말고 순종함으로 축복 받는 성도가 되어야 합니다.

모압 평지의 언약 (신명기 29:1-15)

1. 오늘 본문에 보며 모압 평지의 언약이라는 말이 나오는데 모압 평지의 언약이란 말은 시내 산 언약 외에 새로운 언약을 주셨다는 말이 아니라 시내 산 언약을 그 세대에게 모압 평지에서 재해석해 준 언약이라는 말입니다(1-9절).

먼저 모세는 지난날 이스라엘 백성들에게 하나님이 베풀어 주셨던 은총을 회고함으로써 모압 평지의 언약을 받은 이스라엘의 2세 백성들이 자발적으로 순종하기를 원했습니다.

과거에 하나님이 기적적으로 베풀어주셨던 은혜들을 다시 한번 회고한 두 번째 이유는 4절 말씀대로 그들이 아직은 깨닫는 마음과 보는 눈과 듣는 귀를 갖지 못했기 때문이라고 했습니다. 이것은 말씀에 대한 무감각과 하나님의 은혜를 깨닫지 못하는 인간의 완악함을 지적한 말씀입니다. 그럼에도 불구하고 하나님께서 또다시 모압 평지에서 언약을 주시는 것은 이스라엘 백성을 향한 하나님의 자비하심이 풍성하심을 알 수 있습니다.

우리가 알아야 할 것은 깨닫는 마음과 보는 눈과 귀가 열리는 것도 하나님께서 은혜를 베풀어 주셔야만 될 수 있는 것임을 알 수 있습니다.

신약에서 하나님은 우리에게 성령을 보내주셔서 깨닫는 마음과 귀가 열리고 눈이 열리고 입이 열리게 하셨습니다.

행 2:1-4절에 보면, ①2절에 급하고 강한 소리가 있어 라고 했는데 성령으로 인해 여지까지 듣지 못하는 소리를 들었으니 이것은 귀가 열렸다는 말이요, ②3절에 불에 혀같이 갈라지는 것이 보였으니 눈이 열렸다는 말이요, ③4절에 성령의 말하게 하심으로 방언을 말했으니 입이 열렸다는 말입니다.

왜 모든 것을 보고 말하게 하셨습니까? 하나님의 마음, 주님의 마음을 깨닫게 하기 위해서였습니다. 초대교회 성도들은 주님의 마음을 알고 깨달아 주님이 이 세상에 오신 목적인 복음을 전함으로써 주님의 뜻을 실천하며 살았습니다. 우리는 성령 충만으로 하나님의 마음을 늘 깨닫는 성도가 되어야겠습니다.

2. 모압 평지에서 준 언약 갱신의 대상이 누구인지를 말씀하고 있습니다(10-15절).

언약을 받는 사람들을 보면 ①백성 중 남자뿐 아니라 여자,

젖먹이까지 참여했습니다(10,11절). ②이스라엘의 우두머리뿐 아니라 율법을 지키고자 한 이방 인종까지도 다 참여했습니다. ③모세 당시 생존한 사람뿐 아니라 장차 태어날 후손까지다 포함했습니다(14,15절).

이런 사실들 속에서 몇 가지 교훈 받을 수 있는 것은 첫째, 하나님의 언약은 인류 시조로부터 최후의 인류까지 시공을 초월하여 그 효력이 미친다는 점이요. 둘째로, 하나님의 언약은 남녀노소, 계급, 민족, 나라 등에 제한을 받지 않고 영향을 미친다는 말이요. 셋째로, 그리스도의 대속의 사역은 누구에게나 차별이 없으며 그 공로를 힘입을 수 있다는 점입니다.

3. 언약의 목적은 무엇입니까?

그것은 13절의 말씀대로 자기 백성을 삼기 위해서입니다. 기독교는 언약의 종교이며 우리가 하나님의 백성인가 아닌가는 하나님의 언약을 지키면서 살려고 하는가 아닌가를 진단하면 됩니다. 천국은 여기 있다 저기 있다가 아니라 마음속에 있는 것입니다. 내가 하나님의 말씀에 지금 순종하는 마음이 있으면 하나님의 백성 천국 백성인 것입니다.

회개에 따르는 복 (신명기 30:1-15)

앞장에서 모세는 하나님과의 언약을 무시하고 불순종하는 삶을 살 경우에 따르는 저주에 대해서 경고하였습니다. 그러나

본 장에서는 다시 소망의 메시지를 들려줍니다. 그것은 곧 저주를 받는 중에라도 회개하기만 하면 회복의 축복이 따른다는 것입니다.

사실 하나님은 공의와 사랑의 양면적 속성을 갖고 계십니다. 하나님은 사랑이시지만 죄에 대해서는 묵과하시지 않습니다. 하지만 하나님은 징계 속에라도 돌아설 때는 용서하시고 이전처럼 축복하십니다. 이것이 하나님의 자비와 사랑의 속성입니다. 그러므로 율법은 심판의 도구가 아니라 하나님의 사랑에 기초한 약속 있는 계명입니다.

1. 회개 할 자에게 임하는 복을 살펴봅시다(3,4절).

①하나님은 언약을 기억하시고 긍휼을 베푸신다고 하셨습니다. 네 포로를 돌리실 것이라는 말은 죄의 포로 된 상태에서 자유케 하리란 말입니다.

②기업을 회복하고 열조보다 더 번성케 하신다고 하셨습니다(5절).

③생명을 얻게 하신다고 하셨습니다(6절).

④대적과 핍박 자에게 저주를 내리신다고 하셨습니다(7절).

⑤자녀와 재물과 건강의 축복을 얻게 하신다고 하셨습니다(8-10절). 그러므로 하나님은 회계하는 자에게는 과거를 묻지 아니하시고 용서하실 뿐만 아니라 축복하시는 자비하신 하나님이심을 믿고 회개해야 합니다.

2. 그런데 회개에는 몇 가지 조건이 있었습니다.

①하나님께로 돌아와야만 했습니다. 2절, 8절, 9절에 보면 "너는 돌아와"라는 말이 반복되고 있습니다. 하나님은 죄인이 돌아오기를 원하시는데 이것은 하나님께로의 방향전환을 의미

합니다. 지금까지의 삶을 청산하고 하나님께 나아옴을 의미합니다. 눅 15장에 탕자의 비유에서처럼 아버지께 돌아가야겠다고 결단하고 방향 전환하여 아버지께 돌아오는 것을 말합니다.

②돌아와서는 무엇을 해야 합니까? 무엇보다도 하나님 말씀에 순종해야합니다. 하나님의 말씀만이 순종의 표준이 되어야 합니다. 순종하되 마음을 다하고 성품을 다하고 뜻을 다하여 적극적으로 순종해야만 합니다.

3. 이것은 결코 어려운 것이 아닙니다(11-14절).

하나님의 율법은 어려운 것이나 힘든 것이 아닙니다. 단지 완악한 인간이 그 율법에 불순종하고자 하는 마음으로 그 법을 바라볼 때 어렵고 힘들게 느껴질 것입니다. 문제는 사랑의 문제인 것입니다. 하나님이 나를 사랑하는 것을 믿는다면 계명은 결코 어려운 것이 아닐 것입니다.

요한일서 5:3절에 보면 "하나님을 사랑하는 것이 이것이니 우리가 그의 계명들을 지키는 것이라. 그의 계명들은 무거운 것이 아니로다" 라고 말씀하셨습니다. 그러므로 하나님의 계명들이 무겁게 여겨지는 것은 결국 내가 하나님을 덜 사랑한다는 표시인 것입니다. 하나님을 덜 사랑하는 사람은 말씀이 밖에 있는 것이고, 하나님을 제일로 사랑하면 그 말씀은 14절의 말씀대로 "내게 심히 가까운 입에 있고 마음에 있게 됩니다". 그렇게 될 때 우리는 말씀을 행할 수 있는 진정한 그리스도인이 되는 것입니다. 시 119:9절에 "청년이 무엇으로 그 행실을 깨끗게 하리요 주의 말씀을 따라 삼갈찌어다" 라고 했고 또 11절에 "내가 주께 범죄치 아니하려하여 주의 말씀을 내 마음에 두었나이다" 라고 했습니다. 이 모두가 하나님을 사랑하기 때문에 나타나는 삶의 변화들인 것입니다.

모세의 마지막 사역 (신명기 31:1-8)

본 장은 출애굽 지도자 모세의 죽음과 새 지도자 여호수아의 등장을 예고하고 있습니다. 이 사건은 B.C. 1407년 11월 가나안 입성을 두 달 열흘정도 앞두고 모압 평지에서 일어난 사건입니다. 이제 모세는 자신의 죽음으로서 한 시대가 끝나고 새 시대를 맞이할 이스라엘 새 세대를 위하여 마지막 행한 사역들을 기록하고 있습니다.

본 장 전체의 내용 구분을 살펴보면 1-8절은 하나님께서 이스라엘과 함께 함으로 가나안 정복에 성공할 것이라는 격려를 하고, 9-13절까지는 가나안 입성 후에 매 칠 년 끝 해 초막절에 율법을 낭송하여 그 후손들로 하여금 하나님을 경외하는 것을 배우도록 만들라 지시했고, 14-29절까지는 율법을 기록한 책을 언약궤 옆에 잘 보존하라는 지시의 말씀입니다.

이렇게 모세는 죽기 직전까지 개인적인 문제보다는 하나님과 백성 사이의 중보자로서 최선의 교훈을 남기려고 성실성을 보인 훌륭한 하나님의 종이라고 생각합니다. 그 중에서 오늘은 1-8절의 말씀을 생각해 보려고 합니다. 자신의 죽음이 임박한 모세는 자신의 주변과 기타 모든 일을 준비함으로써 마지막 사역을 감당합니다. 먼저 그는 가나안에 입성할 새 지도자 여호수아를 세우고(3절), 그와 그의 백성들이 가나안에 들어갈 수 있음을 격려합니다(7-8절). 이러한 본문에서 우리는 몇 가지 깊은 교훈을 얻을 수 있습니다.

1. 성도는 모름지기 하나님의 주권을 전적으로 인정하는 삶을 살아야 한다는 점입니다.

모세는 온갖 고생과 역경을 다 겪으면서 백성들을 인도했는데도 정작 그 자신은 가나안을 목전에 두고 그 땅에 들어가지 못하고 죽게 되었습니다. 그럼에도 불구하고 그는 하나님을 원망하거나 불평하지 않고 겸손히 하나님의 뜻에 순종하며 그의 최후를 준비했습니다. 자신의 뜻과 하나님의 뜻이 불일치 할지라도 성도는 겸손히 순종하는 삶을 살아야 합니다.

2. 하나님의 약속을 신뢰하는 삶을 살아야 한다는 것입니다.

모세는 처음부터 끝까지 하나님의 약속을 의심치 않았으며 심지어 죽음을 앞둔 현재까지도 백성들에게 하나님의 약속을 굳게 믿고 마음을 강하게 하여 가나안을 정복하도록 격려했습니다. 이러한 그의 태도는 하나님의 말씀에 대한 확신이 없었다면 불가능한 일이었을 것입니다. 이러한 모세의 죽음을 보면서 몇 가지 그의 일생을 정리해 보면,

①인생은 짧은 것임을 봅니다. 모세는 120년의 긴 인생을 살았으나 시편 90편에서 '그는 인생은 잠깐 잠깐 자는 것 같으며 아침에 돋는 풀 같다'고 고백하고 있습니다. 그러므로 우리에게 날 계수하는 지혜를 달라고 말함으로 인생의 짧음을 아쉬워했습니다.

②그럼에도 그의 일생은 정복하는 일생이었습니다. 홍해, 광야의 거친 환경들 수많은 적군들을 하나님이 주시는 힘으로 정복해 나갔습니다.

③그의 일생은 용기로 가득 차 있었습니다. 그는 최후에도 하나님을 믿고 의지하면서 '강하고 담대하라'고 외치고 있습니다. 하나님을 믿는 믿음을 가진 삶은 최후까지라도 이렇게 용기 있게 살 수 있는 것입니다.

3. 적절한 시기에 알맞은 인물에게 자신의 뒤를 물려주는 지혜를 가져야 합니다.

이처럼 자신이 일할 때와 물러날 때를 알며 착실히 후진을 양성하는 지혜를 우리는 모세를 통해서 배워야 합니다.

모세의 최후 교훈 (신명기 32:44-52)

본 장은 모세의 유언의 노래 장입니다. 주로 이스라엘의 배교라는 암울한 미래사를 예언적으로 전제하고 있는 이 노래의 일차적인 목적은 이스라엘의 배교를 사전에 방지하는데 있습니다. 그리고 그들이 배교로 말미암아 진노를 당할 때 그 진노가 하나님께로 온 것임을 깨닫고 속히 자신들의 죄를 회개하고 하나님께 돌아오게 하는데 있습니다(1-43절까지). 그러므로 백성들은 모세의 노래를 반복하여 부름으로 죄를 방지했을 것입니다.

오늘 본문은 노래를 끝마친 모세가 율법에 대한 순종을 재차 권면하고 있는데 이것은 그의 노래에 대한 적절한 보충 설명 또는 결론이라고 볼 수 있습니다.

모세는 이제 백성들에게 전적으로 순종할 것을 최후로 당부하고 있습니다(44-47절). 모세는 본문을 통하여 하나님께 대한 순종은 생명이요. 불순종은 저주라는 사실을 재차 강조하고 있습니다. 이런 모세의 최후 교훈은 크게 두 가지 사실에 초점이 맞춰지고 있습니다.

첫째는 백성들 스스로 하나님의 율례를 명심하여 지키라는 것이고, 둘째는 하나님의 율례를 그들 다음 세대들에게 충실하게 전달하라는 것입니다.

하나님의 백성이 하나님의 율법을 전적으로 준행 해야 할 이유는 다음과 같습니다.

1. 생명이 되기 때문입니다.

딤후 3:16절에 "하나님의 말씀은 교훈과 책망과 바르게 함과 의로 교육하기에 유익하다."고 했습니다. 시편 19:7절에 보면 "또한 생명력이 있어 영혼을 소생케 하는 원천이 된다."고 하셨습니다. 그러므로 이스라엘 백성은 물론 오늘의 우리도 하나님의 말씀을 전적으로 준행 해야 합니다.

2. 약속의 땅에서 영원히 누릴 복의 근원이기 때문입니다.

하나님의 말씀은 썩어지지 아니하는 영원한 기업을 차지하게 하고 영생을 얻게 해 주는 복음입니다. 그것은 허사가 아닙니다(47절). 그런데 오늘날 많은 사람들이 하나님의 말씀을 부질없는 허사로 생각하는 사람들이 많이 있습니다. 이러한 태도는 하나님을 무시하는 교만한 마음에서 비롯된 어리석은 행위일 뿐만 아니라 영원한 생명을 저버리는 불행한 일입니다.

하지만 하나님의 말씀이 허사가 아니라 진실한 생명의 근원되시는 말씀인 것을 믿는다면 그들의 날은 장구하게 될 것입니다(47절). 그것은 오늘날 역사가 증명합니다.

모세가 가나안 땅에 들어갈 당시 강대국들이 가나안 땅 주변에는 굉장히 많이 있었습니다. 또 그 뒤 앗수르, 바벨론, 피사 헬라, 로마 등 굉장한 힘을 가졌던 강대국들이 있었습니다. 그들은 끊임없이 나라를 바꾸어 가며 이스라엘을 다스렸습니다. 하지만 오늘날 그들은 다 사라져 갔지만 이스라엘은 건재합니다. 이는 말씀을 허사로 생각하지 않고 믿어왔기 때문입니다. 그러므로 기독교는 말씀의 종교임을 믿어야 합니다.

3. 모세의 임종 예고에 대해 말씀하고 있습니다(48-52절).

이제 본문은 모세가 가나안 땅에 들어가지 못하고 죽게 될 것을 예고하는 장면입니다. 51-52절에는 하나님께서 모세에게 가나안 땅에 들어가지 못하고 느보 산에서 죽을 것을 예언하고 있습니다. 여기서 우리는 두 가지 교훈을 얻는데,

①아무리 훌륭한 사람도 하나님이 허락지 않으면 아무 것도 할 수 없다는 사실과, ②죄는 무서운 결과를 낳는다는 것을 알 수가 있습니다.

모세의 축복 (신명기 33:1-29)

전 장에서 모세는 증거의 노래를 통해 이스라엘의 배신과 그로 인한 하나님의 심판을 경고했습니다. 그런 후 느보 산에 올라가 최후를 맞이할 준비를 하라는 하나님의 지시를 받았습니다. 본 장은 그러한 모세가 느보 산에 오르기 전 이스라엘 백성에게 최후의 축복을 선포하는 장면입니다.

1. 모세는 이스라엘 지파에게 축복을 베풀기에 앞서 하나님과 이스라엘간의 언약의 관계를 상기시키고 있습니다(1-5절).

모세는 자신의 죽음 뒤에도 남아있는 백성들이 하나님의 율법을 성실히 준행하여 성민의 본분을 다하게 하려고 했습니다. 이를 위하여 그는 과거 하나님께서 시내 산에 강림하여 율법을 주시고 친히 이스라엘의 최고 통치권자가 되셨던 당시의 장중한 광경을 묘사하고 있는 것입니다.

이처럼 자신의 죽음을 앞두고서도 오직 이스라엘이 복된 삶을 살도록 최선을 다한 모세의 모습은 백성을 지도하고 양떼를 이끄는 훌륭한 지도자의 모범적인 상이 아닐 수 없습니다.

또 한편으로는 과거 뼈아픈 경험이 있었기 때문이었습니다. 그것은 단 한번 하나님의 말씀에 순종하지 못한 까닭에 하나님의 기업인 가나안 땅에 들어가지 못했기 때문입니다.

그러기에 모세가 축복을 베풀기 전에 율법에의 순종이 곧 기업을 얻을 것이라는 생각은 너무나도 당연한 것입니다.

그러므로 하나님의 계명을 지키고 순종하는 것은 성도의 마땅한 의무이나 거기에는 하나님의 큰 축복까지 따라오는 것을 믿고 말씀에 순종하여 축복 받는 성도들이 되어야 합니다.

2. 열두 지파를 축복하는 모세(6-25절).

이제 임종을 앞둔 모세는 모든 백성에게 축복을 선포합니다. 모세의 축복을 각 지파별로 살펴보면 다음과 같습니다.

㉠르우벤지파 - 종족보존의 축복(6절).

㉡유다지파 - 통치권의 축복(7절).

㉢레위지파 - 영적지도자의 축복(8-11절).

㉣베냐민지파 - 안전한 보호의 축복(12절).

㉤요셉지파 - 물질적 축복(13-17절).

㉥스불론지파 - 진취적인 무역업의 축복(18-19절).

㉦잇사갈지파 - 평온한 농경, 생활의 축복(18절).

㉧갓지파 - 광대한 영토의 축복(20-21절).

㉨단 지파 - 계략과 용맹의 축복(22절).

㉩납달리 지파 - 풍요의 축복(23절).

㉪아셀지파 - 기름진 옥토의 축복(24,25절) 등입니다. 이상과 같이 모세의 축복은 야곱의 축복(창 49장)과 거의 유사합니다. 이것은 바로 계시의 점진성을 말합니다. 말씀에 근거한 축복이라는 말입니다. 그리고 각 지파에 대한 축복은 이스라엘 전 역사를 통해 거의가 성취되었습니다. 이러한 사실은 하나님의 신실성과 영원성을 잘 증명해 주는 것입니다. 그러므로 우리는 일점일획도 변함없으신 하나님의 말씀의 성취를 믿는 성도가 되어야겠습니다.

3. 모세의 축복의 결론(26-29절).

모세가 축복한 결론 부분입니다. 여기서 모세는 이스라엘의 앞날에 대한 하나님의 은총과 하나님의 축복을 누리게 될 백성들의 앞날에 대하여 언급하고 있습니다.

①은총이라 함은 27절에 "영원하신 하나님이 그들의 처소가 되어 주신다"고 했기 때문입니다. 그러므로 이스라엘 백성은 언제 어디서든지 하나님이 대적을 멸해 주시기 때문에 안전한 것이 됩니다. 이것은 하나님의 은혜입니다. 세상의 재물이나 권력을 의지하면 결코 안전하지 못합니다. 우리가 안전하다고 믿을 대상은 오직 하나님밖에 없습니다. 그런 하나님이 우리들의 처소가 되어 주시니 얼마나 큰 은혜입니까?

②행복이라 함은 오직 여호와를 의지하는 자가 생활 전반에

받는 복을 말합니다(29절). "이스라엘이여 너는 행복 자로다"
하는 말씀은 진정한 행복은 형통함에 있는 것이 아니라 하나님
께 구원받는데 있다는 말씀입니다. 하나님의 집에 거하는 것,
하나님과 함께 하는 것, 그것이 행복이라는 말입니다. 그러므
로 시인은 시편 73:28절에 "대저 주를 가까이 함이 내게 복"이
라고 했습니다.

모세의 죽음 (신명기 34:1-12)

본 장은 신명기 마지막 장인 동시에 모세 오경 전체의 마지막
장이기도 합니다. 그러나 본 장은 마지막 장인 동시에 구원의
역사를 향한 출발점이기도 합니다.

모세가 죽음으로 구속사가 끝나는 것이 아니라 오히려 구속
사는 더 진전되어 가나안 정복시대의 새 장이 열리기 때문입니
다. 이제 본 장에서는 이스라엘의 위대한 지도자였던 모세의
최후에 대해서 언급하고 있습니다.

1. 비스가 산상의 모세의 모습(1-4절).

모세는 하나님의 명령대로 비스가 산에 올라가 약속의 땅 가
나안을 바라보았습니다. 모세가 비스가 산으로 올라간 것은 등
산하려고 올라간 것이 아니라 죽으려고 올라갔습니다. 모세가
비스가 산에 올라갔다는 말은 결국 기꺼이 죽으려 함을 나타낸
표현입니다.

모세는 죽을 곳을 알았을 때 죽음을 피하기는커녕 그곳에 다

다르기 위해 가파른 산길을 자원하여 올라갔습니다. 대부분의 사람들은 죽을 장소를 피하려고 하는데 모세는 기꺼이 올라갔습니다. 그는 죽음을 죽음으로 보지 않고 승천으로 보았기 때문입니다. 모세는 그곳에 올라가서 가나안 땅을 바라보았습니다. 그는 비록 가나안 땅에 들어가지는 못했지만 믿음의 눈으로 이제 곧 들어가게 될 하늘의 가나안 복지를 기대하며 바라본 것입니다.

모세가 비스가 산꼭대기에 혼자 올라갔다고 하나 그는 혼자가 아니라 하나님께서 함께 하셨음을 알 수가 있습니다. 그것은 120살이나 먹은 모세가 어찌 그렇게 시력이 좋아서 가나안 땅 이 끝에서 저 끝을 볼 수 있겠습니까?

하나님이 그의 눈을 밝혀서 그것을 모두 바라 볼 수 있게 한 것입니다. 후에 마귀는 이 일을 모방하여 예수님을 시험할 때 높은 산에 모시고 가서 천하 만국을 보여 주었던 것입니다.

하여튼 모세가 가나안 땅에 들어가지는 못했지만 멀리서 그것들을 바라볼 수 있었다는 것은 하나님의 큰 은혜인 것입니다. 이렇게 믿음으로 천국을 바라보는 자들은 아주 기쁨으로 이 세상을 떠날 수가 있는 것입니다.

2. 모세의 죽음에 대해서(5-8절).

하나님의 종 모세는 하나님의 말씀대로 죽었습니다(5절). 이 말의 문자적 의미는 "여호와의 입에서"입니다. 유대인들은 '하나님의 입으로부터의 입맞춤'이라고 합니다. 다시 말하면 아주 편안히 죽었다는 말입니다. 모세는 가나안 땅에 들어가지는 못했지만 편안히 죽었습니다.

한때 모세는 하나님의 판결을 번복해 주시도록 간절히 청했지만 이제 하나님의 뜻이 그러하다는 것을 알고는 그 문제에 대해 더 이상 언급하지 않았습니다(신 3:26절).

이제 하나님의 말씀대로 죽었다는 말은 하나님의 뜻에 순응하며 죽었다는 말입니다. 우리 주님도 겟세마네 동산에서 될 수 만 있으면 쓴잔이 지나가게 해달라고 기도했지만 아버지의 뜻에 따라 십자가를 지시고 죽으셨습니다. 신실한 하나님의 자녀들은 죽음마저도 하나님의 뜻에 순응하며 맞이해야 하며 기꺼이 본향으로 돌아감을 기뻐해야 합니다.

5절에 "모세의 묘를 아는 자가 없느니라"는 말은 모세가 들었던 구리 뱀을 우상화했던 이스라엘 백성이었던 것을 볼 때 모세의 무덤을 알면 그것을 우상화할까 염려하신 하나님의 자상한 배려의 조치인 것 같습니다.

3. 모세에 대한 추모(9-12절).

이제 여호수아가 모세를 대신해 이스라엘의 지도자가 되었습니다. 하나님의 구원의 역사는 사람의 위대함에 개의치 않고 진행하십니다. 하지만 모세는 탁월한 지도자였습니다. 모세가 후에 백성에게 칭송을 받았던 이유는, ①이 세상에서 하나님과 친밀하였다는 점(10절)입니다. ②이 세상에서 그와 같은 기적을 행한 사람이 없었기 때문입니다(11-12절). 실로 모세는 위대한 하나님의 사람이었습니다. 이와 같이 우리도 모세처럼 하나님의 구원의 역사를 이루어 나가는데 있어서 한 모퉁이를 담당하는 도구로써 일생을 살다가 영원한 영적 가나안에 들어 갈 수 있는 성도가 되어야 합니다.

새 지도자 여호수아 (여호수아 1:1-9)

오늘 본문은 모세가 죽고 난 후 새 지도자로 세운 여호수아를 하나님께서 격려하는 내용입니다.

하나님께서는 모세의 뒤를 이어 이스라엘 백성을 가나안 땅으로 인도해야 할 여호수아에게 당면한 문제는 그 자신의 내부에 도사리고 있는 두려움 때문이라는 걸 아셨습니다. 그러므로 전에 지도자였던 모세는 커 보이고 자신은 외소해 보이는 것 같은 두려움을 극복하고 담대하라고 명령하고 있습니다.

1. 모세의 죽음과 여호수아의 사역에 대해서(1-4절).

이제 대 지도자 모세는 죽었습니다. 모세는 느보 산에서 홀로 죽음을 맞이했습니다. 인생은 누구나 끝에 가서 하나님 앞에 홀로 서야 합니다. 어떤 의미에서 모세의 사역은 요단 강에서 끝났고 여호수아의 사역은 요단 강에서 시작되었습니다. 하지만 진정한 의미에서 모세의 사역까지 장사지낸 것은 아닙니다. 모세의 사역은 곧 하나님의 사역이었습니다. 그 사역은 후

계자인 여호수아에 의해서 끊이지 않고 계속되어 나가기 시작했습니다. 그것을 우리는 후에 엘리야와 엘리사를 통해서 볼 수 있습니다. 엘리야가 하나님의 부름을 받아 하늘에 올라갈 때 그의 망또 자락과 함께 그가 하던 하나님의 사역은 엘리사에게 계승되어 나갔습니다.

그러므로 하나님의 위대한 사역은 사람이 바뀌더라도 계속되어 나가는 것입니다. 따라서 우리는 단지 하나님의 사역의 한 부분을 담당해 나가는 도구로 쓰여질 뿐입니다. 그러기에 우리는 겸손하게 하나님의 도구로 쓰여짐을 감사해야 합니다. 더 나아가서 하나님께 맡겨진 사역을 이루기까지는 우리의 생명이 연장되어 가고 있다는 사실을 믿음으로 죽음의 공포를 극복해야 합니다.

2. 하나님은 새로운 지도자 여호수아에게 하나님이 주신 사역을 감당케 하기 위해 먼저 마음을 강하고 담대히 하라고 하셨습니다(5-6절).

이것은 오늘날 사단 및 그 추종 세력과 끊임없이 전투를 해야 하는 모든 성도들에게 요청되는 사항입니다. 전쟁은 간혹 훌륭한 무기와 잘 훈련된 군사가 그 승패를 크게 좌우하기도 하지만 대개 전쟁의 승패를 가름하는 핵심적인 요소는 정신무장에 있습니다. 그것은 이스라엘과 아랍 연합국간의 6일 전쟁을 통해 증명되었습니다. 이스라엘과 아랍 연합국간의 상황은 이스라엘이 450:1 정도의 열세였습니다. 하지만 이스라엘이 아랍 연합군을 물리친 것은 우수한 무기가 아니라 시오니즘이라는 정신적 무장에 있었던 것입니다. 그러므로 하나님의 군사로 부름 받은 성도들은 5절의 말씀과 같이 항상 하나님이 함께 하심을 믿고 먼저 마음을 강하고 담대히 해야 합니다.

3. 하나님의 말씀을 귀중히 여기고 그것을 다 지켜 행해야 합니다(7-9절).

사실 전쟁은 정신무장이 최우선이지만 그것만 가지고는 안 됩니다. 전쟁을 승리로 이끌기 위해서는 기본적으로 훌륭한 무기가 있어야 되는데 그 최우선의 무기는 하나님의 말씀입니다. 엡 6:17절에 "성령의 검 곧 하나님의 말씀을 가지라"고 했고 예수님도 마귀의 시험을 물리칠 때 기록된 말씀으로 물리쳤습니다(마 4:1-11). 하나님은 여호수아에게 "율법을 다 지켜 행하고 좌우로 치우치지 말라 그리하면 어디든지 형통하리라"고 했습니다. 그러므로 하나님의 말씀만이 우리를 형통케 하는 승리 생활을 주심을 믿는 성도들이 되어야겠습니다.

기생 라합 (여호수아 2:1-21절)

1장에서 새 지도자 여호수아는 하나님에게 가나안 정복의 약속을 보장받았습니다. 그러나 약속을 보장받았다고 모든 것이 다 이루어지는 것은 아닙니다. 하나님의 약속에 대한 믿음의 행함과 실천이 있어야 했습니다.

그래서 여호수아는 첫 단계로 여리고에 정탐꾼을 보내 사정을 알아보도록 하였습니다. 정탐꾼을 보냈다는 것이 하나님을 의심하는 행위는 절대 아닙니다. 이것은 말씀을 믿었기 때문에 그 말씀을 실천하려는 완전한 의지력의 표현인 것입니다.

그런데 그 정탐꾼들은 여리고 성을 정탐하다 발각 당하고 말았습니다. 하지만 그들을 위기에서 구출해 낸 사람은 기생 라합 이었습니다. 그래서 후에 라합은 여리고 성에서 유일하게 구원받은 사람이 됩니다. 그녀가 구원받게 된 동기를 살펴보면,

1. 하나님의 말씀을 들었습니다(9-10절).

10절 말씀을 보면 "하나님께서 애굽에서 나올 때 홍해를 가르신 일과 시혼과 옥 왕에게 행한 일들을 들었다"고 했습니다. 롬 10:17절에 "믿음은 들음에서 나고 들음은 그리스도의 말씀으로 말미암는다"고 했습니다. 구원의 시작은 이렇게 하나님의 말씀을 듣는데 서부터 시작되는 것입니다. 그러므로 하나님의 말씀을 듣는 일에 열심을 다해야 합니다.

2. 하나님의 말씀을 믿었습니다.

9절 말씀을 보면 기생 라합은 '하나님께서 이 땅을 당신들에게 준 것을 안다'고 했습니다. 인간적인 측면에서 볼 때 라합의 행위는 자기 민족을 배반하는 행위였습니다. 하지만 라합은 자기 동족이 망할 것을 알았습니다. 따라서 어떤 식으로든지 하나님의 역사를 방해하는 것은 하나님을 대적하는 일임을 알았습니다. 그리하여 그녀는 하나님께 순복하는 심정으로 믿음을 갖고 이스라엘 정탐꾼을 도운 것입니다. 이것은 믿음이 아니면 할 수 없는 행동이었습니다.

3. 하나님의 말씀을 믿었기에 구원을 간청했습니다(12-13절).

12절에 보면 '그러므로 내가 당신에게 간청하는 것은 당신의 하나님으로 인하여 내게 약속하십시오'라고 라합은 파수꾼들에

게 말했습니다. 그리고 더 나아가서 '여호와로 맹세하고 내게 진실로 표를 내라'고 했습니다.

여기서 우리가 알아야 할 것은 구원을 얻기 위해서는 반드시 우리에게 구원을 가져다주는 보증물이 있어야 한다는 사실입니다. 라합에 있어서 구원의 보증물은 창문에 매 달은 붉은 줄이었습니다(18절).

출애굽 당시 이스라엘 백성들의 구원의 보증물은 문설주에 바른 어린양의 피였습니다. 이 모든 것은 그리스도의 보혈을 상징한 것입니다. 그러므로 오늘날 우리 모두는 구원의 보증물이 예수 그리스도의 보혈임을 믿어야 합니다.

4. 믿음을 갖고 행동하였습니다(15절).

라합은 이스라엘 정탐꾼을 밧줄에 달아 창문으로 탈출시켰습니다. 이것은 믿음을 가진 자는 행하여야 한다는 것을 의미합니다. 행함이 없는 믿음은 존재할 수 없는 것입니다. 정말로 믿는 사람은 행하는 사람입니다. 그러므로 믿음으로써 의를 얻고 행함으로써 의를 완성해 나가는 것입니다. 행함이 없는 신앙은 죽은 믿음이라는 것을 기억해야 합니다(약 2:26).

요단강을 건널 준비 (여호수아 3:1-6)

1, 2장에서는 가나안 정복의 첫째 관문인 여리고 성읍을 탐지한 사실을 살펴보았습니다. 이어 3장인 본문은 정탐꾼들의 보고에 힘입어 여리고로 진군하기 위하여 이스라엘이 요단강

을 도하하는 것에 관한 기사입니다.

이스라엘 족속은 이제 싯딤을 떠나 요단 강가에 와서 거기에 유숙했습니다(1절). 그들은 어떻게 요단을 건너야 할건지 또 요단을 건너게 될 아무런 장비도 준비되어 있지 않았지만 이들은 명령이 내려오자 그런 것에 개의치 않고 믿음으로 나아갔습니다. 때로는 모든 것에 대한 준비를 염려하다 보면 앞으로조차 나아가지 못할 때가 많습니다. 믿음은 하나님의 임무를 수행하는데 있어서 하나님이 도와주실 것이라는 사실 하나만 믿고 계속 나아가야 합니다. 이것이 우리가 할 수 있는 일들입니다. 우리가 할 수 없는데 가서는 하나님의 도우심을 의지해야 합니다.

이 행진에서 1절에 여호수아가 아침 일찍 일어났다는 사실을 주목해야 할 필요가 있습니다. 여호수아는 하나님의 일을 수행할 때에는 항상 아침 일찍 일어나기를 즐겨했습니다. 이렇게 하나님의 일을 하는 사람들은 아침 일찍 일어나 하나님과 깊은 교제를 가짐으로 영적으로 안일하지 않도록 노력해야 합니다.

1. 이제 요단강을 건너가기 전에 백성들에게 내려진 명령은 하나님의 법궤를 따르라는 것이었습니다(2-3절).

법궤는 하나님의 인도에 대한 시각적인 표적이었습니다. 하나님께서 약속한 땅에 들어가기 위해서는 오직 하나님만 바라보아야만 된다는 사실을 말한 것입니다.

법궤는 언약의 궤였습니다. 그러므로 하늘의 가나안을 가려면 언약의 말씀을 믿고 따라 가야합니다. 또한 이스라엘 백성들이 가야하는 길은 처음으로 가는 낯선 길들이었습니다(4절). 언약궤인 법궤를 따르라는 말은 하나님께서 친히 택한 백성들을 인도하실 터이니 그 뒤만 따르면 된다는 것을 의미합니다.

즉 하나님의 인도를 부탁하라는 말입니다.

잠언 3:6절에 "범사에 그를 인정하라 그리하면 네 길을 지도하시리라"고 하셨습니다. 그런데 주의 할 것은 이 법궤를 제사장들이 메었습니다. 다시 말하면 하나님의 인도는 임명된 제사장들을 통해 가시적으로 전달된다는 말입니다. 그러므로 성도는 성직자들의 지도를 반드시 받아야 하는 것입니다.

2. 법궤를 따름에 있어서 거리를 유지해야만 했습니다(4절).

아무도 법궤로부터 이천 규빗 이내에 들어 와서는 안되었습니다.(규빗은 길이의 단위로서 통상 손끝에서 팔꿈치까지의 거리를 말하며 1규빗은 약 45.6cm) 그러므로 이천 규빗은 약 912m 입니다. 이렇게 일정한 간격을 유지해야 하는 이유는 두 가지였습니다.

①언약궤의 신성함과 그것이 나타내는 하나님의 임재의 거룩함을 나타내기 위한 것이었습니다. 이렇게 일정한 간격을 유지케 함으로 친밀한 관계 때문에 경거망동한 일이 생겨나지 않도록 했습니다.

②뒤를 따르는 사람들이 잘 볼 수 있게 하기 위해서였습니다. '그리하면 너희 행할 길을 알리니' 한 것을 볼 때 그 땅은 하나님의 인도가 없으면 전혀 갈 수 없는 땅인 것입니다.

3. 성결을 명령했습니다.

전쟁에 나가는 사람들에게 전쟁 훈련을 시키는 것이 아니라 성결을 명령한 것은 이상한 일이겠지만 전쟁은 하나님께 속한 것이므로 먼저 해야 할 것은 하나님과 함께 하기 위한 성결이 급선무였던 것입니다. 성결을 명령한 이유는 약속의 땅에 들어

가야 할 사람은 선민이어야 하기 때문입니다. 다시 말하면 전쟁훈련보다 선민 됨의 자격인 성결이 먼저이어야 된다는 말입니다. 그러므로 그리스도의 보혈의 피의 공로를 믿음으로 날마다 죄 씻음 받은 성도는 마귀와의 영적 싸움에서 항상 승리케 될 줄 믿습니다.

기념비의 의미 (여호수아 4:1-14)

본문의 내용은 요단 강을 건너는 동안의 사건을 기록하고 있는데 여호수아는 요단 강을 건넌 것을 기념하기 위하여 각 지파에서 한 명씩을 뽑아서 요단 강 한복판에 법궤를 들고 서 있는 제사장들의 발 밑에서 돌을 한 개씩 주워 기념비를 세우게 했습니다. 이는 요단을 가르신 하나님의 역사에 대해 후손에게 기념토록 하기 위한 것이었습니다.

1. 왜? 하나님은 기념비를 세우라고 하셨습니까?

이스라엘 백성들이 요단 강을 육지처럼 건널 수 있었던 것은 두말할 것도 없이 하나님의 기적적인 관여 때문이었습니다. 그러므로 기념비를 세우라고 한 것은,

①하나님의 구원의 역사를 증거하기 위함이었습니다. 요단 강을 건넌 것은 전적으로 하나님의 관여의 역사로 초자연적으로 이루어진 것입니다. 하나님이 이렇게 초자연적으로 관여하실 경우에는 두 가지 이유가 있는데 그것은 먼저 하나님의 이름

이 수치를 당하실 경우이고 또 하나는 인간의 능력이 한계에 부딪힐 때입니다.

하나님의 궁극적인 목적은 자신의 영광을 드러내시기 위함이었습니다. 그러므로 이스라엘 백성을 하나님이 기적적으로 구원하신 것은 자명한 사실이기에 기념비를 세우게 함으로써 구원의 은총을 베푸신 하나님께 감사를 잃지 말고 전능하신 하나님만 의지하며 살라는 뜻입니다(24절). 더 나아가서 후손들에게도 구원의 기념비를 바라볼 때마다 낙심을 극복하고 믿음을 더욱 공고히 하여 믿음으로 살라는 뜻입니다.

2. 열 두 지파의 대표들이 돌을 하나씩 취한 것은 열 두 지파가 하나님 안에서 일치단결 했다는 뜻이 들어있는 것입니다.

이제 그들 앞에는 물리쳐야 할 수많은 적들이 있었습니다. 그러므로, 하나님 안에서 더욱더 일치단결하지 않으면 가나안 정복의 대업을 순조롭게 이룰 수 없기에 지파 수대로 각기 돌 하나씩을 취하여 모아 기념비를 세우라고 한 것입니다.

이 기념비적인 돌들은 교회를 상징합니다. 예수님은 베드로에게 "네 반석 위에 내 교회를 세운다(마 16:16)"고 하셨습니다. 또 엡 4:3절에 보면 "성령의 하나되게 하신 것을 힘써 지키라"고 하면서 성도는 한 하나님께 부르심을 받은 한 성도이기 때문에 교회의 하나되어야 함을 강조하고 있습니다. 교회가 하나님께 영광 돌리는 일과 감사하는 일에 하나되지 않으면 마귀를 기쁘게 해 주는 것임을 알아야 합니다.

3. 기념비의 예언적인 뜻.

성 어거스틴에 의하면 ①옛 것은 묻어 버리고 새로운 생명의 탄생 즉 새로운 이스라엘을 의미하며 열둘은 열두 사도를 통한 그리스도의 교회를 의미한다고 했습니다. ②세례를 통한 죄사함을 받았다는 것을 의미합니다. 거룩한 땅에 들어가기 위해서는 죄 씻음 받는 회개가 있어야 한다는 말입니다. ③성찬식을 통해 나를 기념하라고 하셨듯이 구원받은 것에 대한 감사의 의식을 의미한다고 했습니다.

구원받은 것에 대한 우리의 감사의 기념비는 무엇입니까? 그것은 우리를 지금까지 인도해 주신 것에 대한 감사와 앞으로 우리의 삶을 인도하실 하나님을 전적으로 믿고 의뢰하는 것입니다.

만나의 그침 (여호수아 5:1-15)

요단 강을 건너 가나안 땅에 도착한 이스라엘 백성들에게 내려진 하나님의 명령들은 전쟁을 앞에 둔 사람들에게는 좀 이상한 명령들이었습니다. 이것들이 의미하는 바가 무엇인지 살펴보겠습니다.

1. 할례를 행하게 하셨습니다(2-9절).

전쟁터에서 할례를 받는다는 것은 합당치 않은 일입니다. 과거 야곱의 아들들의 제의를 받고 할례를 받았던 세겜 족속은 야곱의 아들들(레위와 시므온)의 공격을 받고 모두 죽임을 당했습니다(창 34:14-27). 이와 같이 할례를 받고 상처가 아물기까지 기다리는 동안 가나안 족속의 공격을 받으면 이스라엘은 여지없이 멸절되고 말기 때문입니다.

이런 환경 속에서 할례를 받는 것은 하나님께 대한 절대적인 믿음과 순종의 자세가 요구되는 것이었습니다. 그들은 전쟁이라 해서 하나님께 대한 종교적인 규례들이 면제되어서는 안되었습니다. 전쟁보다 더 중요한 것은 하나님과의 정상적인 관계의 재정립이 필요한 것이었습니다. 그 이유는 전쟁의 승패는 하나님께 달려있기 때문입니다.

할례는 언약 백성의 표였습니다(창 17:9-14). 오늘날 성도들에게는 마음의 할례가 있어야 합니다. 모든 부정한 것을 제거해 버리고 오직 하나님만을 섬기겠다는 마음의 할례를 받을 때 우리는 모든 삶에서 승리로운 삶을 살 수 있는 것입니다.

2. 유월절을 지켰습니다.

본래 유월절은 이스라엘 백성들이 애굽에서 탈출할 때 하나님께서 그들의 장자들을 재앙에서 구원해 주신 것을 기념하기 위해 지키는 절기였습니다(출 12:14). 따라서 백성들은 영원토록 유월절을 지키는 중에 하나님께서 자신들을 구원해 주신 사실을 기억하고 감사해야만 했습니다. 그럼에도 불구하고 그들은 40년 동안 유월절을 지키지 못했습니다. 그런데 이제 그들은 가나안을 목전에 두고 있는 것입니다. 이런 시점에서 광야의 모든 고난에서 벗어났음을 의미하는 유월절을 지키지 않으면 안되었던 것입니다. 이렇게 영적 전쟁에서의 성도는 무엇보다도 감사로 무장해야만 승리가 있는 것입니다.

3. 이스라엘 백성이 그 땅의 곡식으로 양식을 삼게되자 만나가 끊겼습니다(11-12).

여리고 성안으로 피신한 여리고 사람들의 곡식이 아마 이스라엘 백성들의 곡식이 되었을 것입니다. 여기서 우리가 몇 가지 교훈 받아야 할 것은,

①만나는 우박과 같이 우연적이나 자연적인 현상에 의해서 내린 것이 아니라 하나님의 선하심과 특별한 계획에 의해 내려졌음을 알아야 합니다.

②식량이 일상적인 방법으로 얻어질 수 있을 때는 초자연적 공급을 기대해서는 안됩니다. 하나님은 인간이 할 수 있는 것까지 포기해 가면서 당신께 맹목적으로 의뢰하는 신앙을 원치 않습니다. 그러므로 성도는 무슨 일이든 최선의 노력을 다한 뒤에 하나님께 노력의 결실을 맺어 주시기를 기대해야합니다.

여리고 정복 (여호수아 6:1-21)

1-5장이 가나안 정복의 준비 과정이었다면 본 장에서부터 11장까지는 가나안을 차례로 정복해 나가는 과정을 말하고 있습니다. 그 가운데서 본 장은 가나안 정복 전쟁에 있어서 제일 처음 대상인 여리고 성 함락에 관한 내용입니다.

고고학자들에 의하면 당시 여리고 성은 일정한 간격을 두고 이중으로 축조되었을 뿐 아니라 매우 견고하여 섣불리 공격하면 실패 할 수밖에 없는 성이었다고 합니다.

이렇게 견고한 성을 이스라엘은 어떻게 점령했을까? 과연 여리고 성을 함락하기 위한 무기는 어떤 것들이었나를 살펴보도

록 하겠습니다.

1. 하나님의 말씀을 믿고 온전히 순종하는 것이었습니다 (1-7절).

철통같은 수비에 들어간(1절) 막강한 여리고 성을 정복한다는 것은 이스라엘 백성들에게는 불가능한 일같이 보였습니다. 하지만 하나님은 이스라엘을 향하여 여리고 성을 너희 손에 붙이셨다고 약속하셨습니다(2절).

그런데 하나님께서 여리고 성을 공략할 수 있는 전략으로 제시한 방법은 상식을 가진 사람들에게는 도저히 납득할 수 없는 것이었습니다. 그것은 백성들로 하여금 여리고 성을 매일 한번씩 돌게 하는 것이었습니다. 그리고 일곱 째 날에는 성 주위를 일곱 바퀴 돌게 하고는 큰소리로 외치라고 하는 것이었습니다.

이러한 하나님의 전략 지시를 통해서 알 수 있는 것은 하나님의 역사 하시는 방법과 인간의 방법이 다르다는 것입니다. 하지만 분명히 알아야 할 것은 "하나님의 미련한 것이 인간의 가장 지혜로운 것보다 더 지혜롭다(고전 1:25절)"는 사실입니다. 저들이 여리고 성을 돌기 전에 이미 "하나님은 이스라엘 손에 그 성을 붙이셨다(2절)"고 하셨습니다. 그럼에도 불구하고 그 성을 돌게 하신 것은 다만 저들이 하나님의 능력을 믿고 지시하신 말씀에 순종하는지 안하는 지의 여부를 시험하기 위한 조처였을 것입니다.

그러므로 성도들은 때때로 인간의 생각으로는 어리석게 보이는 일일 찌라도 그것이 하나님의 명령이라면 그 말씀에 절대적으로 순종하는 삶을 살 때 최종적인 승리의 기쁨을 맛볼 것입니다.

2. 하나님의 때를 기다리며 인내하는 것이었습니다(8-21절).

이스라엘 백성들은 여리고 성을 함락하기 위해 여리고 성을 돌며 행진하였고, 일곱 제사장들은 손에 나팔을 쥐고 언약궤 바로 앞에서 행진하며 끊임없이 나팔을 불라 명령하신 대로 나팔을 불어댔습니다. 그 소리는 평범한 소리였지만 하나님의 음성으로 간주되는 소리였습니다.

여호수아는 하나님의 나팔 소리를 백성들이 보다 주의 깊게 듣고 따를 수 있도록 모든 백성은 침묵을 지키며 어떤 소란도 피우지 말 것을 명령했습니다(10절). 하나님이 말씀하실 때 우리들이 이야기해서는 안 된다는 교훈이었을 것입니다(슥 2:13절 / 모든 육체들아 여호와 앞에서 잠잠하라). 이러한 행진을 엿새 동안 똑같이 행하다가 일곱 째 되는 날에는 일곱 바퀴를 돌고 소리지르라고 할 때 일제히 소리를 질렀습니다. 즉 나팔 불고, 언약궤를 따르라고, 침묵하고, 칠일 동안 돌고 난 후 소리치라는 명령이 떨어질 때 기다렸다는 듯이 소리치는 모든 행동은 하나님의 때를 기다리며 인내하는 행동이라고 정의할 수 있습니다.

저들은 누구 하나도 하나님이 정하신 시간에 앞서 성벽을 기어오르는 행동을 한 사람이 없었습니다. 참을성 있게 하나님을 기다렸습니다. 이렇게 약속된 구원은 하나님의 손에 달려 있으므로 우리는 하나님의 시간을 기다려야 합니다.

3. 최선을 다하는 것이었습니다(12,15절).

이스라엘 백성들은 승리를 위해 아침 일찍 일어나 하나님의 명령을 준행 했습니다. 아무 것도 하는 것 없이 성을 도는 것인데 새벽부터 일어나 돌 이유가 없었습니다. 하지만 저들이 아침 일찍 일어나 성을 돌았다는 것은 하나님의 명령에 순종하기 위해 최선을 다했다는 말입니다.

여리고 성은 그들이 마지막에 함성을 질렀을 때 무너져 내렸습니다(16절). 최선을 다한 기도의 함성 앞에는 능치 못할 일이 없다는 것을 알아야 합니다.

아이 성 전투의 패배 (여호수아 7:1-15)

가나안 정복을 위한 첫 번째 전투인 여리고 성 전투에서 대승한 이스라엘은 이제 두 번째 성인 아이 성 공략에 들어갔습니다. 아이 성은 여리고 성에 비하면 아주 보잘것없는 성이었습니다. 그래서 간단히 정복할 줄 알고 3천명 정도의 군대를 보냈는데 의외로 이스라엘 군은 싸워보지도 못하고 36명 가량의 전사자를 내고 패배하고 맙니다. 이로 말미암아 백성들의 사기는 저하되었고 여호수아는 하나님 앞에 옷을 찢고 황망히 엎드렸습니다(2-9절). 아이 성 전투의 패배의 원인이 무엇인가를 살펴보도록 하겠습니다.

1. 아간의 범죄 때문이었습니다(1절, 11-12절).

얼마 전 이스라엘은 크고 강력한 여리고 성을 쉽게 함락 시켰습니다(6:20-21절). 이렇게 도무지 정복하기가 불가능하게 보였던 여리고 성을 힘들이지 않게 정복한 이스라엘이 이번에는 싸움 상대도 되지 않을 아이 성을 공략하다가 패배를 하고 말았습니다. 그 이유가 무엇입니까? 하나님께서는 아간의 범죄 때문이었다고 분명하게 실패의 원인을 말씀하셨습니다(11절).

이렇게 범죄는 모든 실패의 원인이 되는 것입니다. 이스라엘이 전략이나 창칼의 숫자 때문에 진 것이 아니라 이스라엘 가운데 죄악이 있었기 때문이었습니다. 그러므로 나의 생의 좌절과 실패는 분명 나의 죄악이 원인임을 분명히 알아야 합니다.

아간의 범죄는 세 가지였습니다.

①하나님의 명령에 대한 불복종이었습니다. 5장에서 여리고 성을 점령하기 전 하나님은 두 가지를 명령했는데 그것은 할례 의식과 유월절을 지키게 하는 것이었습니다(5:2-12절). 이것은 하나님의 말씀에 순종하는 생활의 훈련이었습니다. 생각해 봅시다. 전투에 임할 사람들에게 종교의식을 명령한다는 것은 상식 밖의 일이었던 것입니다. 이것은 오로지 저들이 하나님의 말씀에 순종하는지를 시험했던 것입니다. 전쟁이 하나님께 속한 것을 믿는 자들은 하나님께서 전쟁의 상황과 전혀 다른 것을 명령 할 찌라도 순종하는 것입니다. 하지만 아간은 순종의 훈련에도 불구하고 불순종했습니다. 그러므로 하나님은 "나의 언약을 어겼다(11절)"고 하셨습니다.

②탐욕의 죄입니다. 탐욕은 세상을 사랑하는 마음인데 아간은 탐욕 때문에 하나님께 바쳐진 물건을 자기 것으로 만들려고 했습니다.

③아간의 범죄는 이스라엘 전체에 악 영향을 미치게 했습니다. 아간 한 사람의 범죄로 인해 언약 공동체였던 이스라엘은 아간의 죄책을 함께 나누어 짊어져야만 했습니다. 그러므로 성도 개개인의 잘못은 온 교회에 영향을 미친다는 것을 알고 조심해야 합니다.

2. 안일도 실패의 원인이었습니다(2-5절).

아이 성 전투 실패의 주 요인은 아간의 범죄였지만 간접적인 요인은 여호수아를 비롯한 이스라엘 백성들의 경솔함에 있었습니다. 아이 성 공략에 정탐꾼의 말만 듣고 3천명만 보낸 것도 실패의 원인이었다는 말입니다. 그들은 성전을 수행함에 있어서 당연히 하나님의 뜻을 물었어야만 했습니다. 그럼에도 불구하고 승리한 사실에 도취된 나머지 하나님을 도외시 한 채 자신들의 생각과 방법에 의존해 3천명만 보냈던 것입니다. 일종의 자만이라고 볼 수 있습니다.

이렇게 하나님께 의존하지 않고 인간의 재능과 생각에만 의존하게 되면 실패하고 만다는 것을 알고 무슨 일이라도 비록 작은 일일 찌라도 하나님께 묻고 의존해야 승리가 있습니다.

3. 오직 회개만이 승리의 비결임을 알아야합니다(6-10절).

이스라엘이 아이 성 전투의 실패의 원인이 죄에 있었다는 것을 알았다면 무엇보다도 그 범죄를 제거해야만 합니다.

하나님께서는 패배를 안겨준 원인을 찾아내어 모두 불사르라고 하셨습니다(15절). 철저한 죄악의 제거를 명령하신 것입니다.

그러므로 우리도 여호수아처럼 실패했을 때 죄의 원인을 찾기 위해 엎드려 회개 기도해야 합니다. 그리고 기도하는 가운데 찾아낸 죄도 반드시 회개해야 합니다.

아이 성의 공격 명령 (여호수아 8:1-9)

아이 성의 1차 공격에 실패한 여호수아는 의기소침해 있었습니다. 아간과 그 일족을 멸하긴 했지만 그것이 새 힘을 주는 것은 아니었습니다. 이러한 여호수아에게 하나님께서 2차 공격을 시작하라고 하셨습니다. 이 하나님의 음성만이 여호수아에게 힘이 되는 것이었습니다.

1. 두려워 말라고 하셨습니다(1절).

하나님과 우리 사이를 갈라놓은 죄를 제거할 때 우리는 우리를 위로하시는 하나님의 음성을 들을 것입니다. 그것은 두려워하지 말고 놀라지 말라는 것이었습니다.

이 말씀을 볼 때 아이 성의 패배는 여호수아에게 큰 실망을 안겨 주었던 것 같습니다. 죄의 결과는 신자들의 사기를 꺾어 놓는 것입니다. 반면에 참된 용기는 죄를 사함 받는데서 부터 오는 것이며 그것은 하나님과의 관계를 정상화하는 데서 시작하는 것입니다. 두려워 말라 놀라지 말라는 말씀 속에는 이 전쟁은 하나님께 속한 것이다란 의지가 들어 있는 것입니다. 그러므로 우리는 항상 죄를 제거하여 하나님과의 바른 관계를 유지함으로 항상 승리의 확신에 차 있어야 합니다.

2. 다 올라가라고 하셨습니다(1절).

하나님께서 두 번째 하신 말씀은 군사를 다 거느리고 올라가라는 것이었습니다. 다시 말하면 총력전을 펴라는 것이었습니다. 하나님이 총력전을 명하신 것은 1차 공략 때 정탐꾼의 말만 듣고 3천명 정도의 군사만을 전투에 참가 시켰다가 실패했기 때문이었습니다. 전투에 있어서 적을 과소평가 하거나 자기 능력에 스스로 도취하는 것은 위험한 발상입니다. 하나님의 사역에 일부 소수만 참여해도 완수 할 수 있다는 생각은 교만한 생각 속에서 나온 것입니다. 그러므로 교만은 패망의 선봉임을 알아야합니다.

그 다음엔 최선을 다하라는 뜻입니다. 하나님의 사역에서 누구는 참여하고 누구는 참여하지 않고 하는 것은 잘못된 것입니다. 하나님의 일을 할 때는 적당주의로 해서는 안 됩니다. 그것은 불성실이며 하나님을 만홀히 여기는 것입니다. 우리에게 주신 모든 능력을 다 동원하여 최선을 다해야 합니다.

일의 결과는 그렇게 중요한 것이 아닙니다. 문제는 최선을 다했느냐 하는 것입니다. 여리고 성은 하나님의 능력에 의해 점령됐지만 아이 성은 이들의 행위와 용기로 점령해야만 했습니다. 하나님의 역사 하심을 보았으면 그 다음엔 믿고 행동해야합니다.

3. 물건과 가축은 취하라고 하셨습니다(2절).

하나님께서 아이 성에서는 탈취물을 허락하셨습니다. 금지된 탈취물을 훔쳤던 아간은 그의 생명과 전부를 잃었지만, 바쳐진 물건에 대해 양심적으로 행동했던 사람들은 그들의 순종에 대해 아이 성의 노략물을 갖게 함으로써 보상해 주셨습니다. 자기를 부정함으로 손해 보는 사람은 없습니다. 하나님께 먼저 응분을 돌리고 나면 그 다음은 우리의 것이 되는 것입니다. 여리고 성은 첫 열매였기에 하나님께 돌려야 되었습니다. 우리는 하나님의 것을 하나님께 먼저 돌릴 때 주신 분을 인정하는 것이므로 하나님께서 기쁘게 받으신 다음엔 모든 것을 더 복되게 주신다는 원리를 알아야 합니다.

기브온의 화해 (여호수아 9:1-21)

지금까지 이스라엘은 여리고와 아이 성 전투에서 승리하므로 중부 가나안 정복을 성공리에 마쳤습니다. 이제 그들은 기수를 남쪽으로 돌려 남부 쪽의 가나안 정복에 나섰습니다. 그런데 이러한 시점에서 두 가지 사건이 생겨났습니다. 하나는 가나안의 여러 족속이 이스라엘에 대항하기 위해 동맹을 맺은 일이고, 다른 하나는(1,2절) 기브온 족속들이 살기 위해 이스라엘을 속여 화친을 맺은 일이었습니다.

1. 가나안 군사동맹에 대해서(1-2절).

당시 가나안 남쪽의 산지와 평지 그리고 해안 지방에는 헷족, 가나안족, 아모리족, 히위족, 여부스족, 브리스족, 기르가스족 등 '가나안 7족'이라 불리는 거민들이 살면서 때로는 연합도하고 때로는 경쟁도 하며 공생하고 있었습니다. 그런데 그들이 이스라엘에 대항하기 위해 서로 동맹을 맺고 신속하게 대처했습니다. 이러한 사실은 악한 자들의 속성을 잘 보여주는 것입니다. 즉 악한 자들은 서로 적대 관계를 유지하다가도 악한 일을 위해서는 곧 잘 세력을 모으고 동맹을 하기 때문입니다.

헤롯과 빌라도가 예수님을 죽이려고 서로 불편한 사이인데도 동맹했고(눅 23:8-12), 사두개인과 바리새인이 서로 적대 관계인데도 예수님을 십자가에 못박기 위해 결탁한 사실은 단적인 증거입니다. 하지만 하나님의 백성들은 대적자들의 결탁을 두려워 할 필요가 없습니다. 하나님은 그들의 소행을 비웃으시기 때문입니다(시 2:4). 오히려 그들의 동맹은 자신들을 동시에 멸망케 했던 것입니다. 그리스도인은 하나님을 신뢰하는 한 어떤 상황 속에서도 항상 담대해야 합니다.

2. 이스라엘과 화친한 기브온 족(3-15절).

이스라엘이 남부 가나안 족을 정복하려는 찰나에 기브온 족은 그들의 신분을 속이고 이스라엘과 화친을 맺었습니다. 그들은 여리고와 아이 성의 점령 소식을 듣고 도저히 상대할 수 없다고 판단을 내렸습니다. 그들이 생존할 수 있는 방법은 어떤 수단과 방법을 써서라도 화친하는 것이었습니다. 그래서 사신을 보냈는데 마치 가나안 족속이 먼 곳에 사는 자들인 것처럼 꾸몄습니다(3-5절). 아무튼 이스라엘은 기브온 사신들의 차림과 말을 듣고 속아서 그들과 화친 조약을 맺고 맙니다(6-15절).

이것은 이스라엘 지도자들의 실수였습니다(15절). 이 말씀을 통해 몇 가지 교훈 받아야 되는 것은,

①성도들은 자신의 판단과 생각에만 의지하면 사람의 속임수와 계략에 빠지기 쉽다는 것을 알아야 합니다. 그들은 기브온 사신들의 음식물이 부패된 것을 보고 속았습니다. 이렇게 감각만을 의지하는 신앙은 실패를 낳습니다. 만일 백성들이 지각과 감각만을 의지하지 않고 하나님께 기도했다면 이런 실수는 없었을 것입니다. 하나님께 묻지 않는 생활은 반드시 실패를 낳습니다. 그러므로 잠언 3:6절에 "범사에 그를 인정하면 네 길을 지도하시리라" 하셨습니다.

②거짓된 화친은 곧 발각되었습니다. 거짓의 혀는 잠간이며 삼일도 못되어 거짓은 발견되었습니다. 그 결과 그들은 영원한 종들이 되었습니다. 거짓은 거짓 자체 때문에 자유를 잃습니다.

3. 하지만 이스라엘은 맹세를 존중했습니다.

이스라엘은 손해인줄 알지만 하나님의 이름으로 맹세한 까닭에 끝까지 약속을 지켰습니다. 이것은 하나님께서 분명히 받으실만한 것이었습니다. 그 실례로 오랜 세월이 지난 후에 사울 왕이 기브온 족속과의 약속을 파기하고 기브온 족속을 죽인 일로 하나님께서는 다윗의 시대에 3년간 기근을 내리게 한 일이 있습니다(삼하 2:1). 하나님은 계약의 하나님이시기에 계약을 이행치 않는 백성을 징계하십니다. 그러므로 서원 한 것은 지키기를 힘써야 합니다(전 5:4-6).

태양아 머무르라 (여호수아 10:1-14)

앞서 9장에서 우리는 기브온 족속이 이스라엘과 화친함으로 자신들의 생명을 보존한 것을 살펴보았습니다. 본문은 이에 격분한 가나안 다섯 왕이 동맹을 맺고 기브온을 정복하려는 이야기입니다.

1. 기브온을 치기 위한 아모리 다섯 왕의 동맹에 대해서살펴 봅시다(1-5절).

기브온이 이스라엘 백성의 그늘 밑에 거하자 다섯 부족 왕이 동맹하고 기브온을 쳤습니다. '같은 아모리 족속이면서도 어찌 저희들만 살겠다고 화친을 했단 말인가'하는 배신감이 저들 속에 있었던 것 같습니다.

사실 기브온은 벧엘이나 아이 성보다 강력한 족속이었습니다. 따라서 기브온에 가장 가까이 있는 예루살렘 왕에게는 기브온이 이스라엘과 연합한 사실이 위협적으로 느껴진게 틀림없을 것입니다. 그래서 예루살렘 왕 아도니세덱이 주동자가 되어 기타 네 나라 왕과 연합하여 기브온을 공격하고 이스라엘과 싸웠던 것입니다.

여기서 우리가 교훈 받아야 하는 것은 악으로부터 떠나 하나님께 속한 자는 곧바로 마귀의 공격을 받는다는 사실입니다.

기브온의 처사는 어떤 의미에서 여리고 기생 라합과 같은 행동이었다고 볼 수 있습니다. 재빨리 하나님의 섭리와 뜻을 깨닫고 그 뜻에 순종하였으므로 살아 남을 수가 있었던 것입니다. 순천자는 존하고 역천자는 망한다는 말이 동서고금을 막론하고 불변인 것입니다. 하지만 악의 무리가 배신한 자를 그냥 놔두지 않듯이 하나님께 돌아온 자는 세상에서 마귀의 공격을 받는다는 사실을 알아야 합니다. 하지만 하나님이 늘 지켜주실 것을 믿고 담대해야 합니다.

2. 싸움은 하나님께 속한 것이라는 것을 알아야 합니다(6-11절).

아모리 족속의 다섯 왕이 연합군을 만들어 기브온을 포위하고 공격하자 기브온 사람들은 급히 여호수아에게 도와줄 것을 요청했습니다. 여호수아는 그 전갈을 받자 그들을 도와야할 명예로운 책임감을 느꼈습니다. 비록 거짓에 속아 이룬 동맹이긴 하지만 여호수아는 약속에 신실했습니다.

약속에 신실한 여호수아에게 하나님께서는 "두려워 말라 내가 그들을 너희 손에 붙이겠다"(8절)고 용기를 주셨습니다. 싸움은 하나님께 속한 것이라는 말입니다.

9절에 보면 여호수아는 길갈 에서부터 밤새도록 올라갔다고 했습니다. 하나님께 속한 전쟁이라고 해서 인간이 해야할 일을 등한히 하라는 말이 아닙니다. 오히려 하나님은 최선과 열심을 다하는 사람을 통해 역사 하시는 것입니다.

이렇게 밤새도록 행진한 여호수아는 가나안의 다섯 동맹군을 기습적으로 쳤습니다. 그 결과 동맹군은 패배하여 달아났고 달아나는 그들 위에 하나님께서 기상의 변화를 일으켜 큰 덩어리 우박을 내리게 하여 맞아 죽게 했는데 칼에 죽은 자 보다 우박에 맞아 죽은 자가 더 많다고 했습니다(10-11절). 그러므로 싸움이 하나님께 속한 것임을 알았으면 나라를 위해 하나님께 기도해야 합니다.

3. 해와 달을 멈춘 기도에 대해서(12-14절).

가나안 다섯 동맹군은 먼저 이스라엘 군대의 칼날에 그리고 도망하던 자들은 자연의 변화를 통한 하나님의 섭리인 우박에 맞아 죽었습니다. 그러나 이대로 날이 저문다면 끝까지 도망하는 자들을 완전히 진멸하기가 어려운 상황이었던 것 같습니다. 그때 여호수아가 "태양아 머무르라"고 기도하자 태양이 머물고 달이 그치므로 그들을 진멸하게 되었습니다.

태양과 달이 멈춘 이적은 하나님이 자발적으로 베푼 이적이 아니라 하나님이 태양과 달도 멈추게 하실 수 있는 전능 자이심을 믿고 간구한 여호수아의 요청에 의해 일어났던 것입니다.

이처럼 하나님은 당신을 온전히 신뢰하고 순종하는 자들에게 인간의 생각을 초월한 능력과 은혜를 베푸시는 분임을 믿어야 합니다.

가나안 북부의 정복 (여호수아 11:6-23)

이스라엘의 가나안 정복 정찰 전쟁은 전 민족의 공동 출전에 의한 싸움이었습니다. 가나안 정복은 3단계로 이루어졌습니다. 1차로 가나안 중부지역을 점령하고(수 6-8장), 2차로 남부지역을 점령했습니다(수 9-10장). 이제 본 장에서는 3차인 북부지역의 점령에 관한 말씀입니다.

1. 북부동맹군들과의 대전(1-9절).

가나안 중부지역과 남부지역의 점령은 북부지역의 가나안 족속들에게 큰 충격을 가져다주었습니다. 가나안 북부의 모든 거민들은 하솔 왕 야빈을 중심으로 동맹을 맺고(1-4절) 이스라엘과 대적하기 위해 메롬 물가에 진을 친 것입니다(5절). 이를 보아 그들은 이스라엘을 매우 위험한 존재로 인식하고 총 단결하지 않으면 안될 절박함을 느꼈던 것으로 추측됩니다. 이들이 총 단결한 동맹이 주는 의미는,

①이 세상의 자녀들은 빛의 자녀들보다 악한 일을 위해서 더 잘 일치단결하고 지혜로운 것을 볼 수 있습니다.

②하지만 하나님은 그들의 일치를 이용하여 하나님의 뜻을 빨리 이루셨습니다. 하나님은 이스라엘 백성들이 단 시일 내 가나안에 정착케 하기 위해 가나안 북부 거민들을 한곳에 모이도록 함으로써 한꺼번에 물리치도록 하셨던 것입니다. 이처럼 하나님은 악한 자들의 궤계 마저도 당신의 백성을 돕는 방편으로 활용하실 뿐만 아니라 사악한 자들의 궤계를 도리어 그들의 멸망의 계기로 삼으십니다. 그러한 사실이 가장 뚜렷하게 드러난 사건이 바로 그리스도의 십자가 사건입니다. 사악한 자들은

하나님의 아들을 십자가에 못 박히게 함으로써 승리를 장담했지만 하나님은 그 십자가를 통해 인류를 구원하셨습니다.

2. 그 전쟁의 결과는 여호수아와 이스라엘 군사의 승리였습니다(6-15절).

가나안 북부동맹군은 이스라엘 군사의 갑작스러운 기습을 받아 결국 대패하고 맙니다(7-9절). 가나안 북부동맹군은 외관상으로 강대해 보였지만 하나님이 함께 하시는 이스라엘의 상대는 되지 못했습니다. 그러므로 성도들은 외관상의 커 보임에 대해 두려움을 가질 필요가 없습니다. 이는 전능하신 하나님에 대한 불신을 초래하는 것입니다.

이스라엘의 승리는,

①믿음의 승리였습니다. 그들이 이 전쟁에 나갔던 것은 하나님의 승리의 약속을 믿었기 때문입니다. 6절 말씀을 보면 "여호와께서 여호수아에게 이르시되 그들을 인하여 두려워 말라. 내일 이 맘 때에 내가 그들을 이스라엘 앞에 붙여 몰살시키리니 너는 그들의 말 뒷발의 힘줄을 끊고 불로 그 병거를 사르라"고 했습니다. 왜 말 뒷발의 힘줄을 끊고 병거를 불사르라 했습니까? 이는 전쟁에 있어 인간의 수단과 방법을 의지해서는 안 된다는 교훈적 말씀인 것입니다. 다시 말해 전리품으로 취한 모든 것을 무용지물로 만들고 하나님만 믿고 의지하라는 말씀인 것입니다.

②순종의 승리였습니다(15절). 전쟁의 승리는 하나님의 말씀에 전적으로 순종하는데 있는 것입니다. 하나님께 순종한 결과 그들은 하나님께서 약속하신 모든 것을 취하게 하셨고 전쟁을 그치게 하셨습니다. 그러므로 성도들이 누리게 될 진정한 안식은 세상과 타협으로 얻어지는 것이 아니라 하나님의 말씀

에 전적으로 순종하는데 있습니다(19-20절).

3. 가나안 족속은 완강함 때문에 멸망하고 말았습니다.

가나안 족속 중에 기브온 민족 외에는 화친하려 한 민족이 하나도 없었습니다. 결국 그들은 그들의 강퍅함 때문에 망했습니다. 그러므로 강퍅케 되는 마음을 조심해야 합니다. 나아가서 우리가 하나님의 은혜를 받아 구원받게 된 것을 큰 축복으로 알아야 합니다(엡 2:8).

패망된 왕국들 (여호수아 12:1-24)

이스라엘 백성은 이제 가나안 전 지역을 대부분 정리하였습니다. 이제 12장에서는 그 땅에 대한 분배 과정이 나와야 되는데 그러나 본 장에서는 정복한 가나안 땅에 대한 언급이 다시금 간략하게 나옵니다. 이는 가나안 정복이 전적으로 하나님의 도우심으로 성취된 것과 일찍이 이스라엘 조상들에게 약속했던 땅에 대한 언약이 성취되었음을 상기시키기 위함이었습니다 (창 15:18-21).

이스라엘 백성이 점령한 땅은 크게 둘로 나뉘는데 하나는 요단강 동편 즉 가나안 이편이요. 또 하나는 요단강 서편 즉 가나안 땅에 들어가서 점령한 땅입니다.

오늘 본문은 바로 가나안 땅에 들어가서 점령한 땅과 왕들의 이름이 나오는데 왕들의 이름만도 서른 하나나 되었습니다. 이렇게 많은 왕들이 다스린 나라들은 아마 추장격의 왕들이 통치할 만한 작은 국가들이었을 것입니다.

1. 이스라엘이 점령한 땅들은 그렇게 넓은 땅이 아니었습니다.

하지만 이렇게 많은 왕들이 다스리는 땅이었던 것을 보면 굉장히 기쁨과 풍요를 주는 땅인 것 같습니다. 그래서 하나님께서는 이 땅을 젖과 꿀이 흐르는 땅이라고 하셨던 것 같습니다. 모세가 가데스바네아에서 12명의 정탐꾼을 보냈을 때 정탐꾼들이 가져온 포도 한 송이가 두 사람이 메고 올 정도였으니 얼마나 풍요로운 땅이었던가를 상상해 봅시다. 이렇게 하나님이 주신 성지는 땅의 크고 작음에 있는 것이 아니라 풍요로움에 있는 것입니다.

그러나 구약의 후반부에는 가장 불모한 땅으로 변해있었습니다. 그런 상태가 오늘날까지 이어져 내려왔습니다. 하나님의 말씀을 버리고 그리스도를 버린 결말은 비참함의 결과인 것입니다.

2. 이 땅을 지배하고 있었던 몇몇 나라들 즉 히위 족속, 아모리 족속, 가나안 족속 등 여섯 족속들은 노아의 저주를 받은 함의 후손들이었다는 점입니다(창 10:16, 창 15:21절).

이것은 우연의 일치가 아닙니다. 아담과 하와가 죄 값으로 심판을 받았고 가인의 후손들로 인해 인류가 물로 심판을 받았듯이 죄악을 계속 쌓아 가면 반드시 하나님의 심판이 있음을 알아야 합니다.

유대인의 전설에 의하면 이들 중 일부가 이 전쟁에서 도주하여 아프리카로 들어가 흑인의 조상들이 되었다고 합니다. 누구

를 막론하고 하나님께 죄악을 쌓아 놓은 자들은 반드시 심판
받을 날이 있음을 명심하고 죄악에서 속히 돌이켜 회개하는 백
성들이 되어야 합니다.

3. 이 땅을 하나님께서는 이스라엘 모든 지파들에게 주셨습니다.

이것은 하나님의 약속의 성취였습니다. 이스라엘의 가나안
정착은 아브라함에게 복된 땅을 약속한지 685년만에 이루어
진 것입니다. 이것은 하나님의 언약하신 사건이 현실화된 역사
적 사건인 것입니다. 이렇듯 역사 이전에 하나님의 예정이 있
고 인간의 행동 이전에 하나님의 계획이 있는 것입니다. 하지
만 하나님은 그 약속의 땅을 얻기까지 5년여 동안 서른 한 명의
왕들과 수도 없이 싸우게 하셨습니다. 약속하신 하나님의 나라
라도 저절로 얻어지는 것이 아니라 약속을 믿고 이 땅에서 수많
은 대적들과 싸워 얻어야 되는 것입니다.

영적 전쟁은 결코 휴전이나 중단이 없습니다. 하지만 하나님
은 이 싸움에서 승리를 약속하셨습니다. 그러므로 하나님께서
친히 싸우심을 믿고 끊임없는 영적 싸움에서 날마다 승리하는
성도가 되어야겠습니다.

가나안 미 정복지 (여호수아 13:1-7)

지금까지는 이스라엘의 가나안 정복 과정을 살펴보았습니다

(1-12장). 그런데 이제 본 장부터 마지막 장까지는 가나안 땅 분배 과정에 대해서 말씀하고 있습니다. 비록 가나안 전쟁이 어느 정도 마무리는 되었지만 아직 전투가 완전히 끝난 것은 아니었습니다. 아직도 정복해야 할 땅은 많이 남아 있었습니다. 그러나 여호수아가 더 이상 전쟁을 수행하지 못할 정도로 노쇠해 있었으므로 하나님께서는 아직 점령하지 못한 땅이라도 각 지파별로 분배를 해두라고 명령하셨습니다.

1. 하나님께서는 여호수아의 노년을 생각하게 하셨습니다 (1절).

하나님은 여호수아에게 나이 많아 늙은 것과 아직도 점령할 땅이 매우 많다는 것을 알리셨습니다. 이렇게 나이 많은 것을 알리신 것은 여호수아로 하여금 전쟁을 추구하는 생각을 그만 두게 하기 위함인 것 같습니다. 상대적으로 아직 점령되지 않은 땅이 매우 많은 것을 상기 시켜주심도 역시 그것은 나이 많은 여호수아가 할 일이 아니라 젊은 사람들이 할 일임을 알려주시기 위한 것입니다.

호세아 7:9절에 보면 "백발이 얼룩얼룩할지라도 깨닫지 못하는 도다."라는 말씀이 있는데 사람은 자신의 능력의 한계를 깨닫고 물러 설 때를 알아야 한다는 뜻입니다. 가끔 연로한 분들 중에 그들의 명예나 권력에 집착하여 은퇴하지 않고 지위를 유지하려는 분들이 계신데 이것은 하나님이 원하시는 일이 아님을 알아야 합니다. 하나님께서도 여호수아에게 나이 많아 늙었음을 알리셨기 때문입니다.

2. 또한 하나님께서는 남아 있는 땅 즉, 점령하지 못한 땅에 대해서도 자세히 말씀하셨습니다(2-6절).

하나님은 왜 이처럼 많은 지역이 미 정복 상태로 남아 있음에도 불구하고 가나안 정복 전쟁을 일단 종결시켰을까?

여호수아가 늙었으면 또 다른 후계자를 세워 정복시킬 수도 있었는데 그리고 남은 것이 매우 많았는데도 전쟁을 일단 종결시켰을까요? 그것은 하나님의 자상하신 배려 때문이었습니다.

①나이 많은 여호수아를 위한 하나님의 배려였습니다. 여호수아는 나이가 많아 정복사업을 하기에는 힘겨움을 아시고 전쟁을 일단 종결시키고 기업분배를 명령하신 것입니다(1절).

②오랜 기간동안 전쟁에 지친 백성들을 위한 하나님의 배려였습니다. 즉 하나님께서는 5년여 동안 정복전쟁으로 인해 지친 백성들을 쉬게 하심으로 원기를 회복케 하여 이제는 이미 정복된 땅에 새 나라를 건설할 수 있게 하신 하나님의 배려였습니다.

③이스라엘로 하여금 계속해서 하나님을 온전히 의지하게 하기 위함이었습니다. 하나님께서는 미정복지를 남겨둠으로써 이스라엘이 하나님과의 언약을 배반하고 죄악에 빠지지 못하게 하는 경성의 가시로 삼으셨던 것입니다(고후 12:7).

3. 믿음의 분배(6-7절).

하나님은 이스라엘 백성들에게 점령되지 않은 땅도 점령될 것을 믿고 분배하였습니다. 가나안은 벌써 몇 백년 전 믿음의 조상인 아브라함과 이삭과 야곱에게 주셨던 믿음의 땅이었습니다. 그들은 그 땅에서 이방인 같이 살았어도 하나님이 그 땅을 주실 것을 믿었습니다. 그런데 이제는 그 약속이 거의 성취되었는데 얼마 남지 않은 점령되지 않은 땅을 어찌 믿음으로 분배하지 않을 수 있겠습니까? 이와 같이 성도는 믿음으로 사는 것입니다.

갈렙의 신앙 (여호수아 14:6-15)

본문에서는 가데스바네아 사건 이후로 거의 등장하지 않았던 갈렙이 나오고 있는데 그는 이때 이미 85세의 나이가 되어 있었습니다. 그런데 땅을 나누는 작업 중에 갈렙은 옛날 자신이 가나안을 정탐하러 갔을 때 모세가 약속했던 "네 발로 밟은 땅은 영영히 너와 네 자손의 기업이 되리라.(9절)" 했던 그 약속대로 헤브론 산지를 자기에게 달라고 요구하고 있는 것입니다.

그런데 그가 요구하는 그 땅은 아직도 점령되지 않았으며 가장 용맹스런 적 아낙 자손이 살고 있는 땅이었습니다. 사실상 아낙 자손이 살고 있는 그 땅을 누구도 선뜻 요구하지 않았던 땅입니다. 그러나 갈렙은 하나님의 언약대로 그 땅이 점령 될 줄 믿고 그 땅을 요구하였습니다. 갈렙은 과연 어떤 사람입니까?

1. 그의 인품을 보면(7-8절).

①그는 정직한 사람이었습니다(7절). 7절에 보면 그는 옛날을 상기하면서 이렇게 말하고 있습니다. "여호와의 종 모세가 나를 보내어 이 땅을 정탐케 하였으니 내 마음에 성실한 대로 그에게 보고하였다"고 했습니다. 여기서 내 마음에 성실한 대로라는 말은 "내 마음에 있는 대로"라는 말입니다. 이 말은 사람 앞에서가 아니라 하나님 앞에서 하나님의 명령과 뜻을 따라 살았다는 말입니다. 그래서 갈렙이란 이름의 뜻은 온 정성을 다한다는 의미를 갖고 있는 것입니다. 그는 하나님 앞에서 사는 성실한 사람이었습니다.

②그는 매우 관대한 사람이었습니다. 8절 말씀을 보면 "나와 함께 올라갔던 내 형제들은 백성의 간담을 녹게 하였으나"라고 기록하고 있습니다. 그의 동료들은 이스라엘 백성을 실망시키고 하나님의 능력을 불신한 사람들이었으나 여전히 그들을 '나의 형제'라고 말하고 있습니다. 관대함은 오래 참고 친절하며 쉽게 성내지 않는 것입니다.

2. 그의 신앙을 보면.

①그는 할 수 있다는 믿음을 가진 사람이었습니다(12절). 갈렙은 아낙 자손들이 살고 있는 성읍이 강하고 견고하지만 하나님이 함께 하시면 자기의 나이가 85세임에도 불구하고 그 땅을 점령할 것이니 이 산지를 내게 달라고 말하고 있습니다. 모든 사람들이 그 땅은 점령할 수 없다고 하는 땅을 그는 점령 할 수 있으니 그 산지를 내게 달라고 했습니다. 이 신앙은 긍정적인 신앙이요, 할 수 있다는 믿음입니다.

사도 바울도 이 믿음을 가질 때 "내게 능력 주시는 자 안에서 나는 무엇이든지 할 수 있다(빌 4:13)"라고 고백했습니다.

예수님도 할 수만 있거든 내 아들의 병을 고쳐 달라고 한 아버지를 향해 "할 수 있거든이 무슨 말이냐 믿는 자에게는 능치 못할 일이 없다(막 9:23)"고 하셨습니다. 그러므로 할 수 있다는 믿음의 사람이 되어야 합니다.

②그의 믿음은 말씀에 근거한 믿음이었습니다. 갈렙의 할 수 있다는 믿음은 신념에 근거한 것이 아니었습니다. 요즈음 회사에서 사원들을 훈련시킬 때 '나는 할 수 있다. 나는 할 수 있다'를 하루를 시작 할 때 제창하게 한다고 합니다. 자신감을 불어넣어주면 긍정적인 사람이 되어 회사의 유익이 되기 때문이라고 합니다.

하지만 이것은 신념입니다. 신념을 불어넣어 주기만 하여도 유능한 사람이 된다면 하나님 말씀에 근거한 신앙은 얼마나 인생을 복되게 하겠습니까?

갈렙은 하나님의 약속을 믿고 그 말씀에 근거해서 그 땅을 달라고 했습니다(9절). 그렇듯이 성도들도 말씀에 근거한 믿음을 가져야 합니다.

갈렙의 분깃 (여호수아 15:13-19)

본문에서는 이미 14장에서 언급한대로 갈렙이 자기에게 주어진 분깃을 점령하려고 공략하는 장면이 나오고 있습니다. 특별히 그 중에서도 드빌을 공격 할 때에는 그 곳을 정복하는 자에게는 자기 딸 악사를 주겠다고 함으로써 옷니엘이란 사람이 드빌을 공략해서 갈렙의 딸 악사를 얻게 되었습니다. 갈렙은 하나님이 약속하신 땅을 얻기 위해 최선을 다했습니다. 우리도 하나님의 약속의 성취를 이루기 위해 최선을 다하는 성도가 되어야 합니다.

1. 여호수아는 갈렙에게 분깃의 땅을 줄 때 하나님께서 명하신 대로했습니다(13절).

여호수아는 옛 친구 갈렙의 요청 때문에 땅을 준 것보다는 하나님이 허락하셨기에 준 것이라 볼 수 있습니다. 13절에 "여호와께서 여호수아에게 명하신 대로"라는 말은 여호수아가 이 일을 놓고 하나님께 기도해서 응답해 주신대로 라는 말이 좋을 것입니다.

잠언 3:6절 말씀을 보면 "범사에 그를 인정하라. 그리하면 네 길을 지도하시리라"고 했습니다. 우리도 무슨 일이든 여호수아처럼 하나님께 물어 봄으로써 "하나님께서 명하신 대로" 라는 하나님이 우리 길을 지도하시는 삶을 살아야겠습니다.

2. 갈렙은 분배받은 땅의 아낙자손을 할 수 있다는 그의 믿음대로 쫓아냈습니다(14절).

이들을 죽였다고 기록하지 않고 쫓아냈다고 기록하고 있습니다. 이것은 갈렙이 공격해오자 도망친 것입니다. 하나님께서 함께 하심으로 승리할 것이라는 믿음과 확신을 가지고 나갈 때 아낙자손들은 사자의 얼굴을 가졌으나 실상은 벌벌 떠는 토끼의 마음을 가지고 있었던 것입니다. "하나님께서 이와 같이 방백들의 심령을 꺾으시며(시 76:12), 만민의 두목들의 총명을 빼앗으신다(욥 12:24)"고 하셨습니다. 그들이 그렇게 힘없이 도망친 것은 전적인 하나님의 역사였던 것입니다. 그러므로 약 4:7절에 보면 "마귀를 대적하라. 그리하면 너희를 피하리라"고 하셨습니다. 마귀 세력은 하나님의 능력을 믿고 담대히 대적하기만 하면 오히려 마귀가 피하게 되어있습니다. 그렇기에 우리는 하나님을 담대히 의지하는 믿음을 가져야 합니다.

3. 헤브론 산지 중 드빌은 갈렙의 조카 옷니엘이 점령했습니다(15-17절).

갈렙은 하나님께 믿음으로 받은 땅을 속히 점령하기 위해 그 땅을 점령하는 사람에게는 그의 딸 악사를 주겠다고 했습니다. 그 결과 갈렙의 조카 옷니엘이 그 땅을 점령했습니다. 옷니엘

은 아내를 얻기 위해 생명을 건 전투를 치러야 했습니다. 진정
한 사랑은 이렇게 희생을 마다하지 않는 것입니다. 옷니엘은
자신의 목숨을 건 희생으로 신부를 얻었지만 예수 그리스도는
십자가에서 자신의 목숨을 내어 줌으로써 그 은혜의 사건을 믿
는 자들을 그리스도의 신부로 만들어 주셨으니 얼마나 귀한 은
혜이며 사랑입니까? 그러므로 우리는 신랑이신 그리스도를 위
해 기름을 준비했던 다섯 처녀와 같이 성령 충만하여 신랑 되신
그리스도를 기쁘게 하는 삶에 최선을 다해야 합니다.

**4. 갈렙의 딸 악사는 출가할 때 아버지에게 윗 샘과 아래
샘의 복을 요구했습니다(18-19절).**
　윗 샘이란 영적 양식을 공급받는 삶을 의미하며 아래 샘이란
몸과 생명에 관계되는 물질적인 복을 의미합니다. 예수님은 우
리의 영원한 샘물이라고 하셨습니다(요 4:10-14).

요셉 자손의 유업 (여호수아 16:1-10)

　이스라엘 민족은 가나안 땅을 정복하면서 요단강 동쪽에 두
지파 반, 서쪽에 아홉 지파 반을 각각 기업지로 분배받았습니
다. 그런데 요셉의 자손들은 기업의 분깃을 나눌 때 가나안 땅
의 일급 농지를 차지하게 되었습니다. 그것은 하나님께서 그들
에게 큰 은총을 베풀어 주셨기 때문입니다. 왜? 야곱의 열 한
번째 아들이었던 요셉의 후손이 제일 좋을 땅을 기업으로 받을

수 있었는가를 생각해 보겠습니다.

1. 요셉 자손이 왜 우대되었습니까?(1-4절)

요셉은 야곱의 열 한 번째 아들이며 애굽에 노예로 팔려간 것이 계기가 되어 애굽의 총리가 되었습니다. 요셉은 자신에게 닥친 극심한 환란을 믿음으로 이겨내었고 또 오랜 기근의 어려움 속에서 야곱의 가족들을 구원해 낸 공로를 인정받아 하나님께 축복을 받았던 것입니다(창 48:17-22, 신 33:13-17절). 이것은 곧 야곱과 모세의 축복의 성취라고 볼 수 있습니다.

믿음의 사람들이 축복한 것은 이렇게 후에 기도의 열매를 맺습니다. 뿐만 아니라 다른 지파들은 한 지파분만 땅을 기업으로 받았는데 요셉의 후손은 두 지파분의 땅을 기업으로 받았습니다. 그 이유는 야곱의 장자는 르우벤 이었는데 그는 첫째 부인 레아의 소생으로써 서모 빌하를 범하는 무서운 죄를 범하여 장자의 명분이 그 동족 구출의 유공자인 요셉에게로 돌아간 것입니다.

장자에게는 특별히 기업분배가 2배나 됨으로써 자연히 요셉의 아들 에브라임과 므낫세가 두 몫을 받아 누렸습니다. 야곱이 장자의 명분을 얻기 위해 혼신을 기울였던 것도 이런 이유 때문이었을 것입니다. 그러므로 우리도 하늘의 장자의 명분을 사모하여 갑절의 은혜를 구해야겠습니다.

2. 분배받은 땅은 제비를 뽑아 얻었습니다(1절).

제비를 뽑는 방법은 고대 때부터 행하던 방법이었습니다. 제비를 뽑는 방법은 그 기업의 땅을 하나님께서 결정해 주신다는 용기 있는 믿음의 표현이었습니다. 번센(Bun Sen)이란 사람은 이 문귀를 '제비가 요셉 자손을 위해서 뽑아졌다'라고 해석을 했습니다. 그 이유는 요셉 자손이 선택한 지역은 기름지고 아름다운 세겜 지방과 비옥한 해변 평지였기 때문입니다. 하나님은 요셉이 환난 속에서도 변함없이 하나님만 의지하고 하나님만을 사랑했기에 상급을 주신 것입니다.

그러므로 하나님께 소망을 두고 이 세상의 환난과 시험을 굳건히 이겨내는 성도들에겐 하나님으로부터 위로와 상급이 있음을 믿어야 합니다(사 62:11, 벧전 5:4).

3. 요셉의 자손인 므낫세와 에브라임 지파 중에 에브라임은 가나안 땅의 더 비옥한 부분을 차지했습니다(15-17절).

므낫세가 장자이고 에브라임이 차자인데 왜? 에브라임이 더 큰 축복을 받았는가? 그것은 창 48:17-22절에 보면 야곱이 요셉의 두 아들을 안수할 때 오른손을 차자인 에브라임에게 얹고 축복했기 때문입니다. 다시 말하면 에브라임이 장자권을 받았기 때문에 먼저 좋은 땅을 분배받을 수 있었던 것입니다. 영적인 순서는 이렇게 먼저 된 자가 나중 될 수도 있고 나중 된 자가 먼저 될 수도 있는 것입니다. 하지만 10절 말씀을 보면 에브라임은 가나안을 진멸하고 살려두지 말라고 하신 가나안인들을 순전히 그들의 노동력을 얻고자하는 탐욕 때문에 살려둠으로 범죄 하게 됩니다.

에브라임은 후에 북 왕국을 세우는 중추적 역할을 했는데 결국 우상 숭배함으로 먼저 멸망하고 말았습니다. 결국 하나님의 은혜와 축복을 감사하지 못하고 불순종하면 멸망할 수도 있음을 알아야합니다.

스스로 개척하라 (여호수아 17:14-18)

　요셉의 자손 에브라임과 므낫세 지파의 영토가 분배된 후 그들은 자신들에게 돌아온 땅이 너무 작다고 여호수아에게 불평을 터뜨리게 되었습니다. 이에 여호수아는 그들의 인구가 많으므로 스스로 산림을 개척하고 골짜기의 가나안 주민들을 쫓아내어 영토를 넓히라고 하였습니다. 이와 같이 우리는 주어진 것에 불평하기보다는 주신 힘과 은혜를 가지고 개척해 나가는 것이 하나님이 원하시는 삶인 것을 알아야 합니다.

1. 요셉 자손들은 자기들의 기업을 가지고 다투었습니다 (14절).

　그들은 자신들에게 돌아온 땅이 너무 작다고 하는 불평을 가지고 여호수아에게 나왔습니다. 여호수아 16장에 보면 그들은 두 지파분을 받았는데 한 지파분이라고 했습니다. 여호수아도 에브라임 지파였기에 그들은 여호수아에게 불만을 가지고 나왔던 것입니다. 그들의 불평은 두 가지였습니다.

　①하나님의 축복을 받아 굉장히 수가 많다는 이야기를 했습니다. 이 말은 큰 자가 되었는데 왜 큰 자 대우를 해주지 않느냐는 말입니다.

　②기업으로 주어진 땅의 상당한 부분이 아직 점령되지 않은 땅이라는 것이었습니다. 이렇게 불만과 불평을 하게 되는 이유는 단 한가지 "나" 중심의 이기적인 삶을 추구하기 때문입니다. 하나님의 축복을 받아 수가 아주 많아졌다면 오히려 은혜에 감사해야 하는데 불평불만 하는 것은 오직 자신만을 위하는 이기적인 생각입니다. 여호수아는 같은 에브라임 지파였지만 그들

지파만을 생각지 않고 이스라엘 전체를 생각하면서 그들의 땅을 개척하며 살라고 했습니다. 불평과 불만은 언제나 전체를 생각하지 않고 자기 자신만을 생각하는데서 나오는 것입니다.

2. 여호수아는 그들에게 만족하게 받아드리도록 권면했습니다(15절).

여호수아는 그들에게 이르기를 너희가 큰 민족이 된 것이 하나님의 은혜와 축복이니 그 힘을 가지고 산림에 올라가서 가나안 족속을 내쫓고 스스로 개척하라고 권면했습니다. 그런데 요셉 자손들은 개척하려고 노력하기보다는 받은 바 은혜를 작고 보잘것없게 여기고 불평했습니다.

우리는 어떻습니까? 스스로 노력하거나 일하려고 들지 않고 하나님의 축복이 작다느니 없다느니 불평만 하고 있지는 않습니까? 많은 사람들이 더 큰 소유를 원하게 되면 자기들의 가진 것에 만족해하지 않으며 그것을 경작하며 최선을 다하려고 하지 않습니다. 하나님은 주어진 것에 만족하며 최선을 다해 미래를 개척해 나가는 자의 삶을 축복하십니다. 그러므로 창 1:28에서 인간에게 복을 주셨는데 그것은 생육하고 번성하여 땅에 충만하고 땅을 정복하라는 것입니다.

3. 두려움 없는 믿음과 용기를 가져야 개척에 성공할 수 있습니다(16-18절).

사실 요셉자손들은 지도상으로 보면 넓고 좁은 땅을 기업으로 받았습니다. 다만 아직 점령하지 않은 땅이 있었기에 그들에게 넉넉하지 못한 것 뿐 이었습니다. 그런데 그들은 그 땅의 거민들이 철병거를 가지고 있어 군사력이 강해 보였기 때문에 점령하지 못하고 있었던 것입니다.

여호수아는 그들이 비록 철병거를 가졌을지라도 네가 능히 이길 수 있으니 그들을 물리치고 개척하라고 했습니다. 두려움은 하나님이 우리에게 주신 축복을 차지하지 못하게 하는 최대의 적입니다. 두려움이 있으면 전진이 없습니다. 하나님의 힘으로 두려움을 물리칩시다.

실로에 세운 회막 (여호수아 18:1-10)

이스라엘 백성은 하나님께서 주신 가나안 땅을 차례차례 정복해 나갔습니다. 그 땅은 이스라엘이 소망하던 바 하나님이 주신 기업이었습니다. 이제 열 두 지파 중에서 에브라임과 므낫세 반 지파의 기업분배가 끝났고 아직 기업을 분배받지 못한 일곱 지파가 있었습니다. 그런데 본문에 보면 이스라엘 백성들이 기업 분배를 하는 중에 가나안 정복활동을 잠시 중단하고 있는 모습을 보게됩니다. 그들은 왜 정복활동을 중단했을까요?

1. 실로에 회막을 세우는 일 때문에 중단하게 되었습니다 (1절).

실로라는 곳은 솔로몬이 성전을 짓기까지 300년간 회막이 있던 장소입니다. 왜 땅을 나누는 도중에 회막 세우는 이야기가 삽입되었는가? 그 이유는 아직 기업을 분배받지 못한 나머지 일곱 지파가 기업분배에 매우 소극적인 태도를 보였기 때문입니다(2-3절). 아직 기업을 분배받지 못한 그들은 유다 및 요셉 자손에게 가나안의 좋은 땅은 다 돌아가고 나머지 좋지 않은 땅만 남았다고 생각한 것 같습니다. 그래서 그들은 기업을 차지하는 일에 열심을 낸 것 같지 않습니다. 이에 여호수아는 가나안 중심부인 실로에 회막을 세우고 하나님께 예배드림으로써 백성들에게 하나님의 언약을 다시 한번 상기시키고 나머지 땅들도 모두 하나님께서 약속하신 땅들임을 재 강조하여 기업 분배에 새로운 전기를 마련코자 한 것입니다.

'실로'라는 지명은 평화를 나타내는 말로써 '샬롬'과 어원이 같습니다. 그러므로 교회는 우리에게 언제나 평화를 주는 곳임을 믿으시기 바랍니다.

2. 정복 활동이 중단된 이유는 하나님의 명령에 대한 불신 때문이었습니다(2-3절).

가나안 땅의 정복을 보면 가나안 땅의 중요 거점을 정복하는 1단계는 이스라엘 12지파가 공동으로 출전하는 것이었고, 중요 거점을 정복한 뒤에는 2단계로 12지파의 땅에 대한 분배의 선을 어느 정도 정해 주었습니다(여호수아 13장). 이제 3단계로는 각 지파별 책임하에 그 어느 정도 정해준 땅을 각 지파별로 점령해 나가도록 결정되어 있었습니다.

그런데 르우벤, 갓, 유다, 에브라임, 므낫세 다섯 지파는 이미 그들의 정복 사업을 어느 정도 이루어 나간 반면 나머지 일곱 지파는 정복 활동을 하려고 하지 않았습니다. 그것은 과거 40여 년 여정과 가나안 땅에 들어올 때 전능하신 하나님이 함께 하셔서 정복했다는 믿음에 대한 확신이 사라졌기 때문입니다.

그들이 이렇게 된 것은 안일과 그리고 하나님이 가나안을 다 점령하라는 구원의 역사의 본질은 깨닫지 못하고 이방 족속들의 두려운 모습만 보았기 때문입니다. 한 마디로 전능하신 하나님의 언약을 믿지 못하고 하나님께 영광 돌리는 삶의 목적이 무엇인지를 몰랐기 때문입니다.

그러므로 우리가 존재하는 목적을 알아야합니다. 우리의 존재 목적의 첫째는 마 6:33의 말씀처럼 그의 나라와 그의 의를 구하는 것입니다. 축복을 허락하셨는데도 취하기를 지체하는 것은 불 신앙입니다. 안일과 나태와 사명감을 잃는 것은 영적 생활의 적입니다.

3. 여호수아는 각 지파의 대표 3인씩을 선정해서 그 땅을 그려 가지고 오라고 했습니다(4-10절).

그 땅이 아직 수중에 들어오지는 않았지만 그들은 자기 땅을 답사하듯, 기업의 지도를 들고 와야했습니다. 히11:1에 "믿음은 바라는 것들의 실상"이라고 했습니다. 먼저 믿음의 환상을 가져야 현실이 다가오는 것입니다.

그리스도인의 나눔 (여호수아 19:1-9)

본 장에서는 이미 언급된 베냐민 지파를 제외한 나머지 여섯 지파의 영토 분배에 대해서 말하고 있습니다. 그 순서는 시므온, 스불론, 잇사갈, 아셀, 납달리, 단 지파로 나오고 있습니다. 그런데 땅을 나누다보니 한가지 문제가 생겼습니다. 땅을

정밀히 조사해보니 땅이 모자라는 것을 알게 되었고 이 문제를
해결하기 위해서는 분배받은 땅이 많다고 생각하는 유다 지파
에게 시므온 지파를 위해 일부분을 돌려 줄 것을 요구하게 되었
는데 유다 지파는 그 요구에 순순히 응했습니다. 이 사실을 통
해서 우리는 다음과 같은 교훈을 받을 수 있습니다.

1. 나눔의 명령입니다.

시므온 지파는 그 분깃을 유다 지파의 분깃 중에서 취했습니
다. 유다 지파 사람들은 이 일에 대해서 아무런 불만이 없었습
니다. 그 이유는 먼저 유다 지파 사람들이 하나님 앞에 순종하
는 마음이 있었기 때문입니다.

그리스도인들 간에는 순종하는 자세에 대해서 많은 말들을
합니다. 그렇지만 진정 우리의 중심이 하나님을 향한 가운데
순종하고자 하는 믿음이 있는 것인지, 아니면 단순히 축복만을
바라는 전락한 믿음이 있는 것인지를 생각해 봐야 할 것입니
다. 축복만을 바라는 순종이라면 자신의 것을 나눠주라는 명령
에는 순종하기 어려울 것입니다. 물론 어떤 순종에도 축복이
따르기는 합니다만 단순히 그 결과만을 바라는 동기로 순종해
서는 안 된다는 것입니다.

이기적 욕심이 없는 진정한 순종은 하나님과의 교제생활을
풍성하게 해주며, 이로 인해 성도들간의 교제도 풍성하게 됩니
다. 나의 것을 하나님 앞에서 포기하는 마음으로, 나누라는 하
나님의 명령에 순종합시다. 그리하여 공동체 속에서 한 알의
썩는 밀 알로 그리스도의 몸 된 교회를 세워나갑시다.

2. 탐욕을 버려야 합니다.

유다 지파 사람들이 시므온 지파 사람들에게 자신의 분깃을

나누어 준 또 한가지 이유는 자기들이 받은 분깃이 자기들의
몫보다 더 많다고 생각했기 때문입니다. 그래서 유다 지파 사
람들은 자기들의 경내에 있는 성읍들을 떼어 주는 일에 반대하
지 않았던 것입니다. 자기 몫보다도 더 가지려고 하는 태도 혹
은 부에 대한 끝없는 추구는 그리스도인들에게 합당하지 않은
것입니다.

소유에 대한 욕심을 버려야 합니다. 이런 것이 우리의 신앙
생활 및 영적 생활에 해를 끼치는 것임을 깨달아야 합니다. 비
록 우리의 경제가 자본주의의 사상적 기반에 묶여 있지만 우리
의 신앙 생활은 자본주의의 '빈익빈 부익부'의 결점을 뛰어 넘
어야 합니다. 이와 같이 나눔은 단순히 미덕의 차원이 아니라
하나님의 가르침임을 깨달아야 합니다.

3. 궁극적 소유주는 하나님입니다.

만물의 주인은 하나님이십니다. 그러므로 우리 성도들은 우
리의 모든 소유를 하나님의 소유물로 이해해야 합니다. 그러기
위해서 소유에 대한 바른 인식이 선행되어야 합니다. 내가 소
유하는 모든 것과 이 세상의 모든 것이 궁극적으로 창조주 하나
님의 소유임을 우리는 알아야 합니다. 나에게 속한 것은 일시
적인 것이며, 내가 해야 할 일은 이 소유를 잘 관리하는 것입니
다. 소유에 대한 우리의 태도에 따라 하나님께서 복에 복을 더
하시기도 하고 감하시기도 합니다. 모든 일의 결과는 하나님께
속한 것입니다. 따라서 가진 자들은 자기들의 소유를 갖지 못
한 자들과 나누어 가질 책임이 있습니다. 우리는 이것을 실행
해야 합니다. 그리할 때 교회 안에서 성도의 필요를 채워주는
아름다운 사랑의 모습이 실현되는 것입니다.

도피성 (여호수아 20:1-9)

러시아의 위대한 문학자 톨스토이는 그의 단편 〈사람은 무엇으로 사는가〉라는 책을 통해서 '인간은 사랑으로 산다.'고 했습니다. 인간은 서로 사랑하고 사랑 받으면서 살아가는 것입니다. 부모님의 사랑으로부터 시작해서 여러 종류의 사랑으로 성장하는 존재가 인간인 것입니다. 그 중에서 특히 인간은 하나님의 사랑이 없으면 아무 것도 아닌 것입니다. 그 이유는 사람은 하나님의 사랑으로 창조된 존재이기 때문입니다. 오늘 본문에서 나타난 도피성의 설정은 인간에 대한 하나님의 사랑을 잘 나타내 주고 있습니다.

1. 하나님은 이스라엘 백성들에게 도피성을 마련해 주셨습니다(2절).

가나안 땅을 아브라함의 자손에게 주시겠다고 하신 하나님의 약속(창 12:7)은 그 약속이 주어진지 약 690년만에 온전히 성취되었습니다. 따라서 이제 남은 일이 있다면 이스라엘 백성이 하나님의 자녀로 약속의 땅에서 살아가기에 필요한 사회 규범을 재정비하는 일이었습니다. 하나님은 그 일환으로서 먼저 도피성을 설정하게 하였습니다.

사실 피의 보수법(창 9:6; 출 21:22-24)에 따르면 살인자는 반드시 죽임을 당해야 했습니다. 그러나 아무런 적의 없이 부지중에 과실로 남을 죽인 자는 피의 보수법에 해당하게 해서는 안되었습니다. 만일 부지중에 오살한 자까지 무조건 죽이게 되면 복수를 위한 살인을 불러일으킬 가능성이 있었습니다. 하나님은 이런 불상사를 방지하기 위해서라도 사회보장 제도의 하나로 도피성을 설정하고 우발적인 살인자가 죽임을 당하는 것에서 피할 수 있는 길을 열어주신 것이 도피성입니다.

이렇게 하나님은 평안의 때에나 위험의 때에도 이스라엘 백성의 안전을 생각하셨습니다. 모세의 율법의 저주를 피하기 위해 마련해 준 도피성은 그리스도에 대한 예표입니다. 그리스도에게 피할 때 그 안에서는 결코 정죄함이 없는 것입니다(롬 8: 1).

2. 이 도피성은 어디서나 반나절이면 피할 수 있는 곳에 두었고 그 길은 항상 넓고 평탄하게 잘 닦여 있었습니다.

그것은 부지중에 살인한 자가 재빨리 도피할 수 있게 하기 위한 조처였습니다. 그곳은 모든 레위인들의 성읍, 즉 구별된 땅이었습니다. 이것은 그리스도의 교회를 예표합니다. 다윗은 시 84:5에서 "그 마음에 시온의 대로가 있는 자는 복이 있나이다"라고 했습니다. 다시 말하면 하나님의 전을 향하여 큰 길이 열려져 있어 하나님께 날마다 나아가는 길이 크게 펼쳐져 있는 사람은 복되다는 말입니다. 주님은 "내가 곧 길이요 진리요 생명이니 나로 말미암지 않고는 아버지께 올 자가 없느니라(요 14:6)"고 하셨습니다. 주님께 나아가는 길 외에는 구원의 방도가 없음을 명심해야 할 것입니다(행 4:12).

3. 이 성읍들은 멀리서도 쉽게 볼 수 있도록 산 위에 위치하게 하셨습니다.

도피성을 보지 못해서 피하지 못하게 하는 일이 없게 하시기 위해서였습니다. 구원은 누구에게든지 제외되는 일이 있어서는 안 되는 것이기 때문입니다. 그러므로 주님은 "모세가 광야에서 뱀을 든 것같이 인자도 들려야 하리니 이는 저를 믿는 자마다 멸망치 않게 하려 하심이라(요 3:14-15)"고 하셨습니다.

성읍들의 이름이 가지는 의미는 그리스도의 능력의 모든 예증을 나타내 주고 있습니다. ①게데스-거룩하다. ②세겜-짐진 자들의 쉼터. ③헤브론-나그네를 위한 도피처. ④베셀-요새, 강한 성, 즉 무력한 자들의 도피처. ⑤라못-영화롭게 되는 곳. ⑥골란-기쁨이 있는 곳, 즉 시험 당한 자들의 도피성이라는 뜻입니다. 이 이름들이 의미하는 것처럼 주님은 우리에게 영원한 도피성을 되어 우리에게 쉼과 안식을 줄뿐 아니라 죄사함을 받는 기쁨과 날마다 삶을 거룩하게 해 주시는 분이심을 믿어야 합니다.

레위 지파의 성읍 (여호수아 21:1-8)

이스라엘 열두 지파의 땅의 분배가 끝나고 부지중에 살인한 자들을 위하여 여섯 개의 도피성도 이미 구별되었습니다. 그러나 아직 레위 지파들이 거주할 성읍들은 할당받지 못했습니다. 그래서 레위 족장들은 여호수아에게 자기 지파가 할당받은 지역을 요구하게 되었습니다.

1. 레위 족장들의 요구는 말씀에 근거한 요구였습니다(1-2절).

레위 지파에 대한 구역의 할당은 이미 그들이 요단강 동편에 있을 때, 다른 지파들과 더불어 분배된 것이었습니다(민 35:1-

8). 레위 지파 사람들은 이러한 하나님의 말씀에 근거하여 그들이 거할 성읍과 가축 먹일 들판을 요구했습니다. 그들은 그들의 몫의 타당한 권리를 그들의 공덕이나 직분에 두지 않고 하나님의 명령에 두었습니다. 오늘날 성직자들의 생계는 순전히 성도들의 호의로 이루어지는 인위적인 것이 아니라 하나님의 명령에 의해서 이루어진다는 것을 알아야 합니다. 그래서 바울은 고전 9:14절에 "복음 전하는 자들이 복음으로 먹고살리라"고 하였습니다. 이 말은 복음 전하는 삶에 있어서 하나님이 책임져 주시니 사람으로 인해 복음 전하는 일이 위축되어서는 안 된다는 말입니다. 그러므로 목회자 자신도 사람들의 눈치를 보며 목회 해서도 안되며 신도들도 행여나 우리가 목회자의 생계를 책임지는 자들이라고 생각해서도 안돼는 것입니다.

2. 레위 지파의 요청은 아무런 이의 없이 즉시 허락되었습니다(3절).

모든 지파들이 48개 성읍이라는 많은 성읍을 내어놓았습니다. 3절에 보면 "이스라엘 자손이 여호와의 명을 따라 자기 기업에서 성읍들과 들을 레위 사람에게 주니라"고 했습니다. 이것 또한 하나님의 명령에 따른 것입니다. 때때로 하나님의 방법은 이상할 때가 있습니다. 아예 나눠줄 때 레위인들 것을 구별해 놓고 나눠주었으면 될텐데, 주고 난 뒤에 그들 기업에서 다시 레위인들에게 주도록 했습니다. 이는 주신 분을 그들이 인정하나 보기 위함이신 것입니다. 그들이 하나님의 명령에 순종하는 삶을 사나 보기 위함이신 것입니다. 또 레위인들에게 있어서는 다른 지파에 속했던 것을 주게 함으로써 그들의 영혼에 대한 애정을 갖게 하도록 하기 위해서 그들이 가졌던 것을 내 놓게 하셨던 것 같습니다.

한편, 레위 지파들은 뿔뿔이 흩어져 살게 되었습니다. 이것
은 시므온과 레위의 혈기와 분노로 세겜의 모든 남자를 죽이고
재물을 약탈한 것에 대한 예언된 야곱의 저주의 성취였습니다
(창 49:5-7). 야곱은 레위의 장래에 관해 예언하기를 "야곱 중
에서 나뉘고 이스라엘에서 흩어지게 되었으니"라고 저주했지
만 하나님은 레위의 회개의 삶으로 저주를 선으로 갚아 그들로
하여금 성직을 감당케 하셨던 것입니다. 그러므로 성직자란 의
로운 자가 아니라 회개함 받은 은혜의 감격에 의해 결단하여
일하는 자인 것입니다.

3. 레위 지파는 가장 좋은 것으로 받았습니다.

레위 지파는 맨 나중에 그들이 거할 성읍을 받게 되었지만
찌꺼기를 받은 것이 아니라 가장 좋은 성읍을 받았습니다. 백
성들이 여호와께 드리는 모든 제물들의 남은 부분과 십일조 등
은 레위인들에게 돌아갔으므로 그 제물들을 소유할 농토나 들
이 필요했습니다. 하나님은 결코 하나님의 성전을 받들고 섬기
는 성직자들의 빈곤을 원하지 않습니다.

요단강 동편 지파들의 귀향 (여호수아 22:1-34)

이제 전쟁은 끝났습니다. 12지파의 기업분배와 여섯 도피성
을 지정하고 레위 지파에게 48개 성읍을 분배하는 일까지 마침
으로 모든 전쟁은 끝나게 된 것입니다. 그러므로 사려 깊은 장

군 여호수아는 자기 군대를 해산시키게 되었습니다. 그 중에서 요단강 동편에 기업을 두었으나 형제들을 돕기 위해 건너왔던 두 지파만이 제일 먼저 귀향하게 되었습니다.

1. 여호수아는 요단강 동편에 땅을 분배받은 두 지파 반에게 귀향하도록 조처했습니다(1-10절).

이제 그들을 돌려보내면서 여호수아는 그들에게 몇 가지 고별사를 했습니다.

①그들이 순종하여 책임을 완수해 준 것에 대한 칭찬이 있었습니다(2-3절). 연대기 학자들에 의하면 그 땅을 정복하고 분배하는데는 약 6, 7년이 걸렸다고 한 것을 보면 이토록 장기간에 걸쳐서 형제들의 공익을 위해 싸운 그들에 대한 칭찬은 당연했으리라 생각됩니다.

②가서 하나님을 섬기라고 권면 했습니다(5-6절). 고향으로 돌아가는 저들에게 여호수아는 믿음에 굳게 설 것을 당부했습니다. 이는 선한 권면 이었습니다. 가서 농사를 짓고 성읍을 강화하라고 한 것이 아니라 엄격한 경건의 생활을 하라고 권면했습니다. 그러면서 여호수아는 그들을 축복했습니다. 축복의 근원이 하나님께로부터 온 것을 안 여호수아였기에 "하나님만을 사랑하되 마음을 다하고 성품을 다하여 하나님만을 섬기라"고 했습니다. 6-7년간의 전쟁을 치르고 제대명령을 받고 귀향하게 되었으니 그들의 마음이 얼마나 들떠 있었겠습니까? 이렇게 들떠 있는 마음이 하나님을 떠날까봐 여호수아는 하나님의 율례와 법도를 다시 한 번 상기시켰습니다. 그는 하나님을 거룩하게 섬기는 일이 가장 복됨을 알았기에 하나님을 섬기라고 권면 한 것입니다. 우리도 하나님을 섬기는 일이 가장 복됨을 아는 성도가 되어야겠습니다.

③그냥 가게 한 것이 아니라 보수를 지급하고 해산시켰습니다(7-10절). 그들은 전쟁에서 얻을 노획물을 분배받았습니다. 이는 그 동안 두 지파 반이 정복전쟁에서 목숨을 아끼지 않고 수고하며 노력한데 대한 응분의 보상이요, 상급이었습니다. 이와 같이 가나안을 위해 영적 전투에 힘쓴 사람은 반드시 상급을 받아 누리게 될 것을 믿는 성도가 됩시다.

2. 요단 동편으로 귀향한 그들은 정복전쟁의 승리를 기념하기 위해 큰 제단을 쌓게 됩니다(10-20절).

두 지파 반은 요단 동편으로 건너와서 자기들이 비록 가나안 땅을 건너왔더라도 하나님 중심적인 삶을 살기 위해 큰 제단을 쌓았습니다(10절). 하지만 이것은 요단 서편 가나안 땅에 있는 동족에게 우상숭배의 오해를 안겨주었습니다. 그래서 군사를 동원하여 응징하기로 작정까지 했습니다(12절). 하지만 요단 서편에 이스라엘 백성들은 다시 한번 사태를 명확하게 파악하기 위해 특사를 파견한 결과(13절) 그 제단은 우상숭배의 제단이 아니라 하나님 중심적인 삶을 살기로 더욱 다짐한 제단인줄 알게 되었습니다. 하나님의 말씀은 불 신앙적 사태가 발생했을 경우에는 자세히 조사하여 자칫 억울한 일을 당하는 사람이 없도록 신중히 행할 것을 명령하십니다(신 13:14절).

그러므로 우리는 좋은 일, 선한 일이라도 형제에게 오해가 없도록 사전에 배려하는 일이 있어야 하고 오해된 것이 있으면 진의를 자세히 알아보고 처리하는 신중한 마음가짐이 있어야 겠습니다.

3. 원만한 분쟁 해결을 보게 됩니다(21-34절).

사실 비느하스를 단장으로 하는 요단 서편 조사단의 충고와

질책을 받은 두 지파 반 용사들은 자신들의 진정을 몰라주고, 또 자신들의 공로를 몰라 준 채 싸우러 온 요단 서편 지파 사람들의 태도가 매우 불쾌하기도 했을 것입니다. 그러나 두 지파 반 용사들은 감정을 억누르고 자신들의 취지와 목적이 희생 제사를 드리기 위함이 아니라 언약 백성임을 후손들에게 알리기 위함이었다고 성실하게 설명했습니다(21-29절). 설명을 들은 그들은 오해를 풀고 더욱 우의를 돈독히 했습니다(30-34절). 종교적인 편견과 오해로 인하여 싸우고 갈라지는 오늘의 우리에게 신선한 충격을 주는 교훈이 아닐 수 없습니다.

여호수아의 마지막 사역 (여호수아 23:1-16)

이스라엘이 가나안 땅에 들어와 정착 한지도 어느 정도의 세월이 지난 뒤에 이제 이스라엘의 지도자 여호수아는 늙고 나이가 많아져서 그의 생을 마칠 시간이 다가왔습니다.

여호수아는 백성들의 장로와 두령, 재판장, 유사 등을 소집하여 유언과 같은 마지막 고별 설교를 합니다. 이것은 여호수아의 마지막 사역이었습니다.

1. 여호수아는 기업 분배를 마친 후 자신의 성읍인 딤낫세라에서 여생을 보낸 듯 합니다(수 19:50).

그러다가 그의 생애를 마감할 즈음에 이르자, 그에게 부여된 마지막 사명을 감당키 위해 각 대표들을 불러모았습니다. 그리고는 그들에게 두 가지를 지시했습니다.

①하느님께서 이스라엘을 위해 행하신 지난날의 모든 행사를 기억할 것(3-5절), ②계속해서 그 하나님을 열심히 섬길 것을 권면 했습니다(6-16절). 이상과 같은 모습에서 그가 얼마나 하나님의 일에 최선을 다하고 하나님께 대한 신앙이 얼마나 변함없었는가를 볼 수 있습니다. 그는 최후의 순간까지도 하나님께 받은 사명을 게을리 하지 않았던 것입니다. 조금 나이를 먹으면 여러 가지 구실을 붙여 하나님의 일을 피하고 등한히 하려는 우리에게 훌륭한 귀감이 되는 말입니다. 성경은 우리에게 "죽도록 충성하라(계 2:10)"고 말씀하고 있음을 명심해야 합니다.

2. 하나님의 역사에 대한 회고를 볼 수 있습니다(3-5절).

여호수아는 자신의 고별 설교 서두에 이스라엘을 위해 싸워 주시고 기업을 얻게 하신 하나님의 은혜와 또한 앞으로 하나님께서 그 남은 땅을 얻게 하시리라는 사실을 언급 한데는 분명한 목적이 있습니다. 그것은 곧 백성들이 누리는 현재의 안식(1절)이 결코 자신들의 지혜나 능력으로 되어진 것이 아니라 오직 하나님의 은혜 덕분임을 상기시켜 겸손히 하나님을 섬기도록 하기 위함이었습니다.

사실 우리는 어떤 일을 성취했을 경우 종종 그것이 자신의 능력이나 의로움 때문이라고 자만하기 쉽습니다. 이런 자세는 교만입니다. 그러므로 우리는 어떤 일을 할 때, 최선을 다함은 물론 그것을 이룬 뒤에는 오직 하나님의 은혜로 되었다고 겸손하게 고백할 줄 아는 사람이 되어야 합니다. 그래야만 받은 은혜를 지속적으로 발전시킬 수 있는 것입니다.

3. 백성들을 위한 권면을 볼 수 있습니다(6-16절).

여호수아는 모든 것이 하나님의 은혜로 이루어졌음을 상기시킨 뒤에 이제 그들의 미래에 관해 언급하고 있습니다.

①하나님의 선민으로써 마땅히 지켜야 할 도리를 말했습니다(6-11절). 그것은 먼저 하나님의 말씀을 지켜 행하되 좌우로 치우치지 말라는 것(6절)과 너희 중에 남아 있는 가나안 족속의 신들인 우상을 섬기지 말라는 것(7-8절)과 반면에 하나님을 친근히 하며 하나님을 사랑하라(9-11절)고 했습니다.

②이방인과의 교제에 대해 경고했습니다(12-13절). 사실, 가나안 족속은 이스라엘과 교제의 대상이 아니라 마땅히 진멸할 대상이었습니다. 이스라엘 백성들은 그들을 다 쫓아내지는 못했지만 단호히 교제를 배격해야 했습니다.

③불순종과 배교에 따른 형벌을 언급했습니다(14-16절). 이제 임종을 앞에 둔 여호수아가 한가지 확신하는 사실은 하나님의 말씀에 대한 순종 여부에 따라 이스라엘의 앞날이 달려 있다는 점입니다.

여호수아의 고별 설교 (여호수아 24:14-18)

본문은 여호수아의 두 번째 고별 설교로써 그는 이스라엘 장로들과 두령, 그리고 재판장, 아사 등을 다시 소집해서 하나님께서 어떻게 그들의 조상 아브라함 때부터 역사 해 오셨는지를 상기시키면서 이스라엘에 대한 하나님의 구원의 사역을 다시

한번 회고케 했습니다(1-13절). 그리고 나서 최종적으로 신앙적 결단을 촉구했습니다.

여호수아가 이스라엘 백성들에게 최종적 결단을 촉구하는 장소로 세겜을 택한 것은 다분히 의도적인 것입니다(1절). 세겜은 본래 아브라함이 가나안 땅에서 제일 먼저 단을 쌓고 하나님께 예배한 곳이며(창 12:6-7) 또한 야곱이 라반의 집에서 돌아오다가 세겜에서 지체한 것을 회개하고 모든 우상을 묻었던 곳입니다(창 35:4).

그러므로 여호수아는 옛날 조상들이 신앙적 결단을 했던 장소에서 설교함으로써 다시 한번 이스라엘 백성으로 하여금 신앙적 결단을 하게 하였는데 즉 우상을 멀리하고 하나님을 잘 섬기도록 결단을 촉구하고 있는 것입니다.

1. 섬길 자를 택하라고 말하였습니다(15절).

여호수아는 먼저 이스라엘 백성에게 하나님의 구원의 역사를 회고케 했습니다(1-13절). 이러한 역사 회고는 결국, 백성들로 하여금 하나님이 온 우주의 주권적 통치자이심을 깨닫게 하고 그들의 구원자는 우상이 아니고 하나님이신 것을 스스로 선택하는데 도움이 되도록 하였을 것입니다.

우리는 하나님과 세상을 겸하여 섬길 수 없습니다. 항상 양자 택일을 해야만 합니다. 또한 이 선택은 강요에 의해서 되어질 것이 아니라 스스로 선택해야만 합니다. 하나님은 이 선택을 위해 우리에게 자유의지를 주셨습니다. 자유의지는 인간만이 부여받은 신의 성품입니다.

그러나 자유에는 반드시 책임이 주어집니다. 많은 자유의지의 선택 중에서 우리는 영생에 대한 선택을 잘 해야 합니다. 마 7:13이하에 보면, 좁은 길과 넓은 길에 대한 선택을 요구하는데, 어떤 길을 택하든 선택은 자유지만 좁은 길을 선택하면 영생이요, 넓은 길을 선택하면 멸망이라고 했습니다. 자유의지에 대한 책임은 이렇게 엄청난 결과를 가져오는 것입니다.

2. 여호수아는 나와 내 집은 하나님을 섬기겠다고 선언했습니다(15절).

여호수아는 먼저 자신의 확고한 결단이 있었습니다. 그리고 다음에는 자기 집의 결단이었습니다. 이러한 사실을 볼 때, 여호수아는 이스라엘의 지도자라는 막중한 책임을 맡고 있었으면서도 가장으로써 가족의 신앙을 돌보는 일을 결코 소홀히 하지 않았음을 증거하고 있습니다.

이처럼 가장은 무엇보다도 가족의 영적 문제를 책임질 수 있어야 합니다. 제사장 엘리가 가장의 책임을 다하지 못해 패가망신한 사례(삼상 2:12-17)는 성도들에게 경종을 울려 줍니다. 하나님을 자식보다 더 사랑하는 확고한 신앙은 곧 가정의 영적 문제를 책임질 수 있는 능력이 되는 것입니다.

3. 여호수아의 결단의 확신이 백성들에게 확신을 주었습니다(16절).

백성들은 여호수아의 확고한 결단을 듣고 우리도 하나님만 섬기겠다고 했습니다. 한 사람의 확신이 얼마나 많은 사람을 구원의 길로 인도하고 있습니까? 오늘 우리의 확신이 없는 신앙이 많은 사람을 타락의 길로 인도할 수도 있다는 것을 깨닫고 다른 사람에게 좋은 영향을 끼칠 수 있는 확신 있는 신앙을 추구해야겠습니다.

가나안 거민을 쫓아 내지 못함

(사사기 1:27-36)

이스라엘은 여호수아의 지휘아래 가나안 땅의 대부분을 정복했고, 또한 기업분배까지 마쳤습니다. 하지만 각 지파가 분배받은 땅은 아직 점령되지 않은 땅이 있었기에 그곳에 사는 가나안 거민들과 싸워야 했습니다. 유다와 시므온 지파는 용감히 싸워 그 땅을 차지해 나갔습니다(1-20절). 하지만 다른 지파는 대부분 가나안 거민을 쫓아내는데 실패했습니다. 왜 그들은 실패하고 말았을까요?

1. 나태와 비겁함 때문이었습니다.

가나안 종족을 축출하고 그 땅을 차지하는 것은 하나님의 명령이고 그들의 의무인데, 이스라엘 백성들은 나태와 비겁함 때문에 이 일을 잘 감당하지 못했습니다. 19절 말씀에 보면, "여호와께서 유다와 함께 하신 고로 그가 산지 거민을 쫓아냈으나 골짜기의 거민들은 철병거가 있으므로 그들을 쫓아내지 못하였다"고 했습니다. 이 말은 그래도 가나안 거민의 일부를 몰아내는데 승리한 유다 지파에 관한 말씀입니다.

유다 지파는 하나님의 신탁을 받고(1절) 하나님의 말씀에 의지해서(2절) 가나안 족속과 전쟁을 해서 승리함으로 그들에게 할당된 기업의 대부분을 차지하는 성과를 거둘 수 있었으나 철병거를 가진 가나안 족속에 대해서는 두려워하여 싸움을 피함으로 자신들의 삶에 치명적인 결과를 남기고 말았습니다. 이렇게 하나님의 말씀에 전적으로 순종한다면 승리로운 삶을 살 수 있지만 나태하고 두려워하고 의심한다면 실패하는 삶을 살고 마는 것입니다.

2. 불 신앙 때문이었습니다.

그래도 유다 지파는 철병거를 가진 가나안 거민을 제외하고는 하나님이 허락한 땅을 다 점령했지만, 유다와 시므온 지파를 제외한 나머지 지파들은 아예 점령할 생각조차도 갖지 않은 것 같습니다. 그들은 하나님의 능력을 온전히 신뢰하지 못하고 인간적인 생각에만 사로잡혀 아예 싸움을 회피했던 것입니다.

특히 그 중에서도 단 지파는 그들에게 할당된 기업조차 제대로 지키지 못할 만큼 불 신앙적이었습니다. 그래서 그들은 자신들의 기업을 아모리 족속에게 내어주고 쫓겨다니는 신세까지 되고 말았습니다(34절). 그러다가 나중에는 이스라엘 지파 내에서 없어진 지파가 되고 말았습니다(계 7:4-8). 이렇게 하나님을 신뢰하지 못하고 하나님의 명령을 준수하지 않는 자는 결국 자기에게 주어진 축복마저 잃게 되고 하나님께 있으나마나 한 존재가 되는 것입니다. 우리는 항상 불 신앙을 조심해야 합니다.

3. 열심이 부족해서였습니다(28절).

하나님은 가나안 땅을 그들에게 분명 약속하셨습니다. 그리고 그 땅을 주셨고 그 땅에 사는 가나안 거민을 쫓아내기를 원하였습니다. 그런데 28절 말씀을 보면, "이스라엘이 강성한 후에야 가나안 사람들에게 사역을 시켰고"라고 했는데, 이 말씀을 볼 때 이스라엘은 하나님이 허락한 땅을 얻고자하는 열심이 부족했음을 알 수 있습니다. 그들은 하나님의 뜻을 실현하는데 열심을 내기보다는 그들의 삶의 편리를 먼저 생각한 것입니다. 우리는 하나님의 뜻을 실현하기에 열심인 사람이 되어야 합니다. 성경은 열심을 품고 주를 섬기라(롬 12:11)고 하셨습니다.

보김에 찾아온 하나님의 사자 (사사기 2:1-10)

이스라엘은 가나안 족속을 모두 진멸하고 기업을 차지 해야 하는 사명을 부여받았습니다(수 13:1-7). 그럼에도 불구하고 그들은 하나님을 불신하고 불순종하여 가나안 족속과 혼합하고 동화된 결과(사사기 1:26-36), 저들과 언약을 맺으며 우상을 섬기기에 이르게 되었습니다. 이에 본문에서는 하나님께서 사자를 보내어 이스라엘의 배은망덕을 책망하고 그들 속에 남아 있던 그들에게 가나안 족속이 옆구리의 가시가 될 것이라 저주를 선언했습니다.

1. 하나님의 메시지는 그들이 하나님께 제사 드리기 위해 보김에 모였을 때 들려졌습니다(1절).

하나님의 사자는 길갈에서부터 보김으로 왔습니다. 길갈은 하나님과 이스라엘 백성 사이에 엄숙한 할례언약이 이루어진 곳이었습니다. 전에는 법궤가 길갈에 있었는데, 당시에는 보김, 즉 벧엘로 옮겨진 것 같습니다. 하나님의 사자는 하나님의 이름을 두신 곳에 와서 신앙의 감동을 기억나게 했습니다.

이스라엘은 그들을 행복의 길로 인도하기 위하여 단 한번 하늘로부터 그들에게 보내진 율법을 소유했을 뿐만 아니라, 그들이 정도에서 이탈했을 때 언제나 바른길로 돌아서라는 특별한 메시지가 주어졌다는 것은 이스라엘의 특권이었습니다. 이것은 하나님의 참으시는 사랑인 것입니다. 오늘날 우리가 수많은 죄를 지었음에도 불구하고 멸망당하지 않는 것은 오래 참으시는 하나님의 사랑 때문임을 알아야 합니다(요 3:16).

2. 보김에서 하나님의 사자가 전한 말씀이 있습니다(2-4절).

하나님은 먼저 하나님이 그들을 애굽에서 구해 낸 구원자이심을 말하시고 하나님은 약속에 신실하신 분임을 말씀하셨습니다(13절). 그리고 나서 "너희의 지금 상태는 어찌된 것이냐(2절)"고 묻고 있습니다. 하나님은 한번 세우신 언약을 어기시는 분이 아니신데 반해 이스라엘은 언약을 파기하고 가나안 족속과 혼합하고 동화하여 패역한 모습. 하나님의 신실한 모습과는 너무 대조되는 모습이 아닐 수 없습니다.

그러므로 하나님은 그들을 저주하였습니다. 그 저주는 남아 있는 가나안 족속이 그들의 옆구리에 가시가 되며, 그들의 신이 너희에게 올무가 될 것이라고 했습니다(3절). 옆구리의 가시는 그들에게 닥쳐올 고통을 의미하며 올무는 한번 잡히면 빠져 나오려고 애를 써도 소용없고 종국은 파멸로 인도할 것이라는 말입니다. 얼마나 죄의 결과가 무서운지 이 경고를 들은 이스라엘 백성은 소리 높여 울었다(4절)고 했습니다. 과연 우리는 하나님의 말씀이 전파될 때, 죄를 깨닫고 울 수 있는지 살펴보아야 하겠습니다. 진실 된 회개는 죄의 저주에서 용서함 받을 수 있음을 믿어야 하겠습니다.

3. 여호수아 시대의 회고를 볼 수 있습니다(6-10절).

갑자기 문맥을 이탈하여 여호수아 시대를 회고하는 말씀이 나옵니다. 왜 여호수아의 이야기가 이 시점에 기록되었을까요? 사사기 저자는 이스라엘 백성들이 타락한 이유를 설명하고자 한 것입니다. 그들이 타락한 이유는 두 가지입니다.

①여호수아의 죽음입니다(8,9절). 여호수아 사후에 강력한 지도력을 갖춘 지도자가 없었던 것이 타락의 원인이었습니다.

②역사의 산 증인들의 죽음입니다(10절). 가나안을 정복하기까지 하나님의 권능과 기사를 직접 목격했던 체험적인 신앙을 가졌던 사람들이 다 죽자 하나님의 말씀은 희미해졌습니다. 그러므로 확실한 신앙교육이 얼마나 중요한가를 알아야 합니다.

하나님을 잊은 이스라엘 (사사기 3:1-11)

본 장에서부터 사사시대의 본격적인 역사가 시작됩니다. 사사시대 역사의 전개는, 이스라엘의 범죄 ⇨ 하나님의 저주 및 심판 ⇨ 백성들의 회개 ⇨ 하나님의 구원 ⇨ 또 범죄가 반복되는 역사입니다.

전장에서는 믿음이 부족한 이스라엘이 가나안 족속들을 다 쫓아내지 못했다는 사실을 살펴보았습니다(삿 2:11-23). 그런데 하나님은 이스라엘의 허물로 인한 잘못의 결과를 이용하여 이스라엘을 훈련시키려한 것을 볼 수 있습니다. 이는 마치 하나님이 마귀를 창조하시지는 않았지만 하나님은 마귀를 이용하여 성도로 하여금 깨어 경성하여 기도하게 함으로써 신앙의 유익을 가져오도록 하신 것과 같은 것입니다. 왜 하나님은 가나안 주민들을 남게 하셨을까요? 하나님은 남은 가나안 주민들을 어떻게 이용하셨을까요?

1. 이스라엘을 훈련시키기 위해 사용하셨습니다(1,2절).
하나님은 남아있는 가나안 열국을 통해 가나안 전쟁을 알지 못하는 후세들에게 가나안 전쟁을 가르치기 위해 이방의 족속들을 남겨 두셨다고 했습니다.

고생을 알지 못한 사람들이 심히 풍요로운 땅에서 살게 되면 사치와 유약성에 빠져버리기 때문에 전쟁의 체험을 통해 그들을 강건하게 하여 하나님이 그들에게 주신 땅을 지키게 하기 위함이었습니다.

항상 꿀만 대하는 것보다는 때때로 피의 고난도 맛보아야 신앙의 성숙이 오는 것입니다. 또한 전쟁이 저들에게 가르치는 또 다른 의미는 전쟁을 통하여 이스라엘에게 범죄 한 것에 대한 징벌의 의미와 함께 그들로 온전히 겸비하여 하나님께 회개하고 돌아오게 하기 위한 의미가 있으며, 전쟁을 하면서 나타나는 승리를 통해서 하나님께서 저들의 전쟁을 주관하는 주관자이심을 알게 하시기 위한 의미가 포함된 것입니다.

2. 이스라엘은 시험을 통해 하나님이 기뻐하시는 삶의 결과에 도달하지 못했습니다(4절).

하나님은 이스라엘 백성이 시험을 잘 통과하여 저들의 삶이 복되어지기를 바라셨습니다. 이것이 시험 출제자의 마음인 것입니다. 학교에서 정기적으로 시험이 있는 것은 시험을 통해서 저들의 실력이 향상되게 하기 위한 것입니다. 그런데 이스라엘은 시험을 통해 저들이 온전히 하나님의 율법을 순종한 것이 아니라 오히려 하나님의 말씀에 순종치 아니함으로 하나님의 기대를 이루어 드리지 못했습니다. 그들은 오히려 율법이 금지한 이방신을 섬기며 그들의 딸들과 결혼을 시키는 죄를 범했습니다.

우리는 시험이 있을 때마다 시험공부를 잘 해서 부모님의 마음을 기쁘게 하는 자녀들처럼 시험이 있을 때 시험의 어려움을 극복하고 하나님의 말씀에 순종하여 하나님께 기쁨을 드리는 성도가 되어야 하겠습니다.

3. 이스라엘은 악에서 돌아서지 아니하고 점점 악을 범함으로 하나님을 잊어버렸습니다(7절).

사람들은 자신에게 베풀어 준 은혜는 쉽게 망각하면서도 불쾌한 일이나 좋은 대우를 받지 못했던 쓰라린 경험은 잘 잊지 않습니다. 이스라엘은 "자기들의 하나님을 잊어버렸다"고 했

습니다. 누가 뭐라고 해도 하나님은 이스라엘 백성의 하나님이
셨습니다. 그런데 이스라엘은 자기들의 하나님을 잊은 것이었
습니다. 이처럼 하나님을 잊은 자의 결과는 우상숭배와 탐욕에
빠져 결국 고통의 자리에 이르고 만 것입니다(8절). 하지만 이
것은 사랑의 채찍입니다. 하나님은 그들이 회개하고 돌아설 때
용서하셨습니다(10절).

다시 학대받은 이스라엘 자손 (사사기 4:1-10)

　　본 장에 나오는 드보라와 바락의 기사는 이스라엘이 가나안
땅 내부의 이방민족과 더불어 투쟁한 마지막 기사입니다. 사사
기 나머지 부분에 나오는 기사들은 외부의 침입자들과의 투쟁
사입니다. 사사 에훗과 삼갈의 활약으로 80년 동안을 평화롭
게 지낼 수 있었던 이스라엘(삿 3:30)은 에훗이 죽은 후 다시
불신앙과 불순종으로 하나님의 진노를 사게 했습니다(1절). 이
에 하나님은 이스라엘이 회개하기에 이르기까지 하솔왕 야빈
을 통해 무려 20년 동안이나 압제받게 하였습니다(2-3절). 이
처럼 이스라엘의 타락과 하나님의 징계, 그리고 구원의 역사를
또다시 보여주고 있는 본문을 통해서 몇 가지 교훈을 생각해
보고자 합니다.

　　1. 이스라엘 자손은 또 여호와의 목전에 악을 행했다고 했
습니다(1절).

타락은 지니고 있는 이상한 힘이 있습니다. 그것은 파국적인 결과를 너무 자주 경험하면서도 사람들은 또다시 그 죄에 빠진다는 것입니다. 이렇게 타락은 참으로 무서운 것입니다. 알면서도 또다시 빠져 들어가는 것입니다. 그런데 이렇게 반복되는 죄는 고난 중에서 보다 편안한 가운데서 비롯되기 쉽습니다. 이스라엘은 평화로운 80년 동안(삿 3:30) 범죄와 방종을 계속해 왔던 것입니다. 그러므로 성도들은 항상 시험에 들지 않게 깨어 기도해야 되는 것입니다.

2. 이스라엘이 회개할 때까지 그들은 원수에 의해 학대를 당합니다(3절).

이스라엘 백성들의 마음이 하나님을 떠나자 하나님도 그들을 보호하지 않으셨습니다. 그래서 그들은 가나안 왕 야빈에게 20년 동안이나 괴롭힘을 당합니다. 이렇게 죄는 회개할 때까지 자신을 괴롭히는 올무가 된다는 것을 알아야 합니다. 또한 하나님을 향한 마음의 떠남이 반복되면 될수록 다가오는 고통도 심해진다는 것을 알아야 합니다. 그러므로 성도들은 하나님께 범죄 하였을 경우 즉시 회개하고 하나님께 용서를 구하지 않으면 안됩니다(시 51:3-4).

3. 하나님은 회개하는 자를 결코 외면하시지 않습니다(4-10절).

범죄의 결과로 인한 고통이 결국 이스라엘을 하나님께로 돌아가게 했습니다. 하나님은 이스라엘 자손들이 행악의 벌을 받으며 부르짖는 소리에 수없이 속고 속으면서도 여전히 들어주시며 구원의 은총을 베푸십니다. 이것이 바로 하나님의 자비로우심입니다. 그래서 하나님은 그들의 소리를 들으시고 여 선지자 드보라를 세우십니다.

드보라는 에브라임 지파의 땅에서 선지자로 임무를 수행하던 중 하나님의 부르심을 받습니다(4,5절). 드보라는 바락으로 하여금 스불론과 납달리 지파의 용사를 이끌고 게데스에서 야빈의 군대장관 시스라와 대적하여 철병거 900승을 가진 막강한 시스라의 군대를 섬멸합니다(11-16절). 사실 20년 동안 야빈의 압제에 시달린 이스라엘은 변변한 무기를 갖출 수 없었음은 물론 군 병술도 미처 생각할 수 없는 상황이었습니다. 그런데 철병거 900승을 소유한 야빈의 군대와 대항하여 싸워 승리하였다는 것은 전쟁의 승패가 오직 하나님의 손에 달려 있다는 것을 입증한 것입니다. 그러므로 성도는 삶에 승리하고 성공하기 위해서 오직 하나님만을 믿고 의지해야만 하는 것입니다.

드보라의 노래 (사사기 5:1-12)

본 장은 드보라가 하나님의 도우심으로 말미암아 가나안 왕 야빈과의 전투에서 승리한 뒤 기쁨에 넘쳐 부른 노래입니다. 일종의 승전가로 볼 수 있습니다. 그 중 본문은 먼저 하나님께서 이스라엘 백성을 도와 곤경에서 구원하신 사실을 찬양하고 있는 부분입니다. 모든 세대의 교회는 이렇게 하나님의 구원의 역사를 찬양하는 것을 배워야 합니다.

1. 드보라는 노래로 하나님을 찬미하였습니다.

먼저 드보라는 출애굽 이후부터 지금까지 이스라엘을 늘 지키고 보호하신 하나님의 위엄과 은총을 노래하였습니다(4,5절). 그리고 이어서 이스라엘이 불순종으로 말미암아 비참한 처지에 빠질 수밖에 없었던 상황을 생생하게 묘사한 다음 그러한 곤경에서 이스라엘을 구원하신 하나님을 드높입니다(9-12절). 노래는 매우 자연스러운 기쁨의 표현이었습니다. 이렇게 과거 신앙의 선조들은 기쁠 때 찬송으로 하나님께 영광을 돌렸습니다. 노래는 위대한 사건들을 영구히 보존시킬 수 있고 그 지식을 널리 알릴 수 있는 좋은 방법이었습니다. 우리도 찬송을 통하여 하나님께 영광 돌릴 뿐 아니라 하나님의 은혜의 지식을 널리 전해야 합니다.

이 노래는 드보라 자신이 지었습니다. 드보라는 싸울 때에도 앞장을 섰으며 감사찬양 드리는 일에도 앞장을 섰습니다. 우리는 이렇게 하나님을 찬양하고 감사하는 일에 앞장 설 수 있는 사람이 되어야 합니다.

2. 드보라가 부른 노래의 내용은 구원의 역사는 전적으로 하나님의 은혜로 이루어졌다는 것이었습니다(4,20절).

드보라의 노래에서 강조되고 있는 내용은 과거 이스라엘과 함께 하셨던 그 하나님께서 지금도 살아 계셔서 역사 하심으로 당신의 백성을 도우신다는 것과 이스라엘의 구원이 오직 하나님의 능력으로 비롯되었다는 것입니다. 특히 하나님은 용사도 아닌 연약한 여인의 손을 빌어 역사 하셨습니다. 그와 같은 이유는 이스라엘의 구원이 그들의 능력에 있는 것이 아니라 오직 하나님의 도우심에 있었음을 알고 자신의 무기력함을 깨닫고 겸손하고 자긍하지 못하게 하기 위함이었던 것입니다.

그러므로 오늘날 성도의 구원은 자신의 공로나 능력에 의해

획득한 것이 아니라 오직 하나님의 은혜로 값없이 주어진 것임
을 알아야합니다. 그래서 성도들은 하나님의 은혜에 감사하고
겸손해야 합니다(엡 2:8-9).

**3. 하나님의 백성은 곤경을 당하나 궁극적으로는 승리를
거둔다는 것을 알아야 합니다.**

이스라엘은 하나님께 범죄 한 결과 20년간 야빈의 압제를
받았지만 하나님께 돌아선 결과 하나님은 마침내 야빈을 패배
케 했습니다(삿 4:3).

이렇게 악인은 일시적으로 번성하는 듯 하나 궁극적으로는
멸망의 길을 간다는 것, 그리고 하나님의 백성은 곤경을 당하
나 궁극적으로 승리를 거두게 해 주신다는 사실을 믿고 성도들
은 하나님께서 승리하게 하시는 결말을 믿는 믿음으로 오늘을
감사함으로 참고 인내해야 합니다.

미디안의 침입 (사사기 6:1-10)

드보라와 바락의 활약으로 말미암아 대적들의 손에서부터
구원함을 얻은 이스라엘은 그들의 죄악 된 생활을 청산하고 하
나님만 섬기며 40년 동안의 태평성대를 누렸습니다. 하지만
그들은 평안함 속에서 도리어 나태해졌습니다. 그러자 하나님
께서는 미디안을 통해 그들을 징벌하셨습니다.

1. 이스라엘이 또 다시 죄를 범하기 시작했습니다(1절).

그들은 하나님의 목전에서 악을 행하였습니다. 불에 데인 아이는 불을 무서워합니다. 그러나 생각이 모자라는 사악한 백성들은 전에 우상숭배로 쓰라린 고통을 받았으면서도 하나님이 잠시 벌을 멈추는 동안 다시 그 죄악으로 돌아갔습니다. 그들이 죄악으로 돌아간 이유는 신앙의 열심이 식어졌기 때문입니다. 그들은 자신들에게 허락한 풍요로운 생활(삿 5:31)로 인하여 하나님께 감사하며 더욱 깊은 신앙의 자리로 나아 간 것이 아니라, 도리어 게으르고 나태함으로 신앙의 자리를 떠났던 것입니다.

그러므로 우리는 허락된 풍요로움이나 태평함이 있을 때 그 풍요로움으로 인해 신앙이 잠자지 않도록 주의하고, 평안할 때 더욱 기도하고, 물질적 풍요를 누릴 때 헌신하면 축복은 더 큰 축복으로 발전할 것이며 영원한 축복으로 남게 될 것입니다.

2. 이스라엘의 고통은 반복되었습니다(2-5절).

이것은 당연한 결과입니다. 모든 죄악에는 반드시 고통이 따르며 모든 어리석음에는 불행이 동반됩니다. 미디안은 매우 보잘것없는 적이었습니다. 이들은 모세의 장인이 속해 있던 미디안 족이 아닙니다. 그들은 모압과 합병된(민 22:4) 미개한 사람들이었습니다. 왕이나 방백도 없었습니다. 그들은 전에 이스라엘에게 굴복한 자들이었습니다. 아무리 비천한 자들이라 할지라도 그들은 이스라엘 백성들의 가시가 되었습니다. 그 결과 백성들 대부분은 산으로 도피하여 토굴을 파고 생활을 했는가 하면(2절) 극심한 식량난도 겪었습니다(3-5절). 저들은 재물의 축복을 받기 위해 우상을 섬겼으나 하나님은 저들의 재물을 거두어 갔습니다. 하나님께 드려야 할 것은 드리지 않고 하나님께로부터 온 것을 인정치 않은 사람들의 결과는 다 이와 같습니다. 하나님이 떠나 가셨을 때 모든 행복은 사라졌습니다. 하나님이 떠나 가셨을 때 그들은 그들의 손으로 수고한 것조차 먹을 수 없게 되었습니다. 그러므로 우리는 손으로 수고한 것을 먹을 수 있는 것을 감사해야 합니다.

3. 고통이 심하자 그들은 하나님께 부르짖었습니다(6절).

이스라엘 백성들은 타락-징계-회개-구원이라는 악순환의 역사를 어김없이 되풀이했습니다. 사실 지적 능력이 사람보다 부족한 짐승도 수 차례 훈련받으면 더 이상 잘못을 반복하지 않는데 악순환을 되풀이 한 이스라엘의 행동은 어리석다 못해 완악한 것입니다. 그런데 이런 이스라엘의 모습이 바로 우리들의 전형적인 모습임을 알아야 합니다.

한편 하나님은 구원을 호소하는 이스라엘 백성들을 위해 선지자을 보내 그들이 당하는 고통의 원인을 지적하고 회개를 촉구하였습니다(8-10절). 이러한 사실은 회개가 하나님과의 관계 회복인 구원의 조건에 필수 요소라는 사실을 교훈 해 준 것입니다. 하나님은 기드온 사사를 일으켜 이스라엘 백성을 구원하셨습니다. 이것은 하나님은 사랑이시기 때문입니다.

기드온의 300명 용사 (사사기 7:1-8)

앞장에서 표징을 구하여 승리를 확신하게 된 사사 기드온은

(6:33-40절) 이제 본 장에 이르러 미디안 연합군과 전투를 벌이게 됩니다. 본문은 기드온이 해변의 모래와 같이 많은 미디안 군대(12절)를 쳐부술 정예 용사 300명을 선발하는 장면입니다. 사실 처음에 나아온 이스라엘 군사는 32,000명이었습니다(3절). 그런데 이 숫자는 135,000명의 미디안 군대(삿 8:10)에 비하면 상대적으로 너무 작은 숫자였고, 전술적인 면에서도 제대로 훈련받지 못한 채 급히 소집된 상태였습니다(삿 6:34-35). 그럼에도 불구하고 하나님께선 그나마 모인 이스라엘 군대의 수를 많게 평가하시고 300명만 남긴 채 다 집으로 돌려보냈습니다. 그 선발 방법은 먼저 두려워 떠는 자를 돌려보내고(3절), 다음으로 물을 마시는 방법에 따라 지혜로운 자를 따로 구분하는 것이었습니다(4-8절).

사실 처음에 나온 32,000명은 기드온이 소집 나팔을 불자 스스로 기뻐하면서 나온 자들이었습니다(6:34절). 그런데 하나님은 300명을 제외한 모두를 돌려보냈습니다. 우리 인간들은 보기에 합당한 인간일지라도 하나님 보시기에는 다를 수가 있는 것입니다. 고린도후서 10:18절에 "옳다 인정함을 받는 자는 자기를 칭찬하는 자가 아니요, 오직 주께서 칭찬하는 자니라"고 하신 것처럼 하나님 보시기에 인정받는 성도가 되어야 합니다.

1. 그들은 아침 일찍이 일어났습니다(1절).

그리고 하롯샘 곁에 진을 쳤습니다. 이것은 군사들에게 물 없는 고통을 덜어주기 위한 작전이었습니다. 하나님의 약속을 믿는 신앙이란 우리가 할 일을 게을리 하는 것이 아님을 명심해야 합니다. 아침 일찍 일어나는 최선이 있어야 합니다.

2. 하나님은 이 싸움의 승리에 대한 영광을 홀로 받으시기 위해 단 300명의 군사들만 남기라고 하였습니다.

이 300명의 군사를 통해 교훈 받아야 할 것은 첫째로, 하나님께서 그의 일을 수행하시는 데는 많은 사람들이 필요치 않으며, 그들이 없이도 해 낼 수 있으며, 사람의 행위로 덕을 입으시는게 아니라 오히려 사람들이 하나님의 은혜를 입어 할 수 있게 된다는 것을 알 수 있습니다. 하나님께서 은혜를 베푸시면 한 사람이 천 사람도 무찌를 수 있는 것을 알아야 합니다. 둘째로, 이것은 인간이 뽐내지 못하게 하심이었습니다. 그러므로 자랑하려는 자는 주안에서 해야 하며, 모든 인간은 하나님 앞에서 겸손해야 합니다.

3. 숫자를 줄이기 위해 취한 방법은 물먹는 방법이었습니다.

여기에서 무릎꿇고 개처럼 핥은 자의 수는 300명이었습니다. 첫째로, 이것은 오랫동안 고통을 잘 견디어 낼 수 있는 자들이었으며, 목마르거나 지치는 것을 불평하지 않고 조금도 게으름을 피거나 허영을 부리는 자들이 아님을 말합니다. 하나님의 일은 인내와 감사가 필요합니다. 둘째로, 그들 자신의 만족보다는 하나님 나라를 위해 싸우기를 조금도 지체하지 않으려는 자들이었습니다. 하나님은 이런 사람들을 선택하여 하나님의 일을 하시기를 기뻐하십니다.

결론적으로 말씀드리면, 이스라엘의 기드온 용사 300명의 승리는 하나님의 도우심이 아니면 승리할 수 없는 것입니다. 마찬가지로 하나님의 은혜가 아니면 오늘날 우리의 구원은 있을 수가 없는 것입니다.

기드온과 에브라임 (사사기 8:1-21)

본 장은 기드온이 전장(7장)에서 시작된 미디안 연합군과의 전투를 마무리지었음과 그 후의 남은 행적이 어떠했는지를 보여 줍니다. 미디안이 이스라엘 백성의 외적인 적이었다면 또 다른 내적인 적이 있었습니다. 그것은 이스라엘 형제들간의 시기와 극단적 이기주의였습니다.

기드온의 승리를 시기한 에브라임 사람들이 "네가 미디안과 싸우러 갈 때 왜 우리를 부르지 않았느냐?"며 시비를 걸어왔는데 그것은 부조리한 것이었습니다. 역사적으로 볼 때 외세의 적은 물리쳤으나 내면의 적, 즉 내분으로 인해 실패한 나라나 개인이 많습니다. 개인적인 것은 자기를 다스리지 못해 실패한 것을 의미합니다. 그런 의미에서 볼 때 기드온은 외적, 내적인 적에 모두 승리했습니다.

1. 내면적인 적이 생긴 원인을 살펴보도록 하겠습니다.

기드온이 하나님의 부르심을 받고 사사가 되어 미디안 군대와 싸울 사람을 소집할 때 그는 우선적으로 미디안의 침략으로 인해 피해가 극심했던 므낫세, 납달리, 스블론, 아셀 지파의 사람들을 불렀습니다(삿 6:35). 그러다가 미디안에 대한 기습 공격이 성공을 거두자 도주하는 미디안 군사들을 섬멸하기 위해 남부에 위치했던 에브라임 지파에 원군을 요청하여 적들의 퇴로를 차단하고 격멸하는데 성공했습니다(삿 7:24-25).

그렇지만 여기서 한 가지 문제가 야기되었습니다. 그것은 에브라임 지파가 미디안과의 전투에 처음부터 참여시키지 않은데 대해 불만을 이야기했기 때문입니다. 그 같은 불만은 자존

심과 우월감과 시기심 때문이었습니다. 본래 에브라임 지파는
장자 지파인 므낫세 지파를 제치고 야곱으로부터 실질적인 장
자로서의 측복을 받았었습니다(창 48:17-19). 그 뿐만 아니라
그들은 가나안 정복에 큰공을 세웠던 여호수아와 같은 지파라
는 점에서 항상 우월감을 지니고 있었습니다. 그런데 므낫세
지파 소속인 기드온이 미디안과의 전쟁에서 큰공을 세우자 자
신들이 주도적인 역할을 하지 못한 것에 대한 시기심이 이러한
형제들간의 시비를 가져오게 했습니다.

또 기드온 군사가 미디안의 주력부대를 섬멸하고 패주하는
두 왕 세바와 살문나를 추격하는 과정에서 각지파 지경인 숙곳
과 브누엘에 이르러 먹을 것을 요구하나 거절당합니다(5-8절).
그들은 한 민족으로써 응당 기드온을 도왔어야 함에도 도움을
거절한 것은 자기만을 아는 극단적 이기주의인 것입니다. 그러
므로 자존심, 우월감, 이기심을 버리고 하나 되기에 힘쓰는 성
도가 되어야 합니다(엡 4:1-3).

2. 기드온은 겸손하고 온화한 답변으로 형제간의 내분의 싸움을 종식시켰습니다.

기드온의 답변은 온화하고 부드러웠습니다. 사실 기드온의
업적은 에브라임 지파의 업적에 비해 월등한 것이었습니다. 그
런데도 기드온은 "에브라임 끝물 포도가 아비에셀의 맏물 포도
보다 낫지 아니하냐?"고 적의 패잔병들을 죽인 에브라임을 더
높이 평가하였습니다. 이렇게 겸손한 태도는 다른 사람의 시기
를 제어하는 능력이 있을 뿐만 아니라 분쟁을 끝맺게 하는 것입
니다(잠 13:10절). 교만은 다툼만 일어납니다.

3. 기드온은 왕으로 추대 받았으나 거절하였습니다(22,23

절).

　기드온이 미디안을 이기자 이스라엘 백성은 기드온을 왕으로 추대했습니다. 이것은 하나님보다 사람을 의지하려는 잘못된 신앙입니다. 하지만 기드온은 이를 거절하고 "여호와만 우리를 다스리는 분"이라고 고백했습니다. 그는 하나님의 영광을 가로채는 자리에 앉지 않았습니다.

나무들의 왕 (사사기 9:1-21)

　위대한 지도자 기드온이 사사로 있는 동안 번영을 누렸던 이스라엘은 기드온이 죽자 다시 혼란과 파멸의 구렁텅이로 빠져들고 말았습니다. 이런 혼란과 파멸은 기드온의 아들 아비멜렉으로 말미암아 시작되었는데, 그 이유는 에브라임과 므낫세 지파간의 알력이 작용했기 때문입니다.

　사사 기드온 이전까지 기드온이 사사가 되기 전 까지는 에브라임 지파가 가장 영향력이 있는 지파였습니다. 그러나 므낫세 지파의 가장 영향력 있는 지파가 에브라임 지파였는데 므낫세 지파의 기드온이 일어나서 이스라엘의 사사가 되어 이스라엘을 통치하자 에브라임 지파에 가장 영향력 있던 도시인 세겜 거민들의 자존심이 상해 있었습니다. 그 때 아비멜렉이 세겜 사람들에게 자신의 어머니가 에브라임 지파임을 상기시키면서 선동하자(1-4절) 세겜 거민이 쉽게 그에게로 마음을 기울여 재정적인 지원을 하였습니다.

그러나 아비멜렉은 그 돈으로 깡패들을 사서 자기 아버지의 집으로 가서 자기 이복형제들을 70명이나 죽이고 세겜 족속의 추대를 받아 왕이 되었는데(6절) 그 중에서 유일하게 생존한 요담이 아비멜렉을 책망한 비사의 내용이 본장에 기록되어 있습니다(7-21절). 이 말씀을 통해 몇 가지 교훈을 받고자 합니다.

1. 일부다처제의 결말은 가정의 비극을 초래하고 말았다는 점입니다(1-4절).

아비멜렉의 정권의 야욕과 그로 인한 형제 살해의 비극은 사실상 기드온의 축첩행위가 빚어낸 결과였습니다. 추측컨대 기드온은 많은 부인(삿 8:29-31)과 많은 자녀를 거느린 까닭에 그들에게 신앙교육을 제대로 시키지 못했을 것입니다. 특히 첩의 소생 아비멜렉은 다른 형제들에 비해 기드온의 신앙적 영향을 적게 받았을 것이 틀림없었습니다. 그 결과 이렇게 엄청난 가정 비극이 생겨난 것입니다. 그러므로 우리는 말씀과 신앙으로 가정을 잘 다스려 나가야 합니다.

2. 요담이 아비멜렉을 책망한 비사를 통한 교훈의 말씀이 있습니다(7-21절).

첫째로, 왕이 되기를 거절한 세 나무는 감람, 무화과, 포도나무였습니다. 이는 고대로부터 이스라엘을 상징하는 3대 과실나무였습니다. 그 나무들은 그들에게 부여된 본래의 사명이 무엇인지 알았습니다. 그것은 그들이 존재하는 이유는 기름과 열매를 생산하는 것이었습니다. 실로 자기 사명이 무엇인줄 아는 자는 높아지려고 하지 않고 겸손한 것입니다.

둘째로, 반면 가시나무는 왕이 되기를 바랬습니다. 가시나무는 자기 분수를 몰랐습니다. 창 3:18에 보면 가시나무는 죄의 소산의 결과였습니다. 스스로 높고자 하는 것은 마귀의 생각입니다. 하나님이 높여 주셔야 높아지는 것입니다. 진정한 지도자는 자신을 희생할 수 있는 인물이어야 하는 것입니다.

3. 세겜 거민들은 혈연에 이끌려 아비멜렉을 왕으로 세우는 잘못을 범했습니다(6절).

혈연은 중요한 것입니다. 하지만 혈연보다 앞서는 것은 하나님의 뜻입니다. 그들은 진정 아비멜렉이 왕이 될 수 있었는지를 하나님께 물어 봤어야 했습니다. 이렇게 하나님께 묻지 않고 아비멜렉을 지도자로 세운 결과는 참담한 것이었습니다. 세겜 사람들은 그들이 택한 지도자인 아비멜렉에게 보호받지 못했습니다. 오히려 그들은 아비멜렉에게 멸망당하고 말았습니다(40절).

사사 돌라와 야일 (사사기 10:1-9)

위대한 사사 기드온 이후 잠시 암흑기간이 있었으나 그 기간은 그리 길지 않았습니다. 이스라엘의 범죄에 대한 보응은 아비멜렉을 통한 징계(삿 9:1-6)와 아비멜렉에 대한 하나님의 심판으로 일단락 되고(삿 9:50-57) 이스라엘에는 다시 평화가 왔습니다.

이 평화의 기간은 돌라(1,2절)와 야일(3-5절)이라는 사사가 연속하여 다스리는 45년 동안이었습니다(돌라는 23년, 야일은 22년을 다스림). 반면에 돌라와 야일 시대는 별로 큰 사건이 없어서 이 부분을 간단히 언급하겠습니다.

'매튜헨리'도 평화롭고 조용한 시대에는 역사가들이 별로 쓸 것이 없다고 말하였습니다.

1. 두 사사의 특징을 볼 수 있습니다(1-5절).

돌라와 야일이라는 두 사람의 사사에 대한 기록은 불과 다섯 절의 짧은 기록만을 남기고 있습니다. 그래서 이 짧은 기록은 두 사사가 다른 시대의 사사보다 전혀 두각을 나타내지 못한 듯이 보입니다. 하지만 그들은 아비멜렉과 같이 왕으로써의 권위를 갖고자 백성들을 선동하지도 않았고 명예에 얽매여 자신만을 위한 일도 하지 않았습니다. 다만 부르심을 받은 그 자리에서 아비멜렉의 사건으로 상처받은 이스라엘 백성들을 치료함으로써 받은바 사명에 충실하였습니다.

돌라는 불안에 떠는 이스라엘 백성들을 위로하고 평안하게 치료하였고, 야일은 치료받은 그들을 하나님의 뜻에 합당하도록 돌보는 일을 하였습니다. 4절에 보면 야일의 아들 삼십 명이 있었는데, 그들이 어린 나귀 삼십을 탔다고 했습니다. 이 말의 뜻은 그들이 아버지 야일을 도와 이스라엘 곳곳을 순회하며 어려운 일들을 돌보아 주는 직무를 성실히 수행했다는 말입니다. 야일은 이렇게 백성들을 돌보는 일에 봉사와 헌신을 아끼지 않았던 것입니다.

이상에서 보듯 누구든 꼭 위대한 업적을 남기거나 그 이름이 유명해져야만 자기의 본분을 다 하는 것이 아니라 문제는 각자에게 주어진 형편에서 얼마만큼 좋은 결실을 거두고 하나님께 기뻐하시는 삶을 이루느냐 하는 점입니다(마 25:14-30절).

2. 다시 범죄하는 이스라엘 백성들을 봅니다(6-9절).

조용하면서도 훌륭하게 이스라엘을 다스렸던 돌라와 야일의
영향력을 받아 하나님을 경배하던 이스라엘 백성들은 두 사사
가 죽자 다시 악한 길로 치닫게 되었습니다. 그들의 행위는 전
보다 더욱 심하여 바알과 아스다롯 등 전에 섬기던 신들 뿐만
아니라 인접 국가들의 여러 가지 새로운 우상들을 섬겼습니다.
그래서 하나님은 진노하시어 블레셋과 암몬 자손에게 고통을
당하게 하셨습니다(7절).

하나님이 저들에게 고통을 주시는 이유는, ①깨달음을 주시
기 위함과, ②겸손하게 하나님만을 의지하는 하나님의 사람으
로 만들기 위해서였습니다. 그러므로 지혜로운 자는 고통과 환
난 속에서 하나님의 사랑의 매의 뜻을 알게 되는 것입니다.

3. 고통 속에서 부르짖는 이스라엘 백성을 볼 수 있습니다 (10-16절).

이스라엘 백성은 환난을 당할 때 환난의 뜻을 알고 하나님께
부르짖어 회개하며 기도했습니다. 그 결과 16절에 보니 하나
님은 이스라엘의 곤고를 인하여 마음에 근심하였다고 했습니
다. 이 말의 뜻은 죄로 인해 상심하시는 것이 아니라 회개하는
이스라엘 백성에 대한 애끓는 사랑의 표현인 것입니다. 하나님
은 이렇게 회개하는 백성을 사랑하십니다.

존귀해진 입다 (사사기 11:1-11)

암몬 자손으로 인해 고통을 당하자 이스라엘은 하나님께 부르짖어 회개했습니다. 이 진실된 회개와 간구는 하나님의 마음을 움직였습니다(삿 10:10-16). 본 장은 이에 하나님께서 세우신 사사 입다가 암몬의 손에서 이스라엘을 구원해 내는 장면입니다. 입다는 다른 사사들과는 달리 매우 독특한 사사였습니다. 그는 다른 사사들과는 달리 하나님이 먼저 세워 주심으로 사사가 된 자가 아니었습니다. 길르앗 장로들이 입다를 전투 지휘관으로 먼저 선정한 것을 하나님이 후에 추인 해 주는 형식으로 사사가 된 자였습니다.

1. 그는 사람에게는 버림받은 자였으나 하나님께는 쓰임받은 자였습니다.

입다는 태어날 때부터 세 가지 불리한 조건을 가졌습니다. ①그는 기생의 아들이었습니다(1절). 그는 기생 즉 창녀의 몸에서 태어났습니다. ②그래서 그는 이복 형제들에 의해 쫓겨나 이방 땅인 돕 땅에 가서 살게 되었습니다(3절). ③그 결과 그는 잡류의 우두머리가 되었습니다. 행패나 부리며 약탈을 일삼는 무리가 되었다는 말입니다.

나중에는 그의 세력이 확장되어 그 일대에 명성을 날리게 되었던 것 같습니다. 그 이유는 암몬 족속에게 고통을 당하던 길르앗 장로들이 자기들이 쫓아낸 입다에게 가서 체면 불구하고 그의 도움을 청하였던 것을 보면 알 수가 있습니다. 그들은 "와서 우리의 장관이 되어 달라"고 했습니다. 사람들이 볼 때 가치가 없는 자 같아도 하나님은 그를 통하여 하나님의 큰 일을 이루게 하시기도 하십니다. 하나님은 "가난한 자를 진토에서 일으키시며 빈핍한 자를 거름더미에서 드사 귀족들과 함께 앉게 하시는(삼상 2:8)"분이시기 때문입니다.

2. 입다는 중대한 일로 하나님께 기도했습니다(11절).

그는 미스바에서 자기의 말을 다 하나님께 고하였다고 했습니다. 이 말은 그 직책을 받아 드려야 되는지의 유무, 전쟁 승패의 문제를 하나님께 구했다는 말입니다. 이렇게 예견하지 못하는 제의를 받았을 때 우리는 그 순서가 비록 하나님께 묻지 않고 승락한 일일지라도 나중에 하나님께 다 고하고 일을 시작하는 생활을 해야 합니다. 29절에 보면 "이에 여호와의 신이 입다에게 임하니라"고 했는데 이것이 입다의 기도에 하나님이 응답한 결과라 볼 수 있습니다. 자녀가 부모에게 모든 것을 다 고하듯 하나님께 고하면 하나님의 돕는 손길이 함께 하십니다.

3. 입다의 승리와 서원 이행을 볼 수 있습니다.

하나님은 입다와 함께 하심으로 암몬 족속과의 전쟁에서 이길 수 있게 하셨습니다(29, 32, 33절). 그런데 입다는 한 가지 큰 실수를 했습니다. 그것은 하나님께서 전쟁에 승리하게 해 주시면 제일 먼저 자신을 맞으러 오는 사람을 번제물로 바치겠다고 서원한 것입니다. 그런데 제일 먼저 입다를 맞으러 나온 사람은 바로 입다의 무남독녀였습니다. 입다는 무남독녀를 하나님께 바치는 고통을 겪어야만 했습니다(34-40절).

이런 풍습은 이방나라의 인신제사 풍습입니다. 하지만 몇 가지 교훈을 받아야 할 것은, ①서원은 경솔히 해서는 안 된다는 것과(잠 20:25), ②일단 하나님께 서원한 것은 자기에게 해로울지라도 지켜야 된다는 것(신 23:21-23)입니다.

에브라임의 불평 (사사기 12:1-7)

고대로부터 현대에 이르기까지 전쟁이 끝난 다음에는 그 전쟁의 공로에 따라 상벌을 주었습니다. 이 때에 많은 공을 세운 자는 많은 상을 받고, 작게 세운 자는 작은 상을 받았습니다. 그러나 작게 일하고도 많은 상을 차지한다거나 많은 공을 세웠는데도 작은 상을 받았을 때 분쟁이 일어나게 되는 것입니다.

오늘 본문에는 입다와 이스라엘 백성들이 암몬 족속과 싸워 이기자, 에브라임 족속들이 입다에게 암몬과의 전투에 왜 우리를 참전시키지 않았느냐고 시비를 걸었습니다. 이 시비가 발단이 되어서 입다가 속한 길르앗 과 에브라임과의 전쟁이 일어나 에브라임 사람 42,000명이 죽임을 당했습니다.

1. 에브라임은 불평했기 때문에 죽임을 당했습니다.

사사기를 잘 살펴보면 에브라임 사람들은 전형적으로 불평과 불만을 내뱉는 부류에 속한 사람들입니다. 그들은 이스라엘이 전쟁에 승리할 때마다 자신들을 싸움터에 데려가지 않았다고 불만을 털어놓았습니다. 먼저는 기드온이 미디안을 쳐서 멸했을 때 불평을 했습니다(삿 8:1-3). 그 때에 기드온은 온유함으로 저들을 달랬었습니다. 그런데 이번에는 입다가 암몬을 쳐서 승리하자 자신들을 참여시키지 않았다고 불만을 털어놓았습니다(1절).

그러나 이런 주장은 터무니없는 것이었습니다. 입다는 분명히 전쟁을 수행할 때 에브라임에게 도움을 청했었습니다(2절). 그 때에는 거절한 사람들이 이제 와서 불평을 하는 것은 입다의 승리를 시기하는 속셈임을 알 수가 있습니다.

이웃이 잘 될 때 시기하는 태도는 신앙 성장을 가로막는 큰 장애물입니다. 이런 삶의 태도가 바뀌어지지 않으면 결국 에브라임 지파가 동족에 의해 사만 이천 명이 살륙 당한 것처럼 모든 삶에 실패자가 되고 마는 것입니다.

2. 에브라임 지파는 잘못된 자존심 때문에 이웃의 기쁨에 동참하지 않았습니다.

사사 입다가 암몬 자손과의 전쟁에서 대거 승리하고 돌아왔을 때, 모든 이스라엘 사람이 기뻐했습니다. 하지만 자존심이 강한 에브라임 사람들은 같이 기뻐하지 않고 오히려 비난했습니다. 에브라임 지파는 이스라엘 지파 중에서 가장 큰 지파였는데 특히 여호수아가 에브라임 지파 출신이었다는데 큰 자부심을 가지고 있었습니다. 그런데 혼혈아이며 천한 신분인 입다가 사사가 되어 암몬 자손과 싸워 이겼다는 것이 자존심 상한 일이 되어 승리를 기뻐하기는커녕 입다를 비난하게 되어 불행을 자초한 것입니다.

예수님은 누구든 머리가 되려면 낮아지라고 하셨습니다(마 23:2-12). 잘못된 자존심은 이웃의 고난에 동참하지 않는 이기주의적인 태도인 것입니다.

3. 비방하는 말은 결국 말로써 스스로 올무를 만드는 것입니다(4절).

시편 기자는 "악인은 그 손으로 행한 일에 스스로 얽혔도다(시 9:16)"라고 했는데 남을 비난하기를 좋아하는 에브라임 족속은 길르앗 족속을 향하여 "너희 길르앗 사람들은 본래 에브라임에서 도망한 자로서 에브라임과 므낫세 중에 있다(4절)"고 비난했는데, 이 말의 내용은 입다를 중심으로 모인 길르앗 사람은 도망자라는 근거없는 말이었습니다. 그 결과 그들은 '십볼렛'이라는 발음을 못해 42,000명이나 죽임을 당했습니다. 성도들은 근거 없는 비난의 말을 조심해야 합니다.

삼손의 수태고지 (사사기 13:1-14)

입산, 엘론, 압돈 치하에서 25년간 태평성대를 누린 이스라엘은(삿 12:7-15) 다시 영적으로 헤이 해져 하나님께 범죄 하였습니다(1절). 이에 하나님께서는 40년간 이스라엘을 블레셋의 손에 붙이셨습니다. 바로 이런 블레셋의 압제 밑에서 신음하고 있었던 저들을 구원해 준 사사가 바로 삼손인데, 본문은 여호와의 사자가 마노아의 아내에게 나타나 이 같은 삼손의 잉태 소식을 전해주는 장면입니다.

1. 단 지파에 살고 있었던 마노아라는 자의 아내는 그녀가 곧 아들을 잉태하리라는 기쁜 소식을 들었습니다.

예로부터 동양사회에서는 여인이 아이를 낳지 못하면 큰 수치였을 뿐만 아니라 온 가정의 불행한 일로 여겼습니다. 마찬가지로 자녀의 다수를 곧 하나님의 축복과 부의 상징으로 여겼던 고대 이스라엘 사회 역시 그랬습니다(시 127:3-5). 때문에 이스라엘인들은 오랫동안 자녀를 낳지 못하다가 아이를 잉태하게 되면 하나님께서 그 아이에게 특별한 목적을 갖고 계신 것으로 생각하고 종종 하나님께 바치겠다고 서원기도를 하기도 했습니다(삼상 1:2). 이와 같이 하여 하나님께 바쳐진 자를 소위 나실인이라고 합니다. 물론 나실인은 단지 부모에 의해서 뿐만 아니라 자신의 자발적인 서원과(행 18:18) 하나님의 직접적인 명령에 의해서 되는 경우도 있었습니다.

본문의 삼손이 바로 하나님의 명령에 의해 나실인으로 구별된 자입니다. 하나님의 사자는 마노아의 아내의 고통을 알고 계셨습니다. 하나님은 우리의 고통을 보시고 계시는 분이십니다. 그러므로 우리는 고통 중에 있을 지라도 낙심치 말고 소망을 가지고 참고 기도하면 기쁨을 보게 됩니다.

2. 마노아는 아내의 말을 듣고 기도했습니다(8절).

가끔 신자들이 이상한 꿈을 꾸거나 신비한 체험을 하고 나서는 어떤 지시나 암시에 의해 무분별하게 행동하는 경우가 있습니다. 마노아처럼 신비로운 체험을 하나님께 확인해 보는 자세가 필요합니다. 마노아의 기도는 응답되었습니다(9절). 그래서 하나님의 사자가 다시 나타나 다시 기쁜 소식을 확인시켜 주었습니다. 그 때 마노아는 말씀대로 되기를 구했습니다(12절). 하나님은 먼저 약속하시고 성립시켜 주시는 분입니다. 그러므로 우리는 기도할 때 하나님의 약속을 붙잡고 믿고 기도해야 합니다. 시 91:15에 "저가 내게 간구 하리니 내가 응답하리라 저희 환난 때에 내가 저와 함께 저를 건지고 영화롭게 하리라"고 했습니다.

3. 마노아는 이 아이를 어떻게 기르며 어떻게 할 가를 물어 보았습니다(12절).

우리는 우리의 자녀를 어떻게 양육 하오리까를 하나님께 물어 보아야 합니다. 성도들은 어떻게 자녀를 양육해야 합니까?

①부모는 자녀를 하나님의 지시에 따라 교육해야 합니다. 그러므로 사도바울은 "자녀를 노엽게 말고 주의 교양과 훈계로 양육하라(엡 4:6)"고 했습니다. ②자녀 교육은 부모의 공동책임 하에 수행되어야 합니다. ③자녀 교육에 대한 핵심은 하나님께 대한 신앙교육이어야 합니다. 하나님은 마노아의 "어떻게"라는 물음에 "나의 명한 것을 다 지키라(14절)"고 하셨습니다.

이방 여인을 좋아한 삼손 (사사기 14:1-9)

삼손은 태어나면서부터 하나님께 바쳐진 나실인이었습니다. 그러므로 그는 나실인으로써 하나님이 원하시는 삶을 살아야 했습니다. 그러나 본문은 나실인의 언약을 여러 가지 면에서 지키지 못하는 삼손의 모습을 보게 됩니다.

1. 삼손은 블레셋 사람의 딸을 좋아했습니다(1-2절).

장성한 삼손은 블레셋 족속이 거주했던 딤나로 내려가서 그곳에서 한 블레셋 처녀를 보고(1절) 결혼하고싶어져 그 부모에게 허락을 구합니다(2절). 이에 삼손의 부모는 그 여인이 이방 여인임을 이유로 처음에는 반대하지만, 결국 삼손의 끈질긴 요구에 못 이겨 허락하고 맙니다(3,5절). 그런데 삼손이 이처럼 블레셋 여인과 결혼하려고 했던 것은 이방 여인의 미모에 이끌렸던 것 외에 또 다른 이유가 있었는데, 그것은 블레셋 여인과의 결혼을 통해 먼저 블레셋을 공격하려고 했던 것입니다(4

절). 그런데 4절 말씀을 보면 "이 일이 여호와께로서 나온 것이다" 했습니다. 이 말씀의 뜻은 삼손 개인적인 생각이 하나님의 경륜과 일치되고 있음을 말하는 것이 아닙니다. 나실인인 삼손이 이방 여인을 취한 것은 하나님의 명령에 명백하게 위반된 것입니다(출 34:15).

그러나 하나님은 삼손의 잘못된 행위 속에서도 당신의 뜻을 이루어 나가셨다는 말입니다. 이 같은 예는 출애굽 당시에도 애굽 왕 바로가 점점 마음을 강퍅하게 굳혀간 것을 이용하여 마침내 최후의 재앙을 당하여 완전 항복하게 만들어 이스라엘의 구원을 이루어 나가셨던 것에서도 볼 수 있습니다.

이와 같이 삼손 자신은 인간적 혈기로 이 일을 도모했으나 하나님은 당신의 뜻을 이루어 나가셨습니다. 실로 하나님의 섭리는 오묘합니다. 그러므로 우리는 기왕에 하나님의 도구로 쓰일 바엔 하나님의 뜻대로 살다가 선한 도구로 쓰임 받도록 힘써야 합니다.

2. 이렇게 실수했음에도 불구하고 하나님은 하나님의 구원의 역사를 이루기 위해 삼손에게 힘을 주셨습니다(5절).

삼손이 딤나로 내려가는 도중에 뜻하지 않게 사자를 만납니다. 그렇지만 하나님의 신에 감동된 삼손은 그 사자를 맨손으로 찢어 죽입니다(6절). 이러한 사건은 삼손이 얼마나 큰 힘을 소유했는지를 잘 보여 줍니다. 아마도 하나님은 특별한 은사로 삼손에게 어마어마한 힘을 주셨던 것 같습니다. 이것은 바로 블레셋을 크게 쳐부술 것을 보여 주는 하나님의 징조였습니다.

그러므로 삼손의 힘은 하나님의 역사를 이루어 나가기 위해 주신 하나님의 도구였음을 알 수 있습니다. 우리도 나약한 존재이지만 하나님이 함께 하시기만 하면 우는 사자와 같이 두루

다니며 삼킬 자를 찾는 우리의 영적 대적 마귀도 능히 쳐부수시고 승리할 수 있음을 믿으시기 바랍니다(엡 6:16; 벧전 5:8).

3. 죽은 시체를 만진 삼손을 볼 수 있습니다(8-9절).

얼마 후에 삼손이 블레셋 여인을 데려오려고 다시 가다가 보니 전에 찢어 죽인 사자의 몸에 벌들이 벌집을 만들어 꿀이 흐르는 것을 보고 삼손은 죽은 사자의 몸 속에 있는 꿀을 먹고 또 담아다가 부모에게 드렸지만 그 꿀이 어디서 났는지를 말하지 않았습니다. 말하지 않은 이유는 아마도 삼손이 죽은 시체를 만져서는 안 되는 나실인의 규례를 어겼기 때문인 것 같습니다(민 6:6-7). 이렇게 달콤한 향락에 취하면 영력도 잃고 마는 것입니다.

삼손의 복수 (사사기 15:1-20)

전장에서 우리는 블레셋 여인과 결혼했던 삼손이 그 아내의 배신과 블레셋 동무들의 부정에 분노를 느끼고 자기의 고향으로 돌아갔음을 보았습니다(삿 14:15-20). 그런데 얼마 후 다시 그 아내를 만나기 위해 딤나로 가는데(1절), 본문은 바로 그 때 발생한 사건입니다.

딤나로 내려간 삼손은 장인으로부터 그의 아내가 블레셋 사람의 아내가 되었다는 소식을 듣습니다(1,2절). 이에 이미 수수께끼 사건으로 인해 내심 불쾌하게 생각하고 있던 삼손은 이것을 기회로 블레셋 사람들에게 복수할 것을 결심합니다(3절).

그리하여 여우 3백 마리를 잡아 둘씩 꼬리를 묶고 거기에 횃불을 달아 곡식 밭으로 쫓음으로써 블레셋의 온 곡식단과 아직 베지 아니한 모든 곡식 및 감람원을 불살라 버립니다(4,5절). 그러자 이 사실을 안 블레셋 사람들은 삼손의 장인과 그 딸을 화형에 처해버립니다(7,8절). 우리는 본 장을 통해서 다음 몇 가지를 생각할 수 있습니다.

1. 어떤 면에서 삼손이 블레셋과 싸우는 행위는 단순히 사사롭고도 경솔한 보복적 행위로 보입니다.

그는 하나님의 사명을 받아 이스라엘을 원수의 압제에서 구출해 내야겠다는 사명적 생각보다는 그의 참지 못하는 혈기 때문에 블레셋 사람에게 복수를 했다고 볼 수 있습니다. 하지만 하나님은 이런 사건을 이스라엘을 구원하기 위한 기회로 활용하신 것임을 볼 수가 있습니다. 그렇다면 오늘날에도 하나님은 우리가 전혀 의식하지 못하는 가운데서도 하나님의 구원의 역사를 실행해 나가고 계시리라 봅니다. 그것을 믿는다면 우리는 선한 일에 쓰임 받는 도구가 되도록 노력해야 합니다.

2. 삼손은 블레셋 사람의 밭에 불을 지르고 그들을 죽인 연유로 맹렬한 추격을 받습니다(9절).

블레셋 사람들은 삼손을 잡기 위해서 유다 지파를 위협했습니다. 유다 지파는 블레셋 사람들에게 위협을 당하자 삼손을 넘겨주었습니다(10-13절). 여기서 그리스도의 모형을 볼 수 있습니다. ①그들은 삼손 한 사람을 잡기 위해 많은 군대를 보냈습니다. 우리 주 예수 그리스도를 잡으려 할 때도 많은 군대가 동원되었습니다. ②또 삼손은 자기 민족을 구원하려고 한 행동이었는데, 유다 민족은 그를 원수에게 넘겨주었습니다. 우리 주 예수 그리스도도 이스라엘 민족과 모든 민족을 구원하러 오셨지만, 소위 택한 민족이라 하는 유대 민족을 통해 로마인에게 넘겨져서 십자가에 못 박힘을 당하셨습니다. ③또 삼손은 그의 백성의 권고에 온순하게 복종하여 분노하고 있는 적의 수중에 넘겨진 것처럼(12,13절) 우리 주님도 도살장으로 끌려가는 양처럼 순순히 따르셨습니다. ④삼손이 두 줄로 꽁꽁 묶여 결박되어 블레셋 사람에게 넘겨졌을 때 하나님의 성령의 힘이 속박된 줄을 끊게 한 것처럼 예수 그리스도도 십자가에 못 박혀 죽으셨지만 사망 권세를 깨뜨렸습니다. ⑤삼손이 결박이 풀린 뒤 자신을 조롱한 블레셋 사람 1,000명을 당나귀 턱뼈로 물리친 것처럼 예수 그리스도의 십자가는 원수 마귀의 사망의 권세의 세력을 물리쳤습니다. 하나님의 능력이 역사 하시면 보잘것없는 턱뼈로 1,000명을 쳐부수고 승리할 수 있는 것처럼 성령의 역사는 모든 것을 이깁니다.

삼손의 비극 (사사기 16:1-22)

본 장은 삼손의 최후에 관한 기록입니다. 삼손이 비극의 최후를 맞이한 것은 육적 타락이 원인이었습니다. 삼손은 하나님의 능력으로 블레셋 사람들을 단번에 일 천 명이나 죽이는 큰 역사를 행했지만(삿 15:14-20), 그는 여전히 여자에 대해서 약점을 지니고 있었습니다. 또 삼손은 기생의 집을 출입하였는가 하면(1-3절) 음탕했던 소렉 여인 들릴라와 애정행각을 벌였습니다(4절). 그러자 블레셋 방백들은 들릴라를 돈으로 매수하여 삼손의 힘의 근원을 알아내게 하였습니다(5절). "음녀는 힘한 도랑과 같으며 하나님을 멀리하는 자는 거기에 빠지게 될 것이다"라고 했는데, 삼손이 바로 그 함정에 빠진 것입니다. 그 결과 그는 힘의 근원인 머리를 잘렸고(6-19절) 블레셋 인들에게 잡혀 두 눈이 뽑힌 채 맷돌을 돌려야 하는 신세가 되고 말았습니다(20-22절). 이상과 같은 사실에서 다음 몇 가지 교훈을 얻을 수 있습니다.

1. 죄의 결국은 패망이라는 사실입니다(롬 6:23).

삼손은 이미 딤나 여인과의 혼인으로 큰 교훈을 얻었고(삿 14:1-15:20) 또한 라사의 기생과의 관계를 통해서 하나님의 경고하심을 들었습니다. 그럼에도 불구하고 삼손은 자신의 성적 욕구를 자제하지 못하고 요부 들릴라와 관계를 맺음으로써 돌이킬 수 없는 수치와 형벌을 받은 것입니다. 들릴라는 돈이라면 무엇이든지 할 수 있는 여인이었습니다. 들릴라는 삼손이 술을 먹고 잘 때 삼손의 머리를 잘랐습니다. 그 결과 그의 힘의 근원은 떨어져 나갔습니다. 그렇게 힘있는 자가 한갓 여인에게 멸망당할 줄은 몰랐을 것입니다.

그러므로 우리는 작은 악이라 할지라도 능히 우리를 멸망의 자리로 끌고 갈 수 있음을 알아야 합니다. 또한 우리는 잠자고 있을 때에라도 원수들은 잠자지 아니한다는 사실을 명심하고 영적으로 깨어 기도해야 합니다.

2. 죄와 연합하여 죄를 대단치 않게 생각하는 사람은 결국 영적인 감각을 상실하게 된다는 것입니다.

즉 삼손은 자신에게서 이미 하나님의 능력이 떠났음에도 불구하고 그것을 여전히 깨닫지 못할 정도로 그 영혼이 무디어져 있었습니다(20절). 많은 사람들이 죄와 연합하여 회개하지 않고 같은 죄를 되풀이하는 동안에는 자기도 알지 못하는 사이에 영혼이 나태해져 가며 하나님이 주신 선물들이 시들해져 가는 것도 알지 못합니다. 뿐만 아니라 그 이유를 찾으려고도 않으며 그 은총을 회복하려고도 하지 않습니다. 그러므로 우리는 영적 감각을 잃지 않도록 항상 조그만 죄의 결과도 괴로워하고 다윗처럼 침상을 적시며 회개할 줄 알아야 합니다.

3. 죄의 속성은 처음에는 달콤하나 일단 거기에 빠지면 치명적으로 쓴맛을 보게 됩니다.

삼손의 애정행각은 실로 달콤하기 그지없는 것이었습니다. 하지만 종국은 두 눈이 빠지고 블레셋의 다곤 신전에서 맷돌을 돌리는 비참한 신세로 전락되고 맙니다. 죄의 결과는 이렇게 비참한 것입니다. 그러므로 우리는 죄를 조심해야 합니다.

미가의 우상숭배 (사사기 17:1-13)

사사기 전면에 걸쳐 나타나는 이스라엘 백성의 죄악은 우상숭배입니다. 삿 3장-16장까지 우리는 '범죄-징계-회개-구원-재 범죄'라는 악순환을 거듭한 이스라엘의 역사를 그때 그때마다 등장한 사사들을 중심으로 살펴보았습니다. 이제 본 장에서부터 마지막 장(21장)까지는 당시 백성들의 타락상을 묘사하

고 있습니다. 그 가운데서도 본문은 훗날 우상숭배의 온상 역할을 했던(삿 18:31) 미가의 신상이 만들어진 경위를 설명하고 있는 부분입니다.

1. 미가라는 자와 그의 어머니 사이에 불화가 있었습니다 (1절).

그 이유는 돈 때문이었습니다. 늙은 어머니가 근근히 생활해 오면서 모은 은 일천일백이나 되는 많은 돈을 아들이 훔쳤습니다. 이 일로 어머니는 은을 가져간 사람이 자기 아들인 것을 직감하면서 가져간 사람을 저주했습니다. 미가가 불효자가 되면서 어머니의 돈을 훔치게 된 것도, 아들에 대한 애정을 버리고 저주한 것도 다 돈에 대한 욕심 때문이었습니다. "돈을 사랑함이 일만 악의 뿌리가 된다"고 했는데, 이 돈에 대한 욕심이 얼마나 큰 재앙을 초래하며, 가족의 의무와 평온을 얼마나 파괴하였는가를 볼 수 있습니다.

선한 사람은 돈을 잃어 버렸을 때 속상해 하지만 악한 사람은 이렇게 저주합니다. 우리는 속상한 일을 당했을 때 저주하는 사람보다는 모든 것을 하나님께 맡기고 기도할 줄 아는 사람이 되어야 합니다.

2. 미가와 그의 어머니는 화해했습니다(2-6절).

미가는 그의 어머니의 낙심하는 모습과 저주를 듣고 두려운 마음이 생겨 돈을 돌려주었습니다. 악을 행하지 않은 것이 좋으나 악을 행했을 때는 회개하고 올바로 돌려주는 것이 좋습니다. 이에 미가의 모친은 심히 기뻐하며 그 중 일부를 취하여 우상을 만들었습니다. 이들은 여호수아와 사사들 이래 하나님께 반기를 든 첫 번째 이스라엘 사람들이었습니다. 그러므로 성경은 이 일을 특별히 언급한 것 같습니다. 아마 미가의 어머니는 잃은 돈을 찾으면 하나님께 바치겠다고 서약한 것 같습니다. 그러나 돈을 찾았을 때 하나님께 드린다고 하면서 신상을 만들었습니다. 이렇게 우상을 만든 것은 자신의 저주로 인해 아들이 화를 당하지 않도록 하기 위한 미신적 행위였습니다(3, 4절). 이것이 바로 사사시대의 종교적 상황이었습니다. 종교적으로 여호와 신앙과 우상숭배의 신앙이 혼합된 종교적 혼합주의가 심각했다는 점입니다. 비록 외양적으로는 여호와 신앙을 갖추었지만 내면에는 우상숭배가 만연했던 것입니다(삿 2:11-13). 그러므로 그 때는 자기 소견대로 행하였던 것입니다(6절). 오늘 우리의 신앙도 말씀 중심의 신앙이 아니라 내 소견에 옳은 대로 행하는 신앙은 아닌가 살펴보아야 합니다.

3. 레위 소년이 미가의 제사장이 되었습니다(7-13절).

미가의 어머니는 신당에 우상을 만들어 놓고 자기 아들을 제사장으로 세웠는데(1-6절), 미가는 또 떠돌이 레위 소년을 해마다 은 열과 의복 한 벌 그리고 식물을 주기로 약조하고 자기 집의 제사장으로 삼은 것입니다. 이 사실을 생각해 볼 때, ①레위 소년은 직분을 사명에서보다는 직업으로 여겼습니다. ②당시 이스라엘 백성들은 하나님을 섬기는 레위인을 푸대접했음을 알 수 있습니다. 이 모든 것은 타락의 결과들인 것입니다.

단 지파의 불 신앙 (사사기 18:11-31)

본문은 가나안 정복 당시 이미 소라와 에스다올 부근을 기업으로 차지했던 단 지파(수 19:40-46)가 그들 기업 내에 있던 아모리 족속의 강성함으로 인하여 대부분의 기업을 찾기 위하여 동분서주하는 장면입니다. 그래서 단 지파는 그들 가운데 용사 다섯 명을 선발하여 그들이 거할 만한 땅을 탐지하다가 그 용사들은 에브라임 땅에 있는 레위 소년이 제사장으로 있는 미가의 집에 이르러 유숙하게 됩니다(1절). 레위 소년 제사장은 그들의 앞날이 형통하리라고 복을 빕니다(6절).

정탐꾼들은 라이스라고 하는 땅을 정탐하고 돌아가서 군사 600명을 동원하여 라이스 땅을 점령합니다. 그런데 라이스 땅을 점령하러 가는 도중에 그들은 미가의 집에 들어가 신상을 훔치는 사건이 일어났습니다(21-26절).

1. 이것은 불 신앙의 행동이었습니다.

본문은 언뜻 보면 단 지파의 행동이 진취적이고 신앙에서 나온 행동 같지만 자세히 보면 불 신앙에서 나온 행동임을 볼 수 있습니다. 먼저 그들은 불 신앙과 불순종으로 아직 가나안 땅에서 자기의 기업조차 갖지 못했음을 보게 됩니다.

여호수아가 단 지파에게 할당한 땅은 아주 비옥한 땅이었습니다. 그런데 그 곳에는 철병거를 가진 아모리 족속이 살고 있었기에 그들은 아예 그 땅을 점령하려고 하는 열의를 가지고 있지 않았습니다. 가나안 입성시에 그들은 64,000명이나 넘는 군대를 가지고 있었지만 그들은 용기가 부족하였고 하나님께서 하신다는 믿음이 결여되어 있었습니다. 그 결과 그들은 하나님의 말씀을 따르기보다는 우상을 따르는 오류를 범하게 된 것입니다. 그래서 그들은 미가의 제사장과 우상을 훔친 것입니다(20절). 하나님의 말씀을 따르지 않으면 결국 우상 숭배자가 되고 만다는 사실을 명심해야 합니다.

2. 단 지파는 라이스를 점령했습니다(27-28절).

라이스 성은 쉽게 점령되었습니다. 그것은 하나님의 약속의 성취였습니다. 단 지파가 믿음을 가지고 나섰으면 벌써 점령될 땅이었습니다. 단 지파의 불신 때문에 아직까지 점령되지 않았던 것입니다. 믿음으로 순종하면 속히 이룰 것을 불신으로 더디어지는 과정에 고통을 당한다면 그것은 불신자 편에 책임이 있는 것입니다.

3. 단 지파는 점령한 라이스 땅을 단이라 이름 짓고 그 곳에 우상을 세웠습니다(30절).

그들은 600명이라는 적은 군사를 가지고 좋은 땅을 점령했으면 은혜를 베푸신 하나님께 충성을 했어야 했습니다. 그런데 그들은 하나님의 은혜에 감사하기는커녕 그곳에 우상숭배의 단을 세웠던 것입니다. 이 때부터 그 땅은 블레셋의 침략(삼상 4장)시까지 우상 숭배의 온상지가 되었습니다. 후에 여로보암은 단과 벧엘에 금송아지 산 당을 만들어 북 왕국 이스라엘 백성들을 온통 우상 숭배자로 만들었던 것입니다.

계시록 7:5-8절에 인 맞은 자를 계수 할 때 단 지파가 없는 것을 보면, 우상숭배에서 돌이키지 않은 단 지파를 하나님은 영원히 멸하신 것입니다.

도망간 레위인의 첩 (사사기 19:1-15)

삿 18장의 내용은 당시 민간에 퍼져 있던 우상 숭배의 경향을 말해 주고 있는 반면 본문 19장은 사사시대에 이스라엘 사람들이 도덕적으로 얼마나 부패하고 부도덕한 생활을 했는지에 대해서 말하고 있습니다. 그것은 다음 몇 가지 면을 살펴볼 때 그렇습니다.

①본문에 등장한 레위인이 첩을 둔 사실은 당시 이스라엘 사회가 종교적으로 불 경건했음을 시사한 것입니다(1절). ②그리고 레위인의 첩이 다른 남자와 간음하고 아비 집으로 도망간 사실이나 그 사실을 알고 있는 아비가 딸을 전혀 책망치 않는 가정의 윤리적 타락상을 볼 수가 있습니다(4-9절). ③기브아의 비류들이 동성연애를 즐겼음을 볼 수가 있고 레위인의 첩을 윤간한 사건을 보아 소돔과 고모라 성 사람보다 나을 것이 없음을 봅니다(10-26절). ④이러한 기브아인들의 만행을 고발하기 위해 자신의 첩의 시체를 열두 덩이로 쪼개 각 지파에 보낸 레위인의 잔인함을 볼 수 있습니다(27-30절). 이러한 일들을 살펴볼 때 그들이 종교적으로 도덕적으로 얼마나 타락했는가를 볼 수 있습니다. 이렇게 종교와 사회가 타락하면 나타나는 현상이 몇 가지 있습니다.

1. 성도덕이 문란해집니다.

인간 사회가 타락했을 때 나타나는 대표적인 타락의 모습은 성도덕의 문란입니다. 오늘 본문에 기록된 타락의 모습은 레위인이 성직자로서 애첩을 둔 것과 그 첩이 불륜을 저지른 데서 비롯된 것입니다(1-3절). 또한 기브아 비류들의 악한행위를 보

면 레위인의 첩을 밤새도록 윤간하여 죽게 했습니다. 본래 그
들은 여자를 원하는 것이 아니라 레위인을 원했습니다. 즉 남
색을 하려 했던 것입니다. 이것은 동성연애가 당시 이스라엘
사회의 성 풍습으로 유행했음을 보여 준 것입니다. 이처럼 인
간 사회가 타락하면 성도덕이 문란해지는 것입니다. 그러므로
바울은 이런 상태를 가리켜 "하나님을 알되 하나님으로 영화롭
게도 아니하며 감사치도 아니하고 오히려 그 생각이 허망하여
졌기 때문이라(롬 1:21절)"고 했습니다.

2. 가정과 사회가 파괴됩니다.

성도덕의 타락은 가정 질서의 파괴를 가져옵니다. 이처럼
타락한 가정은 원망과 다툼만 있을 뿐입니다. 레위인의 첩의
아버지가 행음한 딸을 책망치 않은 것이나(2-3절), 레위인을
가정으로 영접하여 대접해 준 기브아의 노인이 레위인을 내어
놓으라고 하는 비류들에게 딸과 첩을 내어놓으며 너희들 마음
대로 하라(24절)는 것들을 볼 때나, 기브아 비류들이 악행을
하는데도 불구하고 그들을 제지하거나 징계하는 자가 없었다
는 것은 가정과 사회의 질서와 도덕이 신앙적으로 완전히 무너
졌다는 증거인 것입니다.

3. 폭력이 난무하게 됩니다.

레위인의 애첩을 기브아 비류들이 윤간하여 죽이는 일(26
절)이나 격분한 레위인이 죽은 첩의 시체를 열두 덩이로 만들
어 각 지파에 보낸 일등은 상상하기조차 싫은 끔직한 일들입니
다(29절). 이 모두가 신앙적으로 타락했기 때문에 나타나는 사
회적 현상입니다. 이러한 상황이 우리 시대에 전개되지 않도록
말씀에 서서 철저한 회개가 있어야 합니다.

민족끼리의 대결 (사사기 20:8-23)

레위인의 첩에 대한 사건으로 인해 시신 조각의 진의를 알아보기 위한 이스라엘 총회가 미스바에서 모였습니다(1-3절). 그리고 레위인에게 사건 전말을 듣고(4-7절) 이스라엘 총회는 기브아에 대한 응징을 결의합니다(9-11절).

1. 그래서 이스라엘 총회는 공평한 처벌을 위해 기브아에 있었던 악한 자들을 넘겨 달라고 베냐민 지파에게 지시하였습니다(12-13절).

하지만 베냐민 지파는 이 제의를 거절하고 도리어 이스라엘 연합군과 전쟁을 하기로 결정하여 이제는 민족간의 전쟁이 시작되게 되었습니다(14-15절). 그런데 양자간에는 전쟁으로 치닫게 한 두 가지 실수가 있었습니다. 우선 총회는 기브아 거민이 소속한 베냐민 지파를 총회에서 배제하고선 편파적인 증언만 듣고 기브아를 응징하려고 했습니다.

이렇게 개인적인 감정이나 편견에 사로잡혀 일을 처리하는 것은 금물입니다. 하지만 베냐민 지파의 잘못도 컸습니다. 비록 그들이 다른 지파들의 증언을 청취하지 아니했다고는 하지만 어리석게도 총회의 의결을 거부하고 도리어 죄인들을 옹호하고 연합군에 대적하여 큰 전쟁을 일으켜 동족상잔의 비극을 낳고 만 것입니다. 더 중요한 것은 양쪽 모두가 이런 중요한 전쟁을 치르는데 있어서 하나님께 과연 이 전쟁을 해야만 되는지를 묻지 않았습니다. 그러므로 성도들은 항상 행여라도 하나님의 뜻을 거스르는 행위를 하거나 불의한 일에 동조하고 있지는 않은지 항상 자신을 살펴보는 사람이 되어야 합니다.

2. 1, 2차 이스라엘 연합군과 베냐민 지파 간의 전쟁은 연합군이 패배하고 말았습니다(18-25절).

왜 연합군이 숫자로도 훨씬 더 많았고 불의를 응징하는 전쟁이었는데 패하고 말았습니까? 그것은 하나님의 섭리 때문이었습니다. 베냐민 지파가 수적인 열세임에도 불구하고 두 번의 전투에서 승리할 수 있었던 것은 총회 연합군이 숫자의 힘만 믿고 하나님의 뜻을 묻지 않고 베냐민 지파를 단죄만 하려고 했기 때문이었습니다. 이러한 사실로 보아 성도들의 자기 성찰과 겸손이 얼마나 중요한 것인가를 알 수 있습니다(눅18:13-14절). 이제 연합군이 패하자 그들은 벧엘로 올라가 하나님께 금식하며 제사를 드립니다. 그 후에야 그들은 하나님께 승리의 응답을 듣습니다(26-28절). 이렇게 무슨 일을 시작하기 전에 하나님께 묻고 하나님의 지시를 받아 하나님의 능력을 힘입어 사는 삶이 얼마나 귀한 것인가를 알아야 합니다.

3. 최종적으로 연합군이 승리하게 됩니다(29-48절).

이제 하나님께 묻지 않고 하나님의 능력을 의지하지 않고 숫자만을 믿고 전쟁을 하다가 패한 이스라엘 연합군들은 하나님께 금식하고 통회하고 자복한 후에야(12-18절) 다시 출전하여 최종적인 전투에서 승리하고 맙니다. 그 결과 베냐민 지파는 2만5천명이 죽고 600명만 겨우 목숨을 부지하고 광야로 도망가 숨어 지내는 신세가 되고 말았습니다. 이렇게 연합군이 최종적으로 승리하는 것을 보고 깨닫는 교훈은 ①불의와 연합하고 불의를 옹호하는 자는 일시적으로는 승리하는 것 같지만 패배하고, ②하나님은 온전히 하나님만을 의뢰하는 자에게 최후 승리를 가져다줍니다.

백성들의 후회 (사사기 21:1-15)

자기 지파 내의 잘못을 인정하지 않고 도리어 군사를 모아 이스라엘 전 지파를 상대로 싸움을 벌였던 베냐민 지파는 600여 명의 생존자만을 남기고 모두가 전멸 당하고 말았습니다. 한편 그들을 섬멸했던 다른 지파들은 이제 그 분노가 가라앉게 되자 동족을 쳐죽였다는 슬픔에 모두가 벧엘에 모여 금식하며 대성통곡을 하게 되었습니다. 이것은 죄에 대한 분노에 대해서 후회를 한 것이 아니라 자신들의 지나친 행위에 대한 자책이었던 것입니다(2,3절). 그래서 그들은 하나님께 제사를 드리는 가운데 타개책을 찾았지만(4절), 이전 미스마 총회 때의 맹세(1,8절)로 인하여 별 묘안을 찾지 못하고 근심에 사로잡혔습니다(6,7절).

이들이 총회 때 맹세한 것은 두 가지였습니다. 첫째는 누구든지 베냐민 지파 에게는 딸을 주지 않겠다는 것이며, 둘째는 누구든지 베냐민 지파의 문제를 다루기 위해서 미스바 총회에 모이지 않는 자는 반드시 죽임을 당하게 하겠다는 것이었습니다(5절).

결국, 이 맹세로 그들의 총회에 참석치 못한 야베스길르앗 주민들을 쳐죽이고 처녀 400명을 데려다가 베냐민 자손의 남은 자에게 아내로 주게 되었습니다. 우리는 이상과 같은 본문에서 중요한 몇 가지 교훈을 얻게 됩니다.

1. 잘한 일 가운데서도 지나친 열심은 조심해야 합니다.

이스라엘 백성들은 비록 불의를 응징한다는 목적은 지녔지만, 인간적 혈기와 하나님의 뜻을 잘못 이해함으로 지파를 거의 멸절의 위기로까지 내몰았습니다. 이렇게 강렬한 격정은 반드시 후회를 초래합니다. 그러므로 하나님의 일을 하는 자들은 무슨 일에든지 먼저 하나님의 뜻을 헤아리고 인간적 감정과 판단에 사로 잡혀 실수하는 일이 없도록 해야 합니다. 하나님도 죄인을 벌하실 때 기쁜 마음으로 하시지 않았듯이 우리는 더 말할 나위가 없는 것입니다.

2. 죄악을 묵과하고 방조하는 일은 그 죄악에 상응한 대가를 받게 된다는 사실을 알아야 합니다.

즉 야베스길르앗 거민들은 비록 베냐민 지파의 범죄에는 참여치 않았으나 이스라엘 총회에 고의적으로 불참함으로 베냐민 지파의 죄악을 묵인 방조한 셈이 되고 말았습니다. 그래서 그들은 결국 징벌을 받아 완전히 멸망하고 말았습니다(8-12절). 개인의 자유도 중요하지만 이에 못지 않게 단체로서 규범도 중요하다는 것을 알아야합니다. 개인주의는 이렇게 화를 자초하는 것입니다. 그러므로 성도들은 자신의 죄는 물론 공동체의 죄에 대해서도 적극적인 척결 의지를 지녀야 할 것입니다.

3. 베냐민 지파의 보존책이 의논되어졌습니다(13-25절).

자신들의 과오를 깨달은 백성들은 림몬 바위 근처에 피신한 베냐민 지파의 생존자들에게 평화를 선포했습니다(13절). 그리고 남은 자들을 보존하기 위해 야베스길르앗을 응징할 때 사로잡은 400명의 처녀(14,15절)와 하나님의 절기에 춤추려 나온 실로의 처녀 200명을 납치하여 아내로 삼게 하여 혈통을 유지하게 했습니다(16-22절). 하나님의 법이 깨뜨려진 곳을 회복하기 위해 불합리함이 계속되었습니다. 이 불합리함을 해결하기 위해 예수그리스도가 대속 제물이 되신 것입니다.

슬픔을 당한 나오미 (룻기 1:1-14)

룻기 서는 사사시대에 이스라엘의 한 가정을 중심으로 일어난 일련의 사건들을 기록한 책으로써 사건들의 배후에 역사 하시는 하나님의 섭리와 인도하심을 보여주고 있습니다.

본문에는 그 사건들의 첫 부분인 엘리멜렉의 가족의 모압 이주와 그 곳에서 당한 가정의 불행에 대해서 기록하고 있습니다 (1-5절).

그 가정의 불행은 엘리멜렉의 죽음과 그 후 십 년도 못되어 두 아들마저 죽은 일입니다(3,5절). 따라서 모압 땅에는 나오미와 두 며느리만이 남게 되었습니다.

이 사건은 사사들이 다스리던 시절에 일어났는데 아마 사사들이 다스리던 초창기 때의 사건인 것 같습니다. 왜냐하면 나오미의 며느리 룻과 결혼한 보아스는 기생 라합의 아들이었기 때문입니다. 말씀을 살펴봅시다.

1. 가나안 땅에 흉년이 들었습니다(1절).

이스라엘 땅에 흉년이 든 것은 아마도 그들의 죄에 내린 하나님의 심판으로 볼 수 있습니다. 하나님을 떠나 자기들이 옳다고 생각되는 소견대로 행한 대가로(삿 21:25) 하나님께서 내리신 징벌이었던 것으로 보입니다. 그 땅은 본래 젖과 꿀이 흐르는 땅이었습니다. 그런데 이렇게 기근이 심했던 것은 그 동안 기름진 땅이 됨으로써 생겨난 허영과 방종을 고치기 위한 것이었습니다. 그러므로 우리는 우리의 삶에 흉년이 들 때 자신들의 삶을 돌아보면서 하나님을 떠났던 죄를 진정으로 회개해야만 합니다. 그래야 하나님은 우리의 기근을 전처럼 기름진 삶으로 회복시켜 주실 것입니다.

2. 여기에 기근으로 고통 당하고 있는 한 가정의 이야기가 나옵니다.

그 가정은 엘리멜렉의 집입니다. 엘리멜렉이란 뜻은 "하나님은 왕이시다"는 뜻입니다. 이것은 사사시대의 사람에겐 적합한 이름이었습니다. 하나님이 그들의 왕으로 다스릴 때였기 때문입니다. 그들은 기근 가운데서도 평안을 얻었어야만 했습니다. 그 이유는 그들의 왕이신 하나님을 끝까지 신뢰했어야만 했기 때문입니다. 그리고 하나님께 회개하고 용서를 간구함으로써 징벌을 속히 거두어 달라고 했어야만 했습니다.

그럼에도 불구하고 엘리멜렉은 하나님께서 기업으로 주신 약속의 땅을 져버리고 흉년을 피하여 이방인 땅으로 이주하였습니다. 모압 땅에는 풍족함이 있었습니다. 하나님의 섭리는 가끔 이방인들에게 더욱 풍성히 주실 때가 있습니다. 그러나 믿는 자가 먹을 것을 위해 신앙을 생각지 않는 것은 옳은 삶이 아닙니다. 그는 그 자리를 피함으로써 어려움을 극복할 수 있을 것이라고 생각했는지도 모릅니다. 하지만 그 가정은 모압 땅으로 이주하여 더 큰 환난을 겪었습니다. 그러므로 성도들은 자신에게 닥친 환난을 믿음으로 극복하지 못하고 하나님과의 관계를 포기하고 세상으로 향할 때는 도리어 온갖 불행한 사태를 맞이할 것임을 알아야 합니다. 그러므로 환난 당할 때 더욱 하나님께 기도하여 믿음으로 이겨야 합니다.

3. 온갖 시련을 겪은 나오미는 다시 가나안 땅으로 돌아가기로 결심합니다(6-14절).

나오미는 유다 땅으로 귀향 채비를 차리고(7절) 두 며느리에게 고향으로 돌아가라고 권면합니다. 그런데 오르바는 돌아가지만 룻은 시어머니를 따라 이스라엘 백성이 될 것을 결심합니다. 이 사람이 바로 예수님의 족보를 이어나가는 이방여인입니다. 개인 가정의 인간사 배후에는 하나님께서 구속사를 이끌어 가시는 섭리를 봅니다(마 1:5-7).

보아스와 룻 (룻기 2:1-13)

시모를 따라 베들레헴에 온 룻이(룻 1:6-22) 보아스와 만나는 극적인 장면이 본장에 기록되어 있습니다. 시어머니를 따라 베들레헴에 오기는 했지만 빈궁한 살림을 감내하지 않으면 안 되었습니다. 그렇지만 그녀는 결코 후회하거나 불평하지 않았으며 그녀가 할 수 있는 한 최선을 다해 시모를 공경하고자 했습니다. 그녀의 그러한 효성과 열심은 이삭줍기와 같은 비천한 일도 마다하지 않았습니다(1,2절). 이삭줍기에 나선 룻은 하나님의 인도와 섭리하심 속에 엘리멜렉의 친족이었던 보아스의 밭에 이르렀고(3절) 때마침 밭에 나온 보아스와 상면하게 된 것입니다(4-7절). 이 말씀을 통해 몇 가지를 살펴보려고 합니다.

1. 나오미의 친족 중에는 부유하고 유력한 보아스라는 자가 있었다는 사실입니다.

사실 룻은 보아스와 엘리멜렉이 친족관계에 있다는 사실을 자신이 시모에게 보아스를 만난 것을 고할 때까지(19,20절) 알지 못했습니다. 보아스는 여리고 기생 라합이 낳은 살몬의 아들이었습니다. 보아스는 위대하고 부유한 사람이었으나 가난한 친족들을 갖고 있었습니다.

모든 나무 가지가 다 꼭대기 나무 가지는 될 수 없습니다. 그렇듯이 아무리 위대한 사람일지라도 자기의 친족 중에 어떤 사람이 비천하고 보잘것없는 사람이었다고 해서 부끄럽게 여기거나 거만하거나 경멸해서는 안됩니다. 반면에 나오미는 가난하고 비천한 과부이긴 했지만 부유한 친족을 가지고 있었습니다. 하지만 그녀는 그것을 뽐내지도 않았고 부담을 느끼게 하지도 않았습니다. 사람을 의지하는 것은 크게 어리석은 일입니다. 우리는 오직 하나님만을 의지하고 살아야 합니다.

2. 이삭을 줍기 위해 밭으로 나간 룻은 우연히 보아스의 밭에 이르렀습니다(3절).

물론 여기서 '우연'이라는 말은 룻의 입장에서 볼 때를 가리킨 말입니다. 그러나 사실 그 우연 속에는 룻을 통해 하나님의 뜻을 이루시고자 하신 하나님의 주도면밀한 계획이 있었습니다. 하나님은 당신을 공경하고 또한 시모를 봉양하기 위해 최선을 다한 룻에게 좋은 것으로 채워 주시고 구속사의 중심인물이 될 수 있도록 섭리하셨습니다. 이처럼 성도들에게 일어나는 일들 가운데에도 우연한 일들 같지만 하나님의 필연의 섭리가 있으신 것입니다. 그러므로 성도들은 자신이 처한 삶 가운데 무슨 일에든 최선을 다하여 하나님의 뜻이 무엇인가를 발견하도록 힘써야 합니다.

3. 보아스는 신앙의 사람이었습니다(4절).

보아스가 벌판에 나왔을 때 그는 일군들에게 "여호와께서 너희와 함께 하시기를"이라고 인사하자 일군들도 "여호와께서 당신을 축복하시기를"이라고 답례했습니다. 이는 보아스가 평소 고용된 일군들과 좋은 관계를 맺고 있었다는 증거입니다. 뿐만 아니라 보아스는 따뜻하고 인정 많은 사람이었습니다. 그것은 그가 가난한자에게 인색하지 않았다는 점입니다. 그래서 룻에게 여기서 떠나지 말고 다른 밭으로 가지 말라고 했습니다(8절). 이는 룻이 낯선 이 지방에서 아무 밭에 나갔다 혹 냉대를 받을까 염려하여 한 말입니다. 룻은 보아스의 호의에 놀라며 감사하게 받았습니다(10,13절). 은혜를 당연한 것처럼 누리지 않았고 그 같은 은혜를 입기에는 자신이 하잘 것 없는 존재임을 인식하며 겸손과 감사함으로 받았습니다. 하나님은 이렇게 은혜를 은혜로 아는 겸손한 자에게 합력하여 선을 이루게 해 주십니다.

나오미의 사랑 (룻기 3:1-13)

본 장은 며느리 룻에게 큰 친절을 베푼 보아스(룻 2:1-7)가 기업 무를 자인 것을 알게 하고 룻을 보아스와 재혼시키기 위해 시어미 나오미가 계획을 세우는 장면입니다.

1. 시어머니 나오미는 룻을 안락하게 해주기 위해 세심한 노력을 기울였습니다(1-4절).

나오미는 룻으로 하여금 밤에 보아스가 자고 있는 타작마당에 가서 그의 발치에 누웠다가 그가 하는 말을 듣도록 지시하였습니다. 이 말씀 속에서 우리는 먼저 룻을 위한 시어머니의 자기 희생적인 사랑을 보게됩니다. 사실 나오미는 일찍 남편과 두 아들을 잃고 오직 룻만 의지하면서 그의 남은 생애를 외롭게 보내고 있었습니다. 그럼에도 불구하고 나오미가 룻의 재혼을 추진했다는 사실은 그녀가 자신만의 유익을 위하는 이기적인 사람이 아니라, 다른 사람의 행복을 위해서라면 자신의 행복도 버릴 수 있는 헌신적인 사랑의 소유자임을 보여준 것입니다. 이러한 나오미의 모습은 오늘날 자신의 유익을 위해서라면 수단과 방법을 가리지 않고 다른 사람의 행복까지 파괴하는 일을 서슴지 않는 현대인들에게 큰 교훈을 주는 것입니다.

2. 시어머니의 말에 전적으로 순종하는 룻의 순종을 보아야 합니다(5-9절).

사실 룻에 대한 나오미의 지시는 이스라엘의 오랜 관습인 고엘 제도였습니다. 고엘 제도란 친족들 사이에 지켜야할 권리와 의무에 관한 제도였습니다. 고엘 제도의 관습은 몇 가지의 조항이 있는데, 첫째로 근족이 땅을 팔 경우 그것을 일정 기간 후에 대속해 주어야 한다는 것(렘 25:23-34), 둘째로 근족이 노예가 되었을 경우 그의 자유를 대속해 주어야 된다는 것(레 25:47-55), 셋째로 근족이 살해당했을 경우 그의 복수에 대한 책임이 있다는 것(민 35:16-28), 네 째로 근족이 자식이 없이 죽었을 경우 그 남은 과부와 결혼하여 그의 기업을 물려야 한다는 것(신 25:5-18) 등이 있습니다.

이 네 번째 조항이 바로 기업 무를 자의 조항(9절)인 것이었습니다. 그런데 룻은 모압 여인이었습니다. 이방문화에 젖었던 룻에게는 이런 일은 납득이 안 갔을 것입니다. 10절에 보니 보아스는 나이 먹은 자였습니다. 그럼에도 불구하고 룻은 한마디 불평없이 시어머니 말에 순종했습니다.

이러한 공경과 순종은 하나님과 성도간의 관계에서 요구되는 자세입니다. 현실적으로 불가능한 일이지만 룻이 나오미에게 순종했듯이 그리스도는 십자가 지는 일까지『예』하고 순종하셨습니다. 그러므로 고후 1:20절에 "하나님의 약속은 얼마든지 그리스도 안에서 예가 되니 그런즉 그로 말미암아 우리가 아멘 하여 하나님께 영광을 돌리게 되느니라"고 했습니다. 십자가 지라는 말씀까지『예』하고 지시며 죽기까지 순종하신 그리스도를 본받아 무슨 일에든지『아멘』하고 순종하면 하나님께 영광 돌리는 삶을 산다는 말씀입니다. 동시에 하나님의 말씀에 순종하는 삶은 축복이 되는 것입니다.

3. 말씀에 순종하는 보아스의 성실한 신앙을 보게됩니다 (10-13절).

보아스는 인간적인 이해 관계에 얽매이기보다는 하나님의 율법을 성실히 지키고, 어려운 처지에 있는 사람을 멸시하기

보다는 도와주려고 했습니다. 그러므로 룻의 요청을 즉시 받아
들였습니다. 자신의 이해 타산을 쫓지 않고 기업 무를 자가 됨
을 약속했습니다. 우리도 보아스처럼 말씀에 순종하는 사람이
되어야 하겠습니다.

다윗의 조상이 된 룻 (룻기 4:7-22)

본문에서 보듯이 룻의 자기 희생적인 삶과 사랑은 마침내 본
장에서 하나님의 보상을 받게 됩니다. 보아스는 먼저 성문에
올라가서 성읍 장로 10명을 초청한 가운데 엘리멜렉의 친족
가운데 가장 가까운 자를 만나 기업 무르는 일을 의논하였습니
다(1-5절). 그러한 가운데 그 친족이 자신의 권리를 포기함으
로써 보아스는 기업 무를 자의 권리를 취하고 룻과의 결혼을
정식으로 선포하고 결혼하여(6-13절) 오벳이라는 아들을 낳았
는데, 그가 바로 다윗의 할아버지가 되었습니다(18-22절). 본
문을 통해 몇 가지 교훈 받을 점은 다음과 같습니다.

1. 기업 무를 자가 된 보아스에 대해서 생각해봅시다.

기업을 무를 자란 형제나 친족이 어려움에 처해있을 때, 그
것을 해결해 주어야 하는 구속자입니다. 따라서 기업 무를 자
는 대개 손실을 보는 것이 일반적입니다(레 25:25-28). 그 중
에서 계대 결혼의 의무까지 수행해야 하는 입장일 때는 더욱
그렇습니다(신 25:5-10). 보아스인 경우는 룻과 결혼하게 되

면 그 기업이 자기 재산이 되는 것이 아니라, 룻이 낳은 아들의 것이 되기 때문입니다. 그와 같은 이유로 엘리멜렉의 가장 가까웠던 친족은 처음에는 단순히 자신의 유익이 되는 권리를 행사하려 했다가 나중에는 손해가 될 것 같으니까 그것을 번복하여 자신의 권리를 그 다음 권리가 있는 보아스에게 넘기고 말았습니다(4-6절). 하지만 보아스는 자신에게 큰 손실이 미칠 것이 뻔함에도 불구하고 자신에게 돌아온 의무를 성실히 수행 할 것을 선언했습니다. 그와 같은 희생정신은 그로 하여금 장차 이스라엘의 가장 위대한 왕 다윗의 조상이 되게 하였습니다(마 1:5-6절). 하지만 엘리멜렉의 친족이었던 사람은 자신에게 미칠 눈에 보이는 손해를 이유로 자신에게 부여된 권리를 포기함으로 자신에게 돌아갈 수 있었던 영적 축복을 놓치고 말았습니다.

2. 보아스는 룻을 아내로 취했습니다(13절).

경건한 개종자인 룻은 하나님께 충분한 상급을 받게 되었습니다. 이제 룻은 이삭줍는 자에서 그 밭의 종들에게 명령을 내리는 위치가 되었습니다. 뿐만 아니라 룻은 어머니가 되었습니다. 하나님께서는 그전에 잉태치 못했던 룻의 태를 열어 잉태케 함으로 자녀의 즐거운 어미가 되게 하셨습니다. 시 127:3절에 "태의 열매는 상급"이라고 하신 것처럼 그녀는 하나님께 큰 상급을 받은 것입니다. 더 나아가 그의 아들 오벳은 후에 다윗의 할아버지가 되었습니다. 동시에 예수 그리스도의 혈속이 되었습니다. 얼마나 귀한 족보입니까? 우리는 이런 신앙의 족보를 사모해야 합니다. 이렇게 이방 여인을 통해 예수 그리스도의 구속사가 이어져 나갔다는 사실은 하나님의 구원은 혈통이나 인종, 신분에 따라 이루어지는 것이 아니라 하나님의 전적인 은혜로 이루어짐을 알 수 있습니다.

3. 룻은 여전히 시어머니를 잘 섬겼습니다.

룻은 결혼하여 시어머니를 잊기는커녕 이전 보다 더 잘 섬겼습니다. 14절에 여인들이 나오미에게 축하한 것을 보면 룻과 나오미의 관계는 시종여일한 것 같습니다. 특히 아들을『오벳』이라 지었는데, 그 뜻은『종』이라는 뜻입니다. 이것은 유능한 종이 되어 할머니를 잘 공양할 것을 내다보고 지은 이름입니다.

사무엘상

한나의 서원기도 (사무엘상 1:9-18)

사무엘상은 이스라엘이 언약 백성으로 태동된 때 즉 모세 때부터 사무엘에 이르기까지 이어져온 신정체제가 끝나고 이스라엘에 왕정체제가 수립되는 과정을 다루고 있습니다.

이러한 의미에서 볼 때 본 장은 신정체제하에서 이스라엘의 마지막 사사로서 이스라엘 왕국이 태동되는데 산파 역할을 담당했던 마지막 사사이며 선지자인 사무엘의 출생에 관해 언급하고 있습니다.

본문을 보면 먼저 사무엘이 혈통적으로 레위 자손임을 증거하고 있습니다(1절). 이는 그가 장차 이스라엘의 영적 지도자로 활약하는데 신분적 하자가 없음을 의미합니다(민 3:1-4:49).

다음으로는 사무엘의 부친 엘가나가 레위인으로서 하나님을 섬기는데 경건하고 성실한 자였음을 보여줍니다(3절). 그런데 이와 같이 경건한 제사장임에도 불구하고 축첩 행위를 했던 것을 볼 때 사사시대 말기가 얼마나 도덕적으로 영적으로 암흑기였다는 것을 알 수 있습니다. 그로 인해 엘가나의 가정은 가정 불화를 겪게됩니다(4-8절). 그 이유는 한나는 자식이 없었는데 첩 브닌나가 아들을 낳은 것을 기화로 한나를 괴롭혔기에 한나는 불행 중에 있게 되었습니다. 그런데 한나는 불행을 축복으로 다시 바꾸었습니다. 그러면 그 비결은 무엇입니까?

1. 괴로울 때 한나는 기도하였습니다(10절).

마음이 괴로울 때 대부분의 사람들은 화를 내거나 술을 먹거나 푸념을 해서 그것을 해소하려고 합니다. 하지만 한나는 괴로움을 그런 방법으로 처리하지 않았습니다.

그는 하나님의 성전에 나가서 통곡하며 기도했습니다. 간절한 기도는 반드시 응답되어집니다. 그녀가 얼마나 간절히 몸부림쳐 기도했으면 엘리가 술 취한 여자로 보았을 정도로 그는 사람을 의식하지 않고 오직 하나님 앞에서만 기도했던 것입니다. 예수님께서도 사람을 의식했던 바리새인의 기도보다는 하나님만을 의식하며 하나님 앞에서만 기도하는 세리의 기도(눅 18:10-13)를 하나님께서 들으셨다고 하셨습니다.

2. 서원 하여 기도했습니다(11절).

하나님께서 주시는 어떤 자비를 얻고자한다면 우리는 우리의 심령을 바쳐 기쁜 마음으로 하나님을 섬겨야 함이 마땅합니다. 한나는 아들을 낳으면 하나님께 바친다고 서원 했습니다. 자비를 얻으려면 이렇게 의무를 다해야 합니다.

3. 그녀는 하나님의 종의 축복을 받고 그대로 이룰 것을 믿었습니다(17-18절).

그녀가 기도하는 모습을 본 엘리는 한나를 술취한 여인으로 간주하고 꾸짖었습니다. 하지만 이것은 엘리의 실수였습니다.

한나의 기도는 조용하고 침착했다는 것을 주의 깊게 보았어야 했습니다. 그러므로 우리는 다른 사람들의 경건한 행동을 비난 하지 않도록 주의해야합니다. 엘리는 자기의 판단의 잘못을 깨 닫고 한나를 축복했습니다. 문제는 이 축복을 받은 자의 합당 한 자세입니다. 한나는 이 축복을 받고 얼굴에 다시는 수색이 없었습니다(18절). 이는 하나님의 종의 축복을 그대로 믿었다 는 말입니다. 하나님은 이 믿음을 보시고 아들 사무엘을 주셨 습니다(19,20절). 믿음으로 얻어지는 자식은 훌륭한 자녀가 되는 경우가 많습니다.

엘리의 가정과 사무엘의 가정

(사무엘상 2:12-26)

지금까지 우리는 사무엘 출생의 배경과 사무엘이 장차 어떠 한 사역을 감당하게 될 것인지를 살펴보았습니다. 그런데 본문 에선 당시 제사장이었던 엘리의 두 아들 홉니와 비느하스의 극 도로 타락한 모습과 하나님 앞에서의 매우 모범적이었던 사무 엘의 모습이 대조적으로 기술되고 있습니다.

1. 홉니와 비느하스는 제사장의 아들들이었으면서도 하 나님을 대적했습니다(12-17절).

가장 경건해야 할 제사장의 아들임에도 불구하고 그들은 영 적으로 도덕적으로 극도로 타락했습니다.

①그들은 하나님을 멸시했습니다. 그들은 하나님께 드리는 경건한 제사를 무시했습니다(17절). 하나님께서는 자신의 성물이나 제물을 함부로 취급하는 자를 용서하지 않았습니다(출 30:32-33절). 그런데도 그들은 하나님께 드리는 제물을 경건하게 다루지도 않고 그들의 욕심만을 채우기 위해 제물을 욕되게 했습니다(14-15절). 하나님의 제물을 욕되게 하는 자는 하나님을 욕되게 하는 것과 같습니다. 그러므로 우리가 하나님께 드리는 예물은 정성을 다해 드려야 합니다.

②그들은 직권을 남용했습니다. 그들은 하나님의 영광을 위하여 제사장 직분을 사용한 것이 아니라 자신들의 이기심과 욕망을 채우기 위해 그 직분을 남용했습니다.

③그들은 율법을 고의적으로 어겼습니다(16절). 율법에 의하면 기름을 제단에 먼저 드리고 그 다음에 제물을 제사장과 헌제자가 분배하도록 되어 있는데, 이 같은 절차를 밟지 않고 그의 사환을 보내어 기름과 그들의 분깃을 요구했습니다. 이것은 하나님께 불경죄가 될 뿐만 아니라 율법에 대한 불순종의 죄를 범한 것입니다. 하여튼 그들은 하나님을 경외하는 마음도 없이 직분을 이용하여 그들의 사리 사욕만을 채웠습니다. 이렇게 하나님을 생각지 않고 자기의 권리만 생각하는 사람들은 오늘도 하나님을 멸시하며 사는 것입니다.

2. 엘리는 제사장이었으면서도 자녀에게 신앙교육의 유산을 남겨주지 못했습니다(22-25절).

엘리는 자신은 공의롭게 살려고 노력했는지 모르지만 자녀교육에 실패함으로써 가문 전체의 파멸을 초래케 했습니다. 그는 하나님보다 자식을 더 소중히 여겼고 그 아들들이 제사장직을 경홀히 여기며 죄를 짓는데도 이를 금하지 못하는 무기력한

어버지였습니다.

이렇게 두 아들에 대한 가정교육 실패는 가문의 파멸뿐만 아니라 블레셋과의 전쟁에서 패해 언약궤를 뺏기는 민족적 비극까지 야기 시키고 맙니다(삼상 4:12-22절). 혹시 당신도 자녀를 너무 사랑한 나머지 참된 신앙을 교육하는 일에 등한히 하고 있지는 않습니까?

3. 사무엘의 부친 엘가나와 한나는 사무엘이 어릴적부터 지극한 관심과 애정으로 돌보는 일을 게을리 하지 않았습니다(19절).

한나에게 있어서 사무엘은 정말 소중한 아들이었습니다. 그러나 그는 자신의 기쁨에만 만족하지 않고 그 기쁨을 하나님께 돌리기 위해 서원을 이행하여 하나님께 아이를 드렸습니다(11절). 뿐만 아니라 에봇과 겉옷을 만들어 줌으로써 하나님께 영광을 돌릴 수 있는 아들이 되기를 힘썼습니다(19절). 이렇게 서원을 이행하는 한나에게 하나님은 더 많은 자녀 세 아들과 두 딸을 낳게 하셨습니다(21절).

사무엘의 소명 (사무엘상 3:1-14)

전장에선 타락한 엘리의 두 아들과는 대조되는 사무엘의 경건성에 대해서 살펴보았습니다. 이제 본문에서는 마침내 하나님께서 이스라엘의 타락한 시대 상황을 개혁하기 위해 준비하

신 사무엘을 부르시는 장면입니다. 하나님은 때때로 하나님의 사역을 위해 사람을 준비하실 때가 있으십니다. 모세를 쓰기 위해 바로의 왕궁과 미디안 광야에서 40년을 준비시키신 것이 좋은 예라고 볼 수 있습니다. 지금의 내 삶이 혹시 하나님의 사역을 위해 준비시키고 있는 삶은 아닌가를 살펴보고 방향을 잡아 나가야 합니다. 이렇게 준비하신 사무엘을 하나님께서 부르실 때는,

1. 말씀이 희귀한 때라고 했습니다(1절).

하나님께서 사무엘을 부르실 때는 영적으로 매우 암울한 시기였습니다. 특히 제사장 엘리는 늙어서 눈이 어두워 잘 보지 못한다고 했습니다(2절). 영적 지도자가 눈이 어두워 보지 못한다는 것은 영적 육적으로 어두운 시기라는 말입니다. 그 결과 하나님과의 인격적인 대화가 단절되어 하나님의 말씀을 분별할 수 없었습니다(5절). 여호와의 말씀이 희귀했다는 말 중 '희귀하다'는 말은 '귀한', '보배로운' 등의 뜻으로서 보석을 수식할 때 쓰는 말입니다. 다시 말하면 말씀의 기갈을 말합니다. 이렇게 이스라엘 백성은 말씀이 희귀하자 주변의 것을 바라보았습니다. 정치적으로 왕을 구해 강한 민족을 세우려 했으며(삼상 9:19) 종교적으로 바알을 섬겼습니다(삼상 12:10절). 또한 이상(異像)이 보이지 않았다(1절)는 말은 하나님이 주신 신적 계시가 보이지 않았다는 말입니다. 이것은 당시 하나님의 계시 즉 말씀에 무관심했다는 말을 의미합니다. 바로 이러한 때에 사무엘은 하나님의 말씀을 사모하는 마음을 가졌음으로 하나님은 사무엘을 부르셔서 소명을 맡기셨습니다. 우리에게도 말씀과 이상이 보이지 않는 상태가 오면 안됩니다. 그러므로 우리는 부지런히 말씀을 사모해야 합니다.

2. 이러한 때에 하나님의 말씀은 사무엘에게 들려졌습니다(3-9절).

하나님이 사무엘을 부르실 때는 한 밤중이었습니다. 하나님의 등불이 꺼지지 아니했을 때(3절) 라고 했으니 한 밤중이었던 것 같습니다. 사무엘이 그 시각까지 잠자지 아니한 것을 보니 다음날을 준비하기 위해 열심이었던 것 같습니다. 이처럼 우리의 의무를 다할 때 하나님께서는 찾아오십니다. 그러므로 우리는 하나님의 말씀을 듣기 위해 항상 성전에 나와 하나님과 동행하는 삶과 또한 영적으로 준비하는 삶이 되어야하겠습니다. (마 25:1-13 / 슬기로운 다섯 처녀와 미련한 다섯 처녀의 비유 참조)

3. 하나님께서 사무엘을 부르실 때 사무엘은 알지 못하였습니다(7절).

사무엘이 아직 여호와를 알지 못했다는 말은 하나님을 몰랐다는 말이 아니라 이상으로 나타나는 하나님을 경험하지 못했다는 말입니다. 그런데 이런 일이 세 번이나 반복되었습니다. 그때마다 사무엘은 엘리가 부르는 줄 알고 엘리 제사장에게 달려나갔습니다. 하나님은 이런 순종의 사람을 쓰십니다. 엘리는 사무엘에게 하나님의 말씀을 듣는 태도를 가르쳐 주었습니다. 그것은 "주 여호와여 말씀하시옵소서 종이 듣겠나이다"였습니다. 이것이 바로 진실 된 하나님의 말씀을 듣는 자세입니다.

하나님의 언약궤를 빼앗김 (사무엘상 4:1-11)

사무엘이 선지자가 된 후 이스라엘은 블레셋과 두 번에 걸친 대접전을 치르게 됩니다. 이 전투에서 이스라엘은 블레셋에게 대패하여 많은 군사들을 잃었을 뿐만 아니라 엘리의 두 아들 홉니와 비느하스도 죽고 법궤 마저 빼앗기게 되는데 이는 엘리의 아들들과 이스라엘의 범죄를 징계하시는 하나님의 심판의 결과였습니다.

1. 이스라엘과 블레셋 간의 전쟁이 있었습니다(1-2절).

이스라엘과 블레셋 간의 전쟁의 원인이 무엇이었는지는 분명치 않으나 분명한 것은 하나님께서 이스라엘이 회개하도록 징계의 도구로 사용하셨다는 점입니다. 그것은 사사시대 때부터 이스라엘의 타락과 하나님의 징계란 악순환의 역사에서 역력히 증거 된 사실이었습니다. 그들이 블레셋과의 1차 전쟁에서 패배한 뒤에는 적어도 전쟁의 패한 이유를 자신들에게서 찾고 회개했어야 되었을 것입니다. 그런데 그들은 싸움에 진 것을 하나님께 불평함으로 돌렸습니다(3절). 그리고 "언약궤를 가져오자"고 했습니다. 만일 그들이 "우리의 죄를 고백하고 여호와께 돌아가자"고 했더라면 하나님은 틀림없이 그들을 구원하셨을 것입니다.

2. 여호와의 언약궤가 진에 들어 온 줄을 깨달은 블레셋 사람들은 두려워서 떨었습니다(6-8절).

그들은 언약궤가 광야에서 여러 가지 재앙으로 애굽 사람들을 치셨던 하나님의 임재의 상징인 것을 알고 두려워 떨었습니다. 슬프게도 우리 그리스도인들은 세상 사람들조차 기억하는 것을 잊고 살 때가 많습니다. 악한 자들은 그리스도와 함께 하는 사람을 두려워합니다. 그런데도 그리스도의 은혜로 구속함을 받은 우리는 그리스도께서 우리와 함께 하심을 종종 잊고 낙심해 할 때가 많습니다. 그러므로 낙심한다는 것은 하나님의 전능성을 부정하는 불신의 죄를 범하는 것임을 알아야 합니다.

3. 이스라엘은 블레셋과 2차 전쟁에서 언약궤 마저 빼앗기고 말았습니다(10,11절).

이스라엘 백성들이 언약궤를 앞세우고 전쟁에 나갔는데도 패배한 이유는 주술적 신앙을 가지고 있었기 때문입니다. 그들은 종교적인 상징물 자체에 힘이 있다고 믿었습니다. 예를 들어 이스라엘 사람들은 뱀을 섬기던 이방신들의 영향을 받아 모세가 광야에서 만든 놋뱀을 숭배의 대상으로 삼은 일이 있었습니다(왕하 18:4). 그것은 그 놋으로 만든 뱀 자체가 구원의 능력이 있는 것이 아니라 그것은 단지 하나님께서 내신 구원의 방도였을 뿐이었습니다. 이와 같이 본문에서도 이스라엘 백성은 법궤만 메고 나가면 이길 수 있다는 주술적 신앙을 가지고 있었던 것입니다. 어떠한 종교적인 상징물이라 할지라도 그 자체에 신비적인 힘이 있었던 것이 아니라 하나님께만 신비적인 힘이 있는 것입니다.

그런데 이스라엘 백성들이 하나님을 믿고 의지하지도 아니하면서 법궤만 메고 나간 것은 오직 하나님의 힘만을 이용하려고 했던 것입니다. 과거 이스라엘이 법궤를 앞장세우고 나갔을 때 승리했던 것은 오직 하나님만을 믿었기 때문입니다.

다곤의 패배 (사무엘상 5:1-12)

전장에서 이스라엘 백성들이 참 신앙을 갖지 못함으로 인하여 하나님의 임재의 상징인 법궤를 블레셋에게 뺏겼던 것을 보았습니다. 법궤를 전쟁에서 뺏기는 근본 이유는 법궤의 주인이신 하나님 자체가 힘이 없으셔서가 아니라 이스라엘 백성들이 하나님과 바른 신앙관계를 갖지 못했기 때문임을 보았습니다. 그런데 이제 본 장에서는 전쟁에서 승리한 블레셋이 자고하지 못하도록 하나님께서 블레셋의 다곤 신상을 파괴시키고 그들에게 온역의 재앙을 내리시는 역사를 볼 수 있습니다. 이는 하나님의 살아 계심을 이방 땅에 증거 하시기 위함이셨습니다.

1. 블레셋 사람들은 하나님의 궤를 다곤 신전에 두었습니다(1-4절).

그들은 하나님의 궤를 아스돗으로 가져갔습니다. 아스돗은 블레셋의 5개 성읍 중의 하나이며 다곤 신전이 있는 곳이었습니다. 그들은 하나님의 궤를 다곤 신전 옆에 두었습니다. 말하자면 다곤 신의 노획물로 생각했기 때문입니다. 하나님은 하나님의 궤를 블레셋 사람에게 넘겨준 이스라엘 사람들을 징계 하셨습니다. 하나님은 자신의 백성이 언약 자체를 무시하고 언약을 파괴할 때 언약궤가 아무런 가치가 없는 것임을 보여 주기 위해 이런 일이 일어나게 하셨습니다. 하지만 블레셋의 승리는 잠간이었습니다. 하나님은 모독 받기를 용납하지 않는 분이십니다. 그러므로 이틀 동안 다곤의 신이 그 머리와 두 손목이 부러져 하나님의 궤에 엎드러지게 하는 역사를 일으키셨습니다(4절).

이와 같이 원수 마귀의 세력이 하나님의 교회의 세력 위에 군림할 때도 있습니다. 그러나 그것은 잠간인 것을 알아야 합니다. 참다운 신앙이 쓰러지고 넘어지는 것 같지만 믿음을 지키고 있노라면 조만간 승리할 날이 곧 온다는 것을 믿어야 합니다.

2. 우상 숭배자들의 어리석음을 봅니다(5절).

하나님은 우상의 무가치함을 보여주고 당신만이 참 하나님 이심을 증거하기 위하여 다곤 신상을 여호와의 궤 앞에서 엎드러지게 하시는가 하면 머리와 손목을 끊어 버리셨습니다(3절). 그들은 다곤 신전이 부서져 문지방에 닿았다고 그 부서진 다곤 신이 닿았던 문지방을 밟지도 않고 문지방을 성역화하여 경건하게 섬겼습니다. 이것을 볼 때 인간의 어리석음이 얼마나 어리석은가를 볼 수 있습니다. 이 사건을 통해 우리는 두 가지 사실을 깨달을 수 있습니다.

첫 번째, 다곤 신상이 엎드러진 사건은 모두가 잠든 저녁에 아무도 모르게 일어났다는 사실을 통해 인생의 환난이 깊은 밤중처럼 깜깜할지라도 하나님은 조용하고 은밀하게 당신의 일을 진행하신다는 사실을 알아야 합니다.

두 번째, 기적이 일어났다고 해서 사람들이 쉽게 하나님을 믿지 않는다는 사실입니다. 예수 그리스도께서 많은 이적과 기사를 행하셨지만 이스라엘 백성들은 믿지 않았습니다. 그러므로 우리는 오직 하나님의 말씀만을 믿고 의지하는 신앙을 가져야만 합니다.

3. 블레셋 사람들은 법궤만을 이동시켜 화를 면해보려고 했습니다(6-12절).

그들은 "지역신 사상"을 가지고 있었습니다. 그래서 한 지역의 신이 지면 다른 지역의 신이 여호와의 신을 이길 줄을 기대하며 자꾸만 다른 장소로 법궤를 옮겼습니다. 그런 행동이 오히려 더 큰 화를 자초하고 만 것이었습니다. 죄에 대한 근본적인 치료가 있어야지 장소를 옮긴다고 심판이 면해지는 것이 아님을 알고 하나님과 바른 관계를 회복하는 길만이 최선임을 알아야 합니다.

하나님의 궤가 돌아 옴 (사무엘상 6:1-21)

앞장에서 하나님의 언약궤를 탈취해 간 블레셋 사람들이 하나님께서 발한 재앙으로 고통 당했음을 살펴보았습니다. 본 장에서는 블레셋 사람들이 이 재앙을 면하기 위해서 언약궤를 다시 이스라엘로 돌려보내려고 논의하는 장면입니다.

1. 언약궤 반환을 위한 논의가 이루어졌습니다(1-9절).
하나님의 궤가 블레셋 지방에 있은 지 일곱 달이 되었을 때 그들은 재앙의 고통으로 인해 그들의 복술자와 제사장들에게 언약궤를 다시 이스라엘로 돌려보낼 수 있는 방도에 대해 자문을 구하게 되었습니다(1,2절). 그러자 제사장과 복술자들은 그들 나름대로의 경험과 지식에 입각하여 두 가지의 조처를 이야기합니다. 첫째는 이스라엘의 신께 속건제를 드려야 한다(3-6절)는 것이며, 둘째는 아직 멍에를 메어 보지 않은 젖 나는 소두 마리가 이끄는 수레에 실어 보내야 한다고 조언했습니다(7-9절).

그 중에서 속건제를 드리라고 한 것은 블레셋 인들이 모세의 율법에 의거한 정확한 속건제의 개념을 알고있었다기보다는 당시 근동지역에서 남의 물건을 불법으로 취했다가 돌려보낼 때는 보상금을 지불하는 것이 관례였던 것을 볼 때, 여기서 속건제는 단순히 배상의 의미를 이해하는 것이 바람직할 것입니다. 또 멍에를 메어 보지 않은 젖 나는 소를 택한 것을 신에 대한 경외심으로 볼 수 있습니다. 반면에 젖 나는 소를 두 마리로 끌게 한 것은 이것이 초자연적인 능력인가 우연한 사건인가를 판단하려고 했던 것입니다.

이와 같이 불신자들은 하나님의 역사하심을 가급적이면 부인하려고 합니다. 그런데 신자들 속에서도 많은 사람들이 하나님의 역사하심을 우연한 일로 돌려보려는 불신의 행위가 얼마나 많은지 알 수 없습니다.

2. 이스라엘 땅에 돌아온 언약궤에 대해서 말씀하고 있습니다(10-18절).

블레셋 사람들은 이 사건이 우연한 사건인지 필연적인 사건인지를 알기 위해 한번도 멍에를 메지 않은 젖 나는 소로 수레를 끌려 보내는데 하나님의 초자연적인 능력으로 소들은 울면서도 좌우로 치우치지 않고 이스라엘의 국경지방인 벧세메스로 질서정연하게 수레를 끌고 갔습니다. 이것은 미물 짐승까지도 다스리는 하나님의 전능성을 보여 주신 사건입니다.

라이트프트 박사는 "그들은 위대하신 임자를 알았다"고 말했습니다. 미물인 소도 이렇게 순종했다면 하나님의 뜻을 알고 있는 성도들이 하나님의 뜻에 순종하면서 살아야 하는 것은 말할 필요가 없는 명백한 사실인 것입니다.

3. 벧세메스 인들이 받은 재앙에 대해서 말씀하고 있습니다(19-21절).

하나님의 법궤가 벧세메스에 도착했을 때 그들은 밀을 베고 있었습니다(13절). 하나님의 집은 황무하게 하고 자기 집은 단장하기에 바쁜 어리석은 사람들과 같았습니다. 벧세메스 사람들은 하나님의 언약궤가 블레셋에서 돌아왔으면 다시 각성된 신앙으로 하나님의 임재 상징인 법궤를 경건히 대해야하는 데도 불구하고 호기심에서 법궤를 들여다 보다 70명이나 되는 희생자를 내고 말았습니다(19절).

그러므로 성도의 삶에 있어서 하나님과 친밀한 교제를 나누기는 힘쓰되 그와 비례하여 더욱더 하나님의 권위와 존엄성을 인정하고 그 분의 말씀에 전적으로 순종하는 겸손한 자세를 가져야 합니다(딤전 4:7).

미스바 대 성회 (사무엘상 7:1-12)

전장에서 블레셋에 빼앗겼던 하나님의 언약궤가 다시 벧세메스로 돌아왔을 때 그들이 언약궤를 경건히 다루지 않고 호기심으로 들여다 보다 재앙을 만난 벧세메스 사람들은 기럇여아림 사람들에게 언약궤를 옮겨가도록 요청했습니다(삼상6:19-20). 이에 본 장은 언약궤가 기럇여아림으로 옮겨져 아비나답의 집에 있게 된 사실(1,2절)과 그 후 20년이 지난 후에 미스바에서 발생한 사건이 기록되어있습니다.

1. 사무엘은 온 백성을 미스바에 모이게 했습니다(5절).

그 때 이스라엘 백성들은 다시 여호와를 갈망하기 시작했다고 했습니다(2절). 아마도 블레셋의 압제에서 벗어나지 못하자 그 모든 원인이 하나님을 떠난 결과라 생각하기 시작했던 것 같습니다. 그 때에 백성들의 마음을 간파한 사무엘이 백성들에게 회개할 것을 촉구하고 나섰습니다.

사무엘이 회개를 촉구한 것은 두 가지였습니다. 첫째는 우상을 제거하라는 것이었으며, 둘째는 마음을 하나님께로 향하여 오직 그만 섬기라는 것이었습니다(3절). 그렇게 하면 하나님께서 너희를 블레셋에서 건져내시리라는 것이었습니다.

사무엘의 설교를 들은 온 이스라엘 백성들에게 회개의 역사가 나타났습니다. 그래서 이스라엘 백성들은 우상을 제하고 하나님만 섬기는 신앙의 자세로 바뀌어 갔습니다(4절). 그러자 사무엘은 미스바에서 대 성회를 열게되었고(5절), 미스바 성회는 대회개의 각성운동을 일으켰습니다(6절). 그래서 온 백성들은 모든 죄와 결별하는 의식인 물을 길어 하나님의 제단에 붓고 금식하며 기도했습니다. 그들은 자신들의 죄를 고백하며 죄를 회개했습니다. 어느 시대를 막론하고 죄를 회개하고 자복 하는 자의 삶은 하나님께서 용서해주시고 긍휼히 여겨 주심을 믿어야 합니다.

2. 미스바 성회는 블레셋의 침공을 유발시켰습니다(7절).

블레셋은 이스라엘 백성이 미스바에 모인 것을 보고 자기들과 전쟁을 하려는 의도로 간주했습니다. 그래서 이스라엘은 블레셋의 침공을 받았습니다. 모범적인 신앙집회는 재난을 불러 일으켰습니다.

우리는 하나님의 길에 들어서도 재난을 당하는 일이 있습니다. 이것은 죄인이 회개하면 사탄이 기승을 부리는 것과 같습니다. 이렇게 위기를 당하자 백성들은 사무엘에게 하나님의 도우심을 바라는 기도를 촉구했습니다(8절). 사무엘은 물론 이스라엘 백성의 대부분이 기도와 눈물로 그들의 무기를 삼았고 오직 하나님만을 의지했습니다. 만일 그들에게 군사적인 준비가 되어 있었다면 이렇게 기도에만 매달리지는 않았을 것입니다.

하나님은 사무엘과 백성들의 기도를 들으시고 응답하여 큰 우뢰를 발하는 천재지변을 통해 블레셋에게 불리하게 함으로써 이스라엘로 승리케 하셨습니다. 이렇게 하나님만이 우리의 구원자이신 것을 믿는 필사적인 기도의 무기는 어떤 힘보다 강한 무기임을 믿고 기도로 승리하는 삶을 사는 성도들이 되어야 겠습니다.

3. 사무엘은 에벤에셀의 기념비를 세웠습니다(12절).

하나님께 대한 감사는 이렇게 겉으로 표현되어 감사의 표식이 일평생동안 기억되는 삶이 바람직한 것입니다.

왕을 요구하는 백성들 (사무엘상 8:1-18)

본 장에서는 이스라엘 역사에 있어서 일대 전환기를 이루는 장면으로 이스라엘 백성들이 사무엘에게 왕을 요구하는 내용입니다. 이스라엘 백성들은 표면적으로 왕이 필요한 이유를 사무엘이 늙었고 그 아들들이 부패한데 두고 있지만(1-5절), 실제로는 그들의 진정한 왕이신 하나님을 믿고 신뢰하지 못하는 데서 비롯된 것입니다. 본 장을 통해서 몇 가지 생각할 점이 있습니다.

1. 사무엘 아들들은 경건하지 못했습니다(1-3절).

이스라엘의 역사 속에서 사무엘은 제2의 모세라고 할 정도로 훌륭한 선지자였습니다. 하지만 그는 가정교육에 실패했습니다. 그의 아들들은 아버지의 행위를 따르지 않고 재물을 탐하고 공의로운 재판을 하지 않았습니다(3절). 그러므로 그들은 의와 성실로 행해야할 사사직의 기반을 붕괴시킨 것입니다. 이 사실을 통해 깨달아야 할 점은 하나님을 향한 신앙은 결코 세습적인 것이 아니라는 사실입니다. 아무리 신앙 좋은 가문에서 자랐다 하더라도 신앙은 하나님과의 일대일의 바른 관계에서 오는 것입니다. 그래서 신앙을 물려준다는 것은 가장 어려운 일입니다. 우리는 자녀들에게 우리의 신앙이 물려지기를 간절히 기도해야 할 것입니다.

2. 이스라엘 백성이 왕을 원하였습니다(4-8절).

사무엘의 노쇠와 그 아들들의 비행은 이스라엘 장로들로 하여금 열방과 같은 왕을 요구하게 하였습니다. 하지만 좀더 구체적인 원인은 인본주의적인 불신에서 시작되었습니다.

①그들이 왕을 달라고 한 것은 직접 지각할 수 없는 하나님의 말씀보다 무언가 실제적이고 감각적인 것을 요구하는 심리 때문이었습니다. 즉, 보이지 않는 하나님께 뜻을 묻는 것보다는 보이는 왕을 추구했기 때문입니다.

②이스라엘 백성들은 그들이 끊임없이 전쟁에 패한 원인을
바로 이방국가들이 가지고 있는 왕정체제가 없었기 때문이라
믿었습니다. 그들은 그들이 당한 압제의 원인을 자신들의 도덕
적이고 영적 타락과 같은 내적인 요소에서 찾아야 했음에도 불
구하고 새로운 지도체제만을 요구하고 나왔으니 얼마나 어리
석은 일입니까! 그러므로 우리는 모든 고통의 원인을 상황이나
체제에서 찾을 것이 아니라 바로 자기 자신에게서 항상 찾아야
합니다.

3. 왕정체제에 대해서 하나님은 경고하셨습니다(10-18절).

이스라엘 백성들이 왕을 요구하자 하나님도 사무엘도 기뻐
하지 않았습니다(7절). 기도의 사람 사무엘은 이 문제를 놓고
하나님께 기도했습니다. 그런데 하나님의 응답은 사무엘에게
낙심하지 말라는 것이었습니다. 그것은 너를 버림이 아니라 곧
나를 버리는 일이라고 하시면서 아파하거나 이상하게 생각하
지 말라하셨습니다. 그 이유는 애굽에서 인도해 낸 날부터 오
늘날까지 이렇게 불신한 자들이니 아파하지 말라는 말씀이었
습니다. 그러면서 하나님은 사무엘에게 두 가지 사실을 경고하
게 하셨습니다.

①모든 백성이 오히려 왕의 노예가 될 수 있다는 것(11-17
절), ②백성들이 그러한 왕의 폭정으로 인하여 하나님께 부르
짖을 지라도 그 때는 하나님이 응답하지 않을 것(18절)이라는
것이었습니다. 그런데도 이스라엘 백성들은 왕을 원했습니다.
얼마나 어리석은 가를 볼 수 있습니다. 우리의 왕은 오직 하나
님 한 분뿐임을 믿는 성도가 되어야겠습니다.

사울의 선택 (사무엘상 9:1-14)

전장(8장)에서 하나님께서 이스라엘에 왕정체제를 허락하셨음에 대해서 살펴보았습니다. 이제 본 장에서는 하나님께서 주권적으로 사울을 택정 하시고 왕으로 삼으시려고 섭리하시는 것을 보게됩니다.

1. 위대한 왕의 출발은 잃어버린 암 나귀를 찾는 미미한 일에서 출발하게 하셨습니다.

본문을 보면 사울이 부친을 도와서 잃은 암 나귀를 찾아 나섰을 때에 그 일로 인하여 하나님의 선지자 사무엘을 만나게 됩니다(1-4절,19절).

인간들은 왕을 추대 할 때 왕 된 자의 자격을 특별한 업적이나 능력에서 찾지만 하나님이 찾는 자격의 기준은 다릅니다.

첫째로, 작은 일에 충성하는가를 보십니다. 마태복음 25장에 달란트의 비유를 보면 주님이 쓰시고자 하는 기준은 큰 업적을 남겼느냐가 아니라 작은 일에 충성하는 자에게 큰 일을 맡긴다(마 25:21)는 것이었습니다.

둘째로, 어린애 같은 순종입니다. 사울은 암 나귀들을 찾으라는 분부에 어린아이처럼 곧 순종했습니다. 제자들이 하늘나라에서 누가 제일 크게 될 것인가에 관해 싸우고 있었을 때 예수님께서는 그들 가운데 어린아이를 데려다가 세우시고 "너희 중에 누구든지 으뜸이 되고자 하는 자는 모든 사람의 종이 되어야 하리라"(막 10:44)고 말씀하셨습니다. 그러므로 우리는 이 성경의 원칙을 잘 지키면서 살면 하나님이 우리를 존귀케 해주시는 날이 있음을 믿고 죽도록 충성하는 성도가 되어야겠습니다.

2. 사울은 암 나귀를 찾지 못하자 아버지께 돌아가려고 했습니다(5절).

사울은 사환을 데리고 여러 곳을 다니며 암 나귀를 찾았으나 찾지 못했습니다. 오랜 시간이 지난 뒤에 사울은 암 나귀 보다 자신들을 걱정하는 아버지를 생각하고 돌아가려고 했습니다. 그는 사랑하는 아버지의 걱정스러운 생각을 잊을 정도로 그가 쫓는 대상에 몰두하지 않았습니다. 하지만 탕자는 아버지의 집을 떠난 뒤에 허랑 방탕하여 모든 것을 탕진하고 돼지의 쥐엄 열매를 주워 먹는 비참한 자리에 이르기까지 결코 아버지를 생각하지 않았습니다(눅 15:11-18). 옛말에 "충신은 효자의 가정에서 난다"고 했습니다. 이렇게 아버지를 먼저 생각하는 마음을 가진 사울을 하나님은 이스라엘의 초대 왕으로 선택하신 것입니다.

3. 하나님의 사람을 존경한 사울을 봅니다(5-10절).

아버지가 걱정하실 것을 생각하고 돌아가려는 사울에게 그의 사환은 하나님의 사람, 선견자를 만나서 물어 보자고 합니다. 그때 사울은 하나님의 사람에게 드릴 예물이 없다(7절)고 하자 그의 사환은 자기의 은 한 세겔의 1/4이 있다고 했습니다. 우리는 상전을 위하여 자신의 소유를 아끼지 않는 사환의 헌신적 자세와 하나님의 종을 존경하는 사울의 겸손함을 보게 됩니다. 하여튼 이 일을 통해 사울은 사무엘을 만나게 되고 왕으로 추대되는 과정을 밟게됩니다. 암나귀를 잃은 것이 계기가 되어 사무엘 선지를 만나게 되는 과정 뒤에는 하나님의 필연적 섭리가 있음을 보면서 느끼는 것은, 그리스도인에게는 우연이란 없다는 사실입니다. 그러므로 하나님의 섭리를 알기 위해 우리는 끊임없는 순종의 생활을 해야 합니다.

이스라엘의 첫 왕으로 세워진 사울

(사무엘상 10:1-13)

앞장에서 우리는 사울이 하나님에 의해 이스라엘 초대 왕으로 택정 되었음을 보았습니다. 이제 본 장은 마침내 사울이 기름 부음 받고 왕으로 선출되는 장면입니다. 본 장의 전반부인 1-16절은 일단 사울이 사무엘로부터 단독으로 기름 부음을 받는 모습을, 후반부 17-27절은 전 민족의 대표자가 모여 제비 뽑기를 함으로써 사울이 재차 하나님의 택하신 왕으로 피택 되는 모습을 보여주고 있습니다.

1. 사울이 왕이 되는 의식은 지극히 검소하고 수수하게 진행되었습니다(1절).

이 조촐한 대관의 증인은 단 두 사람뿐이었습니다. 하나는 사무엘이었고 또 하나는 사울이었습니다. 인생에 있어서 중요한 전환점은 종종 은밀한 가운데서 일어나는 것입니다. 모든 나무나 식물들도 사람이 의식하지 못할 정도로 은밀히 성장하다가 어느 순간에 꽃이 피고 열매 맺는 경이로움을 들어내고 위대한 사상가들은 은밀한 가운데 조용히 자신들의 사고를 만들어서 위대한 사상으로 발전합니다.

사울은 이스라엘 지파 중에 가장 작은 베냐민 지파였고, 또 베냐민 지파 안에서도 가장 보잘것없는 집안이었습니다. 하지만 하나님은 이런 사울을 불러서 사무엘로 하여금 아무도 보아 주는 이 없는 은밀한 곳에서 조용하게 기름을 부어 왕으로 삼으셨던 것입니다. 만왕의 왕이신 주님께서 이 땅에 오실 때에도 베들레헴의 말 구유통에 조용히 오셨습니다.

이렇게 하나님의 역사는 은밀하게 조용히 진행되는 것입니다. 그러므로 우리는 조용히 기도하는 속에서 하나님의 뜻과 섭리를 발견할 줄 아는 영적인 사람이 되어야 합니다.

2. 하나님의 역사는 조용하게 진행되지만 반드시 함께 하신다는 표적이 나타납니다(2-8절).

이스라엘이 애굽에서 나올 때 하나님은 그들과 함께 하신다는 많은 표적들을 주셨습니다. 예수님이 이 땅에 오실 때 천군 천사가 나타나는 표적을 주셨고, 초대교회가 시작될 때 오순절 다락방의 표적이 임했습니다. 이와 같이 사울의 왕이 되는 의식은 조용하게 치러졌지만 하나님이 함께 하신다는 세 가지 증표를 주셨습니다. 그것은 첫째로, 나귀들을 찾았다는 말을 들을 것이라는 것(2절)으로써 인간의 모든 걸음은 하나님께서 친히 지도하신다는 것을 의미합니다. 둘째로, 하나님을 뵙기 위해 벧엘로 올라가는 사람을 세 사람을 만나 받을 것이라는(3, 4절)것으로써 인간 사이의 일보다 하나님과 바른 관계를 맺는 교제가 우선 되어야 함을 깨닫게 하는 것이었습니다. 셋째로, 사울이 하나님의 산에서 예언하는 무리를 만날 것이며 그때 사울에게 하나님의 신이 임하고 변하여 새 사람이 되리라(5,6절)는 것으로써 이것은 하나님의 백성을 지도할 자는 반드시 하나님의 인도와 가르침을 받아야 할 것을 깨닫게 한 말입니다. 한마디로 왕이 되어 백성들을 다스릴 때 어떠한 자세를 가져야 할지 교훈 한 말씀이며 동시에 모든 역사의 주관자는 하나님이시라는 뜻입니다.

3. 사울은 하나님의 신에 크게 감동되었습니다(9-13절).

하나님의 신이 임하지 않으면 성도는 아무 일도 할 수 없는

것입니다. 그러므로 하나님은 사울에게 새 마음을 주셨고(9
절), 하나님의 신이 사울에게 크게 임하게 하셨습니다(10절).
하나님께서는 이렇게 한 인간에게 고귀한 사명을 맡기실 때는
감당할 수 있도록 모든 여건과 능력을 주신다는 사실을 알아야
합니다.

사울이 길르앗 야베스를 구함

(사무엘상 11:1-5)

앞장(10장)에서 마침내 사울이 이스라엘 왕으로 선출되었음
을 보았습니다. 그렇지만 온 이스라엘의 전폭적인 지지는 받지
못했습니다(삼상 10:17-27). 그러던 중에 암몬 족속이 길르앗
야베스를 공격하게 되었는데, 이 사건은 사울에게 왕으로서의
그의 위치를 굳힐 수 있는 기회를 제공하였습니다.

1. 암몬 족속이 길르앗 야베스를 침공하였습니다(1-5절).
암몬 족속은 이스라엘의 숙적이었습니다. 암몬인 나하스는
오래 전에 입다에 의해 당했던 참패를 설욕하고자 길르앗 야베
스를 침공했습니다.

길르앗 야베스는 한때 베냐민 지파의 성읍 '기브아' 사람들
의 문제로 인해 전 이스라엘 지파에게 크게 도륙을 당한 성읍입
니다(삿 19:14). 이는 기브아 문제를 논의하기 위해 여호와의
총회에 참석하지 않았기 때문입니다. 이 사건으로 인해 그들의

인구가 대폭 감소되어 세력이 약화되어 있었기에 암몬의 공격에 감히 맞서지도 못하고 화평을 요구하였습니다(1절). 하지만 암몬은 한마디로 화평의 요구를 거절하고 무력으로 정복하여 예속시키겠다는 의사를 밝히고 7일간 유예기간을 주어 항복을 요구했습니다(2절). 이에 야베스 장로들은 이스라엘 온 지경에 사자를 보내어 구원을 호소합니다(3절).

길르앗 야베스 사람들은 사울이 이스라엘 왕으로 추대되었다는 사실을 모를 정도로 다른 지파들 간의 교류가 없다가 위험에 처해서야 타 지파에게 원병을 요청한 것입니다.

신앙의 지체들과의 지속적인 교류는 우리의 믿음을 세워주고 성숙케 하는 중요한 신앙의 요소임을 알아서 평소 성도들 간의 교제가 있어야 합니다.

결국 이 소식은 밭에서 소를 몰고 있던 사울에게 까지 들렸습니다(4,5절). 사울은 왕으로 기름 부음을 받았으나 자기의 짐승 떼를 돌보는 것을 잊지 않은 것을 봅니다. 하나님은 이렇게 자기가 맡은 일에 충성스러운 자를 택하여 쓰신다는 것을 명심해야 합니다.

2. 암몬 족속을 쳐부수는 사울을 봅니다(6-11절).

비록 사울이 은밀하게 기름 부음을 받고 대중적으로 선발된 왕이었지만 즉시 왕권을 이행한 것이 아니었기에 사울이 왕 된 것을 인정하지 않는 자들도 있었습니다(17-27절). 그래서 "사무엘은 사울로 하여금" 기브아 생활로 돌아가서(5절) 모든 사람들에게 인정받을 때까지 기다리라고 했던 것 같습니다. 사무엘의 말을 들은 사울은 조급해 하지 않고 하나님의 때를 기다리며 인내하고 있었습니다. 그때에 하나님은 백성들의 왕으로 인정받는 길을 만드셨습니다. 그것이 곧 암몬의 침공이었습니다.

이 말을 들을 때 사울은 하나님의 신에 크게 감동되어(6절) 암
몬 족속을 쳐부수기 위해 33만의 병사를 모으고 암몬을 쳤는데
하나님은 사울로 하여금 크게 암몬을 이기게 하셨습니다(11
절).

　여기서 우리가 교훈 받아야 할 것은 사울이 하나님의 신에
크게 감동되어 큰 승리를 얻었던 것처럼 하나님의 일을 성공적
으로 수행하기 위해서는 성령의 충만함을 입어야 된다는 사실
입니다.

3. 왕으로 인정받은 사울을 봅니다(12-15절).

　12절에 "사울이 어찌 우리를 다스리겠느냐한 자가 누구냐
우리가 죽이겠나이다"하는 말을 볼 때 여지까지 사울은 왕이면
서도 멸시를 받아 왔다는 말입니다. 하지만 이제 전쟁에서 승
리하자 그들 모두가 사울을 왕으로 인정했습니다. 이처럼 비록
하나님의 뜻에 따라 부르심을 받고 나갔는데도 배척을 당할 경
우 낙담할 필요가 없는 것입니다. 하나님의 결말은 반드시 합
력하여 선을 이루시기 때문입니다.

사무엘의 백성들에 대한 책망과 경고
(사무엘상 12:6-25)

　이제 신정체제가 종결되고 왕정체제가 공식 출범하는 때에
즈음하여 신정체제의 마지막 지도자이며 왕정체제의 산파역을

맡았던 사무엘이 이스라엘 백성들에게 남긴 경고와 권면의 말씀이 오늘 본문의 말씀입니다.

1. 사무엘은 역사적 교훈을 통해 백성들을 회개하는 심령으로 이끌려 했습니다(6-12절).

사무엘은 먼저 이스라엘을 죄와 악의 세력에서 건져내시고 끝까지 버리지 않는 하나님의 은혜를 출애굽의 역사적 사건을 통해 설명했습니다. 그런데 이스라엘 백성들은 그들이 가나안에 정착하여 비교적 안정된 삶을 누리자 곧 하나님을 잊기 시작했습니다(9절).

그러자 하나님은 이웃나라를 통해 징계의 채찍을 들어 그들을 징계하자 회개함으로 다시 사사를 사방에 보내 원수의 손에서 건져내어 안전하게 생활하게 했습니다(11절). 그렇다면 이제 자신의 죄를 돌아보아 신앙 개혁을 해야 하는데도 불구하고 죄는 회개하지 않고 오히려 왕만을 요구하니 그것은 하나님 앞에 큰 죄가 된다는 말씀입니다.

그러므로 우리가 성경의 역사적 사실들을 통해 받아야 할 교훈은? 항상 변화되어야 할 것은 먼저 내 자신임을 철저히 깨닫고 그때마다 돌이켜 회개하는 역사가 있어야겠습니다. 하나님은 회개하는 심령에게는 끝까지 은혜 주심을 믿어야 합니다.

2. 우레와 비를 통해 하나님은 이스라엘의 범죄를 경고 하셨습니다(16-17절).

사무엘의 메시지를 한마디로 요약하면 다음과 같습니다. 이스라엘 역사는 하나님을 잘 섬길 때 번영했고 하나님을 잊고 범죄 할 때 외세의 압제를 당했는데 이러한 사실은 왕정 체제가 수립된 이후라 할지라도 동일하게 적용될 것이라는 사실입니다(13-15절). 그 증거로써 하나님은 밀을 벨 때에 마른하늘에 우레와 비가 내리게 함으로써 그들의 죄를 책망하셨습니다. 이것은 하나님의 백성들이 하나님의 세미한 말씀이 마음에 이르지 않고 이슬비처럼 내려주시는 교훈을 듣지 않을 때에는 무서운 우레 소리와 힘찬 비 소리로 말씀하실 수밖에 없다는 경고입니다. 다시 말하면 하나님의 징벌을 피할 수 없다는 말입니다. 우리는 세미한 말씀과 이슬비처럼 내려주시는 말씀을 듣고 깨닫는 성도가 되어야겠습니다.

3.민족적 멸망을 당하지 않기 위해서는 쉬지 않고 기도해야함을 가르쳤습니다(19-25절).

마른하늘에서 우레와 빗소리를 들은 백성들은 크게 두려워하며 죽지 않도록 기도해 달라고 했습니다. 그러자 사무엘은 두려워 말고 오직 마음을 돌이켜 하나님만 섬기면 민족적 멸망의 비극은 당하지 않는다고 하면서 자신은 기도를 쉬는 죄를 결단코 범치 아니할 것이라고 했습니다(23절).

기도를 쉬는 것이 율법을 범하는 것은 아니지만 기도 쉬는 것은 율법을 범하는 것보다 더 큰 죄를 짓는 것입니다.

①기도 안 한다는 것은 주관자이신 하나님을 인정하지 않는다는 것이요, ②기도 안 한다는 것은 하나님의 돌보심 없이도 살아갈 수 있다는 교만의 죄를 짓는 것입니다. 그러므로 우리는 쉬지 말고 기도해야 합니다.

사울의 범죄 (사무엘상 13:1-14)

사울이 왕이 된지 2년째 되는 해, 사울은 군사력을 모아 나름대로 국방을 강화하려고 했습니다(1,2절). 당시의 이스라엘은 여전히 블레셋의 압제에서 떨쳐버리지 못하고 이런저런 간섭을 받고 있었기 때문입니다(19-21절). 이와 같은 상황 속에서 사울은 상비군 3,000명을 조직하여 게바에 있던 블레셋 수비대를 공격하였습니다. 이 공격으로 인하여 이스라엘과 블레셋은 큰 전쟁을 치르게 되었습니다(5,6절).

기습작전에는 성공했으나 곧 이어 보복하기 위해 소집된 블레셋 군사의 수는 엄청난 숫자였습니다. 병거가 3만이고 마병이 육천이고 군사는 해변의 모래 같았습니다(5절).

이것을 본 이스라엘 백성은 사기가 떨어져 여기저기 도망가 숨는 사람도 있었습니다(6절). 이런 일이 닥치자 아마 그들 중에서 하나님께 먼저 제사를 드리자는 제안을 해와 사무엘에게 연락되었고 사무엘은 7일을 기다리라고 약속한 것 같습니다(8절). 그런데 사울은 사무엘을 온전히 기다리지 못하고 제사장도 아닌데 제사를 드리는 잘못을 범했습니다. 이것이 계기가 되어 사울 왕의 정치생명이 끝나는 예언을 듣게 되었습니다(14절).

1. 사울의 잘못은 무엇인가? 자기 중심적인 잘못을 범했습니다.

사울이 블레셋 수비대를 기습한 사건은 일시적인 승리는 있었지만 그것은 순전히 사울의 어리석음에서 기인된 것입니다. 사울은 이런 중차대한 일을 앞에 놓고 하나님께 묻거나 하나님

의 뜻을 구하지도 않았습니다. 그러다 보니 선지자 사무엘에게
도 의논이 없었습니다. 오직 자기 중심적인 판단에 의해 스스
로 결정함으로써 신본주의적인 왕의 자세를 잃고 만 것입니다.
하나님 중심적이던 사람이 자기 중심적이 되고 나면 패배적인
삶이 찾아온다는 것을 알아야 합니다.

2. 사무엘 없이도 혼자서 번제를 드렸습니다(8-10절).

제사장도 아니며 예언자도 아닌 그가 하나님께 제사를 드린
다는 것은 큰 죄악이었습니다. 이것은 월권 행위인 것입니다.
그러므로 사무엘은 "왕이 망령되이 행하였다"(13절) 했습니다.
망령되다는 말은 어리석음, 악함을 의미하는데 선악을 분별하
는 능력이나 하나님의 뜻을 아는 영적 능력이 부족하여 규모
없이 행동하는 것을 말합니다. 처음에 사울은 하나님께 제사
드림도 없이 전쟁을 시작했습니다. 후에 상황이 어려워지니까
여론에 의해 제사를 드리기로 했습니다. 그런데 사무엘은 더디
오고 군사들 사기는 저하되어 가고 하니까 자기가 제사를 집전
했던 것입니다.

사울이 제사를 드리려고 했던 것부터가 진정한 제사의 의미
가 아니라 요식행위의 제사를 드리려고 했던 것이 분명합니다.
하나님께 진정으로 예배드리려는 자세가 아니라 단지 요식행
위의 예배를 드리려고 한다면 그것은 오늘날도 하나님을 망령
되게 하는 죄를 범한다는 것을 알아야 합니다.

3. 사울은 죄를 회개하려하지 않고 핑계를 댔습니다(11-12절).

하나님을 경외하지 않는 자의 특징은 자기 죄에 대해서 회개
하려고 하는 것보다는 핑계를 대려고 하는 것입니다. 이것은

아담과 하와가 지은 죄입니다. 사울은 사무엘의 죄에 대한 지적에도 불구하고 변명하기에만 급급했습니다(11,12절). 그러한 자는 결국 하나님의 긍휼을 받지 못합니다. 죄를 변명하려는 것보다는 회개할 때 하나님의 긍휼이 있음을 믿어야합니다.

요나단의 용기 (사무엘상 14:1-15)

앞장에서 우리는 사울이 블레셋을 선제 공격함으로써 이스라엘과 블레셋이 전면 전쟁에 돌입하게 되었음을 보았습니다(삼상 13:1-4). 그리고 전력 면에서 이스라엘이 너무나 약하고 열세인 것을 보았습니다(삼상 13:15-23).

본 장에서는 이런 상태로 사울의 군사와 블레셋의 군사가 서로 대치하고 있었을 때, 사울의 아들 요나단이 그의 심복과 함께 단신으로 블레셋을 기습해서 그들의 진영에 일대 혼란을 일으켰습니다. 블레셋 군사들은 불시의 공격에 어디서 누가 공격해 왔는지도 모르고 서로 죽이는 어처구니없는 결과를 빚었습니다. 이것이 계기가 되어 마침내 이스라엘은 블레셋과의 전쟁에서 승리하게 되었습니다(46절). 본 장을 통해 몇 가지 생각하며 교훈 받고자 합니다.

1. 블레셋과의 전면 전쟁에 승리하기 위해 사울은 제사장과 법궤를 가져오도록 명령했습니다(3,18,19절).

사울은 블레셋이 많은 군대를 동원하자 어쩔 줄 몰라했습니다. 그래서 그는 이 싸움에서 이기기 위해 제사장 아히야를 자기에게 오라고 했습니다. 또한 법궤를 가져오도록 명령했습니다(18절). 사무엘은 이미 사울을 버렸습니다. 그래서 그는 대신 아히야를 오라고 한 것 같습니다.

이스라엘 사회에서 제사장은 어디까지나 성소에 남아 성직을 수행해야 되는 것인데도 불구하고 사울이 아히야를 대동한 것은 이방인들의 경우를 본뜬 것 같습니다. 이방 왕의 경우 항상 제사장을 곁에 두고 신의 뜻을 묻곤 했습니다. 그러므로 아히야는 순수한 대 제사장직을 수행하지 못하고 어용 제사장 노릇을 했다고 볼 수 있겠습니다. 여기서 우리는 두 가지를 교훈 받아야 합니다.

첫째로, 사람들은 자기들이 원하는 사역자를 가지기를 원하는데 그것은 옳은 신앙인의 태도가 아닙니다. 설교도 듣기 좋은 말만 듣기 원하고 무조건 감싸주기만을 원하며 오히려 충실하고 공정하게 일하는 사역자에 대해서 적의를 품는 일이 있는데 이러한 행동은 아주 잘못된 것입니다.

둘째로, 종교적인 형식만을 추구하면 하나님이 받지 않으신다는 사실을 알아야 합니다. 사울의 전쟁터에 언약궤와 예언자가 왔다 하지만 이렇듯 하나님은 회개 없는 사울을 이미 버리셨습니다. 신앙의 진수는 잃어버리고 단지 그림자만 즐기려는 사람에게 흔히 있는 일입니다. 사울은 전쟁의 승리를 위해 하나님께 제사를 드리려고 하다가 전세가 유리해지니까 제사 드림을 그만두게 했습니다(18-19절). 하나님을 이용만 하려는 자세는 신앙인이 경계해야 할 일입니다.

2. 사울의 아들 요나단의 신앙적 용기를 본받아야 합니다 (4-15절).

홀 주교는 요나단을 가리켜 "돌 능금나무에 맛있는 사과가 달렸다"고 말할 정도로 요나단은 신앙이 좋았습니다. 그는 아무도 모르게 그의 부하 하나를 데리고 블레셋 진영으로 가서 큰 승리를 거두었습니다. 승리의 비결은 그의 믿음에 있었음을 알 수 있었는데 그의 신앙고백을 보면 첫째로, 그들은 할례 받지 않았지만 우리는 할례 받았기에 승리할 것을 믿었습니다(6절). 둘째로, 하나님의 승리는 숫자의 많고 적음에 있지 않다고 하는 전능의 하나님을 믿는 믿음을 가졌습니다(6절). 셋째로, "하나님이 우리를 이용하실까 하노라(6절)" 한 것을 볼 때 겸손히 하나님의 도구 됨을 바랬고 또 믿었습니다.

요나단은 하나님의 섭리를 믿었습니다. 그 결과 블레셋 진영에 큰 떨림이 일어났습니다(15절). 이것은 하나님이 주신 떨림이었습니다. 마음을 지으신 분이 적들에게 두려운 마음이 들게 하여 적들의 마음을 이용하여 승리케 하신 것입니다.

아말렉의 심판 (사무엘상 15:1-16)

오늘 본문에 보면 하나님은 아말렉을 진멸하시기로 작정하시고 사울에게 아말렉을 멸하도록 명령하셨습니다. 그 이유는 이스라엘 백성이 출애굽 할 때 아말렉이 이스라엘 백성들을 비겁하게 뒤에서 쳤기 때문입니다(출 17:8-16).

아말렉은 본래 에서의 손자인 아말렉의 후손들이었는데(창 36:12) 그들은 육적인 쾌락을 위해 영적인 것을 버린 자들의 후손이었습니다. 그렇기에 하나님께서 택한 영적 이스라엘 백성과는 항상 적이었습니다. 그들은 출애굽해서 무방비 하게 가나안을 향해 가는 이스라엘 백성들을 잔인한 수법으로 뒤에서 쳤습니다. 이것은 하나님의 구원의 역사에 대한 항거였기에 하나님은 아멜렉과 대대로 싸우기로 하셨습니다. 이 아말렉의 심판이 이제 사울 왕의 시대에 진행되게 된 것입니다. 이 말씀을 통해 몇 가지 생각할 점이 있습니다.

1. 하나님은 죄악을 기억하시는 분이라는 점입니다(1-3절).

하나님은 죄에 대한 심판을 늦어지게 하시기는 하되 아주 지연되는 것은 아닙니다. 때때로 하나님의 정의는 서서히 작용되지만 틀림없이 작용하십니다. 왜냐하면 하나님은 죄악을 기억하시는 분이시기 때문입니다(2절). 하지만 하나님은 멸망시키고자 하는 자에 대해서는 오래 기다리시는 일이 있습니다. 그 이유는 회개할 기회를 주기 위해서 입니다. 하지만 회개가 이루어지지 않을 때 심판이 늦어지면 늦어질수록 그만큼 심판은 가혹하다는 것을 알아야합니다.

하나님은 사울에게 그들의 모든 소유를 남기지 말고 진멸하되 남녀노소를 막론하고 젖 먹는 아이까지 그리고 짐승까지 다 진멸하라고 하셨습니다(3절). 아말렉은 그의 조상들이 지은 죄가 이제 보복 당하는 것 같지만 현재까지 잔인하고 흉악한 죄에서 돌이키지 않았기에 심판을 받는 것입니다. 하여튼 우리는 신앙의 좋은 조상을 두어야 합니다. 아니면 내 대(代)에 와서라도 좋은 조상이 되고자 노력해야 합니다.

2. 아말렉과 함께 거주하던 겐 사람은 보호되었습니다(6절).

겐 사람은 미디안에 거하던 유목민이었으며 모세의 장인 이드로의 후손들입니다(삿 4:11절). 그들은 오래 전 이스라엘이 출애굽 한 후 40년 동안의 광야 방랑생활을 할 때까지 이스라엘과 매우 우호적인 관계를 맺어오며 이스라엘에게 많은 선행을 베풀었는데(출 18:13-17) 이러한 그들의 선행이 후에 그들의 자손을 구원하는 계기가 된 것입니다.

하나님은 선한 자의 선행을 결코 잊지 않으시고 축복하시는 분입니다. 뿐만 아니라 선한 사람들은 그들의 후손들에게 하나님의 축복을 유산으로 남겨 놓았습니다. 우리는 무슨 유산을 남겨 놓고 있습니까?

3. 하나님은 아말렉을 진멸 하기 위한 도구로 사울을 택하셨습니다(1-3절).

하나님은 이일을 시행 할 수 있는 가장 좋은 도구로 사울을 선택 하셨읍니다. 아말렉을 진멸하는 일은 피를 보는 처절한 일이기에 사울은 그 일을 해야만 하는 거칠고 지독한 사람이 되었습니다. 그럼에도 불구하고 이 일은 사울이 하나님의 말씀에 순종할 수 있는 좋은 기회였습니다. 그런데도 사울은 물질적인 욕망에 사로잡혀 하나님의 명령에 불순종하는 죄를 범하고 말았습니다. 하나님께서 그에게 주신 기회를 선용하지 못한 것입니다(9절). 하나님을 섬기는 자의 가장 아름다운 자세는 순종임을 알아야 합니다(22절).

다윗의 기름부음 (사무엘상 16:1-13)

오늘 본문에 보면 하나님께서 사무엘 선지자에게 베들레헴 사람 이새의 집에 가서 그의 아들중 한 사람에게 기름을 부어 왕으로 삼으라는 명령이 내려진 것을 보게 됩니다. 그러나 그 때는 사울이 아직도 왕으로 건재하고 있을 때였기에 사무엘은 "내가 어찌 갈 수 있으리이까"라고 반문합니다. 그것은 곧 현재의 왕에 대한 반역이기 때문이었습니다(2절). 하지만 하나님은 내가 이미 사울을 버렸으므로 가라고 하셨습니다(1절). 이로 인해 사무엘은 이새의 집에 가서 다윗에게 기름을 부어 왕이 되게 하셨습니다(13절). 하지만 다윗이 기름부음을 받았다고 해서 바로 왕위에 오른 것은 아니었습니다. 그가 왕위에 오르기까지는 무려 10여 년의 세월이 지난 뒤였습니다. 다시 말하면 하나님이 사울을 버리신 뒤에도 사울은 계속적으로 왕으로 건재했다는 말입니다.

그러므로 어떤 자리가 건재한다고 해도 반드시 하나님께 쓰임 받고 있다고 생각해서는 안되며 끊임없이 하나님께 쓰임 받기 위해서는 부단한 영적 노력이 있어야합니다. 사무엘이 이새의 집에 가서 아들 중 하나에게 기름 붓는 장면을 보면,

1. 맏아들 엘리압이 제일 먼저 사무엘에게 왔습니다(6절).
사무엘은 그가 바로 기름부음 받을 사람이라고 판단했습니다. 그래서 스스로 생각하기를 "여호와의 기름 부은 자가 옆에 있다"고 했습니다. 비록 선지자들이라 할지라도 하나님의 지시를 떠나서 생각할 때에는 외모를 보고 잘못 판단하는 경우가 있습니다. 그러나 하나님은 선지자의 잘못을 지적하시고 외모

를 보지 말라고 하셨습니다(7절). 하지만 사무엘이 사울의 외모를 보고 판단했던 실수를 되풀이하는 것을 볼 때 인간은 확실히 눈에 보이는 대로 행동하는 경향이 많은 것 같습니다. 하지만 하나님은 중심을 보십니다. 그러므로 우리는 하나님께 대한 경외하는 마음과 거룩한 기질을 가져야 합니다.

2. 엘리압이 물러나자 아비나답과 삼마의 뒤를 이어 네 명이 모두 사무엘 앞을 차례로 지나갔지만 주의 깊게 관찰하는 사무엘에 의해 선택되지 않았습니다(8,10절).

인간은 그들의 명예와 재산을 아들들에게 나눠줄 때 그들의 나이와 성별에 의해 처리하지만 하나님은 때때로 "큰 자는 어린 자를 섬기리라"(창 25:23)고 말씀하십니다. 만일 사무엘이나 이새에게 선택권이 주어졌다면 이들 중에 하나가 반드시 선택되었으리라 봅니다. 그러므로 하나님의 선택을 받은 우리는 하나님의 중심을 보시는 공정하심에 감사해야합니다.

3. 마침내 다윗이 선택되어 기름 부음을 받았습니다(13절).

다윗은 들에서 양을 치고 있었습니다. 다른 사람은 잔치하고 있을 때 양을 치고 있었다는 것은 근면하고 겸손하다는 것입니다. 우리는 왕의 자질을 훌륭한 군인 생활을 한 사람으로 생각하기 쉽습니다. 하지만 하나님은 목자의 생활을 보셨습니다. 하나님은 적은 일에 충성하는가를 보십니다. 그러므로 하나님이 사람을 보시고 선택하시는 기준을 정리해 보면, ①중심을 보십니다. ②성실함을 보십니다. 아버지에게 제일 사랑 받아야 할 막내가 거친 들에서 성실하게 양을 치고 있었다는 것은 놀라운 사실입니다. ③순종함을 보십니다. 주어진 환경이 어떠하던지 불평 없이 책임을 다하는 것은 다윗의 순종 생활의 단면인 것입니다.

다윗과 골리앗의 싸움 (사무엘상 17:31-49)

앞장에서(16장) 다윗이 사무엘을 통하여 기름 부음을 받아 이제 하나님의 구속사에 등장하게 되었음을 보게 됩니다. 본 장에서는 기름 부음 받은 다윗을 역사의 전면에 부각되게 하는 장면을 보게 됩니다. 그 일의 계기는 블레셋의 침공이었습니다. 블레셋은 오랜 기간 동안 이스라엘을 압제하며 간섭하던 민족이었는데 그들은 일차 사무엘에 의하여(삼상 7:7-14) 그리고 사울과 요나단이 이끄는 이스라엘의 군대에 대패하고(삼상 14장) 한 동안 강성했던 이스라엘을 침략할 수 없었습니다.

그런데 그 사이 이스라엘은 사울이 사무엘과 결별하고 사울이 정신적 질환에 시달리므로(삼상 16:14절) 전략이 약화될 수밖에 없었습니다. 블레셋은 이와 같은 이스라엘의 약점을 틈타 공격을 가해 왔을 것으로 보입니다.

우리의 원수인 사탄은 우리가 기도하지 않아 영적으로 약해질 때 반드시 공격해 온다는 영적 진리를 알아야 합니다. 블레셋의 골리앗이라는 장수가 이스라엘 군대를 모욕하지만 이스라엘 군은 대항도 못하고 모두가 크게 두려워하고 있었을 때(8-11절) 하나님은 다윗을 골리앗이 있는 전장으로 인도하셨습니다.

1. 하나님은 하나님의 뜻을 이루기 위해 다윗을 전쟁터로 나오게 하셨습니다.

블레셋과 이스라엘간의 전쟁이 일어나자 이새의 가문에서 다윗의 형 세 명이 군대에 징집되어 전쟁터에 나가게 되었습니다(12-15절). 이들의 안부가 궁금해진 다윗의 아버지 이새는 다윗을 시켜 안부를 알아 오도록 심부름을 시켰습니다(18-20절). 다윗은 형들이 있는 전쟁터에 왔다가 골리앗을 만나게 됩니다. 하나님은 왕으로 예정하신 다윗을 역사의 전면에 부각시키기 위하여 지극히 인간적인 사건을 통하여 전쟁터까지 인도하신 것입니다.

이처럼 인류의 역사는 우연한 과정을 통해 이루어지는 것 같지만 실상은 하나님의 주도면밀한 계획 속에서 진행되는 것입니다. 그러기에 우리는 범사에 그를 인정하고(잠 3:6), 또한 일상적인 일들이라 할지라도 순간 순간을 하나님께 의뢰해야 하는 것입니다.

2. 골리앗은 하나님을 믿지 않는 자의 상징적 인물이었습니다(45절).

골리앗은 신장이 6규빗 한 뼘이요 머리에는 놋 투구를 썼고 몸에는 갑옷을 입었는데, 놋 5천세겔로 만들었고 다리에는 놋 경갑을 했고 어깨에는 놋 단창을 메었는데 그 창자루가 베틀채 같고 창날은 천육백세겔이라고 설명(4-7절)했는데 이것은 어마어마한 중무장인 것입니다. 이런 중무장을 한 골리앗은 매우 거드름을 피웠습니다. 그리고 상대방인 다윗을 매우 경멸했습니다(42절).

골리앗은 하나님을 부인하며 자기 능력과 세상을 의지하는 교만한 자들의 상징입니다. 이렇게 자신의 힘과 재주로 무장하고 그것을 자랑하고 교만한 자는 반드시 패망한다는 사실을 알아야 합니다.

3. 다윗은 믿음을 가진 자의 상징적 인물입니다(45-47절).

본문에서 가장 두드러지게 나타나는 것은 다윗의 신앙적 열정입니다. 골리앗이 하나님을 모욕하자 그는 의분을 가졌습니다(26절). 그리고 그는 골리앗과 싸우기로 했습니다. 그런데 이 싸움을 보면 실제적인 전투보다 다윗과 골리앗의 설전을 벌인 것에 대한 지면을 더 할애했습니다. 전쟁보다는 영적 상태가 더 중요하기 때문입니다. 전쟁은 하나님의 손에 달려 있기 때문에 하나님을 믿고 의지하는 신앙에 따라 전쟁의 승패는 좌우되는 것입니다. 다윗이 하나님을 의지할 때 승리할 수 있었던 것입니다(46절).

다윗에 대한 사울의 시기 (사무엘상 18:5-16)

앞장(17장)에서 다윗은 위기 가운데 있는 나라를 구하므로 역사의 전면에 부각되었음을 보았습니다. 본 장은 이 일로 인해 사울의 아들 요나단과 아름다운 우정을 맺게 되나(1-4절) 사울에게는 점차 시기를 받게 되어 죽을 뻔한 위기를 당하는데까지 이르게 된 것을 보게 됩니다.

1. 다윗은 많은 사람들에게 지나치게 존대함을 받았습니다(6-7절).

다윗은 요나단 뿐 아니라 온 백성들로부터 사랑과 인정을 받기 시작했습니다(5절). 개선식을 거행하는 자리에게 여인들이 찬양하기를 "다윗은 만만이요 사울이 죽인자는 천천이라(7절)"는 여인들의 찬양을 받았습니다. 다윗은 지나치게 존대함을 받았습니다. 때때로 지나치게 존대함을 받는 것은 불행의 불씨가 될 때가 많습니다. 왜냐하면 시기하는 자가 있기 때문입니다. 여인들의 노래는 적절한 표현이었으나 한가지 문제가 있었습니다. 그것은 사람을 맞대놓고 비교했다는 점입니다. 사람을 맞대놓고 비교하면 한 사람은 교만으로 또 다른 한 사람은 시기심과 좌절로 빠트리는 무서운 결과를 낳게 만든다는 것을 알아 다른 사람을 비교하는 일을 우리는 조심해야 합니다. 자녀들을 양육할 때도 비교하는 것은 아주 조심해야 합니다.

2. 이것은 사울이 다윗을 시기하는 계기가 되었습니다(6-10절).

교만한 사람은 자기 이외의 어떤 사람을 칭찬하는 말에 잘 참지 못합니다. ①질투와 시기는 인간을 격노케 만듭니다(8절). ②시기는 다른 사람을 의심하게 만듭니다. 사울은 다윗이 자기에게 반기를 들어 왕위를 차지할 것으로 의심하게 되었고 그 결과 다윗에게 두 번이나 창을 던져 죽이려고 시도했습니다(11절). ③악신들이 들어 왔습니다. 시기는 사탄이 들어올 자리를 마련해 주는 것입니다. 그러므로 충신인 다윗을 죽이고자 하는 악한 생각을 하게 된 것입니다.

우리는 시기심을 조심해야 합니다. 뿐만 아니라 그리스도의 선한 마음을 품어 이웃간에 좋은 관계를 유지해 나갈 수 있도록 힘을 기울여야 합니다. 남을 용서하고 이해하며 사랑하는 것은 정신 건강에도 좋은 영향을 끼침을 믿어야 합니다.

3. 하나님이 떠난 사람과 하나님이 함께 하는 사람의 차이를 볼 수 있습니다(12절).

12절 말씀을 보면 "여호와께서 사울을 떠나 다윗과 함께 계시므로 사울이 그를 두려워했다"고 했습니다. 이와 같이 하나님이 떠난 사람과 하나님이 함께 하는 사람의 차이를 보면,

①서로 다른 성품을 소유하게 됩니다. 사울은 격렬한 마음이었지만 다윗은 왕 앞에서 수금타는 고요함이 있었습니다. ②그들은 서로 다른 물건을 손에 쥐고 있었습니다. 다윗은 사울을 위해 수금을 들고 있을 때 사울은 다윗을 겨냥하여 창을 들고 있었습니다. ③선을 악으로 갚은 사울에게 나타난 결과는 다윗에 대한 두려움이었습니다. 하지만 다윗은 천부장으로 승진했습니다. 그리고 크게 지혜로워지고 모든 사람으로부터 사랑을 받았습니다. 그러므로 우리의 문제는 하나님이 함께 하는 사람 되는 일에 힘쓰는 일입니다.

다윗을 보호하시는 하나님

(사무엘상 19:18-24)

앞장(18장)에서 역사의 전면에 부각된 다윗이 백성들의 인정을 받자 사울이 다윗을 시기하여 그를 제거하려 했음을 보았

습니다. 본 장에서도 그 같은 사울의 행위가 계속됩니다. 그러나 하나님께서 보호하심으로 모든 시도는 실패하고 맙니다.

1. 하나님의 보호는 사울의 아들 요나단을 통해서 역사하셨습니다(1-7).

다윗을 죽이려는 두 번의 시도가 모두 실패하자(삼상 18:10-30) 사울은 공공연하게 다윗 제거명령을 내렸습니다(1절). 하지만 사울의 아들 요나단은 다윗을 보호 하고자 이 사실을 다윗에게 알리고 당분간 숨어 있도록 권합니다(2절). 그런 다음 그는 자기 아버지 사울에게 다윗을 죽이려는 아버지의 노력이 잘못 되었음을 직고합니다(3-5절). 그러자 다행이도 잠시나마 사울이 마음을 돌이켜 다윗 죽이기를 포기합니다(6,7절). 이런 결과는 요나단의 구명운동의 결과였습니다. 요나단은 다윗을 사랑했습니다. 진정한 사랑은 친구를 살리는 힘이 있습니다. 이와 같이 이웃을 진정으로 사랑하는 마음을 가지면 영적으로 죽어 가는 이웃을 살릴 수가 있는 것입니다.

2. 하나님의 보호는 사울의 딸 미갈을 통해서 역사 하셨습니다(8-17절).

다시 이스라엘과 블레셋간의 전쟁이 일어나자 다윗이 나가 승리합니다. 시기심에 사로잡힌 사울이 다윗을 또 살해하려고 합니다(8-10절). 이에 다윗이 사울을 피해 집으로 가자 사울이 사람을 보내 다윗을 죽이려고 했습니다. 이번에는 다윗의 처 미갈이 지혜롭게 행동하여 다윗을 구합니다(11-17절). 그런데 미갈은 정작 다윗을 올무에 빠뜨리기 위해 사울이 다윗에게 준 둘째 딸이었습니다. 그러나 사울은 그 딸로 말미암아 다윗을 죽일 수 있는 기회를 상실하고 맙니다.

이 사실을 통해 알 수 있는 것은 하나님은 인간이 세운 악한 계획일지라도 하나님의 계획과 섭리 앞에서는 헛될 수밖에 없으며 하나님은 그것까지라도 오히려 당신의 뜻을 이루는데 사용하심을 알 수 있습니다.

3. 성령으로써 하나님은 다윗을 보호하셨습니다(18-24절).

사울을 피해 자기 집에서 빠져 나온 다윗은 친척이 있는 베들레헴으로 간 것이 아니라 곧장 사무엘에게로 달려갔습니다. 다윗은 고난 당할 때 "하나님의 날개의 그늘"을 믿고 그의 믿음을 북돋아 줄 용기를 사무엘에게서 얻고자 했습니다. 사무엘은 선지자였으므로 이러한 고난의 날에 하나님의 종이 어떻게 해야 할 것인가를 잘 충고해 주리라고 기대 했기 때문입니다. 즉 하나님의 사람의 지도를 얻기 위해서였습니다. 다시 말하면 환난 날에 유일한 구원자는 하나님뿐이라는 신앙으로 하나님을 피신처로 삼았다는 말입니다.

하지만 이를 알게 된 사울은 세 차례에 걸쳐 자객을 보내어 살해하려고 했지만 하나님의 신이 그들 위에 임해 예언하게 하셨습니다. 나중에는 사울이 직접 갔지만 그도 하나님의 강권적인 역사에 의해 예언하게 되었습니다. 여기서의 성령의 역사는 사울에게 완악함을 경고하면서 다윗으로 하여금 도망갈 수 있도록 역사한 성령입니다. 하나님은 이렇게 하나님의 택한 자를 보호하시기 위해 초자연적으로 역사 하십니다.

다윗과 요나단의 우정 (사무엘상 20:30-42)

전장(19장)에서 사울이 하나님의 신에 접하여 자기 의식을 잃어버리고 하나님 앞에서 예언하는 동안에 다윗은 사울과 그 부하를 피하여 도망 칠 수 있었습니다.

다윗은 요나단에게 와서 사울이 자기를 죽이려고 한 것이 단순한 광기에 의한 것인지 아닌지를 알아봐 달라고 부탁하였습니다. 만일 그것이 단순한 광기였다면 사울의 정신이든 후에 여전히 사울을 섬기려고 하는 마음 때문이었습니다.

자신에게 악을 행하고 해를 끼치려는 사람을 좋은 방향으로 이해해 주려고 하는 다윗의 자세는 진실로 모든 성도들이 지녀야 될 덕목인 것입니다.

한편 요나단은 다윗의 청을 기꺼이 허락하고 아버지 사울의 의중에 가지고 있는 다윗에 대한 마음을 알아냅니다. 사울이 다윗을 향해 가지고 있는 마음은 다윗을 죽이려고 하는 마음이었습니다(24-30절). 요나단은 다윗에게 자기의 아버지가 가지고 있는 마음을 알려주고 다윗에게 도망가도록 배려합니다. 진실로 보기 드문 우정입니다. 요나단은 다윗이 없으면 자신이 왕이 될 수도 있었습니다. 하지만 요나단은 다윗과의 우정을 위해 다윗을 돕고자 최선을 다했습니다. 요나단과 다윗의 우정을 통해 참된 우정의 모습을 생각해 보도록 하겠습니다.

1. 요나단은 다윗을 자기 생명같이 사랑했습니다(17절).

요나단이 다윗을 사랑하는 정도는 자기의 생명을 사랑함 같다고 했는데 과연 요나단은 친구를 위해 자기 목숨을 걸고 다윗을 피신시켜 주었습니다(42절). 예수님도 요 15:13에서 "사람이 친구를 위하여 목숨을 버리면 이보다 더 큰사랑이 없다"
고 했는데 요나단은 이를 실천한 사람입니다.

참된 우정이 지속되기 위한 첫 번째 비결은 친구를 나의 생명
과 같이 귀하게 여기는 사랑과 헌신임을 알고 친구를 혹은 이웃
을 내 몸같이 사랑하는 삶을 살아야 합니다.

2. 요나단은 친구를 위해 변호했습니다.

다윗은 블레셋의 침입으로 위태로운 지경에 처해 있던 이스
라엘을 구했습니다. 하지만 사울은 시기심으로 다윗을 죽이려
했습니다. 그때에 요나단은 무죄한 다윗을 죽이게 된다면 범죄
하는 것이라고 아버지 사울에게 충고하자 사울이 단창을 던지
려고 하는 위태로운 상황까지 이를 뻔하였습니다(33절).

요나단은 아버지 사울이 잘못하는 것을 알았기에 충고함과
동시에 의로운 친구 다윗을 지켜준 것입니다. 이렇게 우리는
친구나 이웃의 곤경을 위해 목숨걸고 변호해 줄 수 있는 사람이
되어야지 오히려 이웃의 곤경을 더욱 비난하는 잘못된 삶을 살
아서는 안됩니다.

3. 하나님께서 함께 하시기를 기원했습니다(42절).

위기에서 벗어난 다윗이 먼길을 떠나려 할 때 요나단은 두
사람 사이에 하나님께서 영원히 함께 계시기를 기원했습니다
(42절). 성도의 진정한 친구는 구원자 되시는 하나님을 믿는
믿음이 같아야 합니다. 고후 6:14절에 보면 "너희는 믿지 않는
자와 멍에를 같이 하지 말라"고 하셨습니다. 믿지 않는 자와
같이 있으면 있을 수록 하나님이 함께 하신다는 믿음이 약해질
수 있습니다. 그러므로 우리에게는 하나님을 믿는 믿음이 같은
친구들이 많아야 합니다.

다윗의 도피 (사무엘상 21:1-6)

요나단과 이별한 다윗은 당시 베냐민 지파의 성읍이라고 추측되는 놉땅에 있는 제사장 아히멜렉에게로 도망가 제사장의 도움을 요청하였습니다. 이렇게 다윗이 놉땅으로 피신한 이유는 아마 그곳의 제사장을 만나 하나님의 뜻을 묻고 도움을 얻기 위함인 듯 합니다(삼 22:10). 오늘 본 장에서 몇 가지 사실을 생각해 보겠습니다.

1. 곤경에 처할 때 거짓말을 조심해야 한다는 것을 명심해야 합니다(1-2절).

다윗이 아히멜렉에게 왔을 때 제사장 아히멜렉이 네가 어찌하여 혼자냐고 묻자 다윗은 왕이 자기에게 비밀스러운 일을 맡겼기 때문이라는 거짓말을 했습니다.

세상은 참 변화무쌍합니다. 어제 모든 사람에게 환대 받던 다윗이 오늘 모든 사람들에게 배척받고 홀로 있다는 사실입니다. 그런데 세상만 변화무쌍한 것이 아니라 사람의 마음도 변화무쌍 할 때가 많았습니다. 어제의 다윗은 매우 위대한 신앙과 용기가 있는 사람이었습니다. 그러나 다윗은 이제 두려움과 겁 때문에 거짓말을 하였습니다. 다윗의 이 거짓말 때문에 후에 아히멜렉과 그의 가족 85명이 사울에게 죽임을 당하게 되는 결과를 가져오게 됩니다(삼상 22:9-19). 다윗이 왜 이렇게 거짓말을 하는 사람이 되었는가? 결론적으로 말하면 그의 믿음이 연약해졌기 때문입니다. 왜? 그의 믿음이 연약해졌는가? 그 이유는 오직 한가지 하나님만을 전적으로 믿고 의지하지 않고 아히멜렉이란 제사장인 사람을 의지했고 사람이 두려워 거짓말을 하게 된 것입니다. 그러므로 우리는 어떤 곤경에 있더라도 하나님만을 믿고 의지하는 담대한 신앙을 가져야 합니다.

2. 율법정신을 올바로 알아야 합니다(3-6절).

다윗은 먼길을 떠나야 됨으로 떡이 필요했습니다. 그래서 제사장에게 먹을 것을 청했을 때 제사장은 하나님께 바쳐진 거룩한 떡 밖에는 없음으로 그들의 성결을 물은 뒤에 율법에 제사장 외에는 먹지 못하도록 규정된 진설병을 내 주었습니다. 전에 사울은 제사장들만이 집전 할 수 있는 율법을 어기고 제사를 드린 것이 결정적 원인이 되어 왕위 폐지 선언을 받았습니다. 본문에 의하면 다윗도 역시 사울처럼 율법을 어긴 것만은 사실입니다. 그러나 다윗은 결코 하나님의 저주를 받지 않았습니다. 이 문제에 대해서는 후에 예수님 일행도 안식일에 밀밭사이로 지나다가 밀 이삭을 잘라먹는 제자들에게 율법을 어겼다고 비난하는 바리새인들을 향하여 다윗의 본 장의사건을 예로 들었습니다(마 12:3-4).

여기서 우리는 하나님이 우리에게 주신 율법정신을 올바로 알 수가 있습니다. 즉 자비가 제사보다 낫고 의식절차보다는 도덕적 의무를 존중해야 한다는 신앙정신을 먼저 지켜야 한다는 사실입니다. 하지만 그러한 일은 달리 해결할 수 없는 매우 위급한 경우에만 가능한 일임을 보여주신 말씀입니다. 여기에 법과 은혜의 조화가 있는 것입니다.

3. 약속의 땅을 떠나게 되면 멸시를 받게 됩니다(14-15절).

사울을 피해 놉을 거쳐 블레셋으로 도망간 다윗은 블레셋 왕 아기스가 두려워 목숨을 부지하기 위해 그들에게 의심받지 않도록 스스로 미친척하여 멸시를 받게 됩니다. 성도가 하나님을

온전히 믿지 않고 하나님의 약속의 말씀을 떠나면 이렇게 멸시
를 받게 됩니다.

아둘람 굴로 도망한 다윗 (사무엘상 22:1-10)

앞장(21장)에서 다윗은 사울의 위협을 피해 이곳저곳을 유
랑했으나 그 어디에서도 안전한 피난처를 찾지 못하고 겨우 목
숨만을 부지한 채 아둘람 굴로 도망칩니다. 자기 조국을 위해
큰공을 세웠고 하나님께 왕위를 약속 받았던 다윗이었지만 다
윗의 현재는 굴속에 숨어 아무 소용이 없는 그릇처럼 버림을
받고 있는 것을 보게됩니다. 때로는 빛나는 광명이 이처럼 등
밑에 숨겨지며 가리워 질 때 가 있습니다. 하지만 그 빛이 가리
워 진다고 조금도 이상하게 생각할 필요가 없습니다. 이 굴은
다윗이 하나님께 자신의 생명을 전적으로 부탁하는 기도하는
굴이 되었을 것입니다.

**1. 다윗의 친척들과 압제 당하는 400명이나 되는 자들이
굴속으로 몰려갔습니다.**

다윗 당시에는 모반에 관한 범죄는 온 가족이 처벌당하는 시
대였으므로 사울에 대한 두려움 때문에 이들 모두는 아둘람 굴
로 도피했을 것입니다. 하지만 그 외에 많은 사람들이 다윗에
게로 몰려들었습니다. 그 숫자는 무려 400명이나 되었습니다.
그들은 어떤 사람들일까요?

첫째로 그들은 사랑으로 뭉쳐진 사람들이었습니다. 하나님의 자녀들이 곤경에 처하면 하나님도 이런 사랑을 가진 자들을 보내어 격려하십니다.

둘째로 다윗에게 몰려든 사람들은 연약한 자들이었습니다. 그들은 환난 당한 자, 빚진 자, 마음이 원통한 자였습니다. 그런데 하나님이 쓰시는 사람은 이렇게 연약한 자들을 쓰십니다. 그들은 겸손히 오직 하나님만을 의지하기 때문입니다.

셋째로, 하지만 그들은 믿음으로 뭉쳐진 사람들이었습니다. 다윗이 베들레헴의 물을 원할 때 생명을 걸고 물을 떠왔던 사람들이었습니다. 하지만 그들이 다윗에게 피하긴 했지만 다윗이 왕위에 오르기까지는 고난을 감수 해야할 각오가 있어야 했습니다.

그들은 후에 다윗과 함께 영광의 기쁨을 누리게 되었습니다 (삼하 2:3). 이와 같이 성도들이 그리스도와 함께 영광을 누리기를 원한다면 그리스도와 함께 고난을 받으며 끝까지 견디는 인내로 단련된 믿음을 가져야 합니다.

2. 다윗은 불편한 동굴 생활 속에서도 나이 많은 부모를 위해 자상한 배려를 잊지 않았습니다(3,4절).

예수님도 십자가에 못 박히실 때 요한에게 예수님의 어머니 마리아를 부탁한다고 하셨습니다. 엡 6:1-3절에 보면 "부모를 공경하라 이것이 약속 있는 첫 계명이라"고 하셨습니다. 그러므로 부모 공경하는 사람은 땅에서 잘되고 장수하는 복을 받는 것입니다.

3. 선지자 갓은 다윗에게 이방 땅에 있지 말고 유다 땅으로 돌아가게 했습니다.

이렇게 하나님은 의로운 자의 발걸음을 인도하십니다. 의로운 자라면 아무리 작은 일이라도 하나님의 뜻을 먼저 생각해야 합니다. 더 나아가 우리는 다윗처럼 하나님의 말씀이 떨어질 때 즉시 행동하는 신앙을 가져야 합니다. 이렇게 말씀을 즉시 믿고 행동하는 삶이 의심의 동굴, 사망의 동굴에서 해방됨을 받는 유일한 삶의 방법인 것입니다.

그일라를 구원한 다윗 (사무엘상 23:1-5)

이제 우리는 선지자 '갓'이 왜 다윗에게 유다 땅으로 가라고 명령하였는지 그 까닭을 알 수 있게 되었습니다. 이스라엘은 하나님의 나라입니다. 그러나 사울은 그 나라의 안전에 등한시하였기 때문에 하나님은 사울을 버리고 다윗에게 기름을 부으셨던 것입니다. 하나님은 택하신 나라에 대해서는 그 누구보다도 하나님 자신이 지키십니다. 그리고 거기에 필요한 적당한 하나님의 사람을 뽑으시고 택하시는 것입니다. 누구를 택하시든지 하나님은 당신의 역사를 이루십니다.

1. 블레셋 사람이 그일라를 약탈했다는 소식이 다윗에게 전해졌습니다.

그 당시의 왕은 사울이었습니다. 그런데 왜 이 소식이 다윗에게 전해 졌을까요? 이 문제는 단순한 문제가 아니라 지휘권이 다윗에게로 향하여 오고 있다는 징조입니다. 비록 다윗이 일찍 기름부음을 받았지만 받자마자 모든 권한이 찾아온 것은 아닙니다. 여기까지 오는 동안 다윗은 목숨을 건 도피 여정을 겪어야 했고, 비참하게 아둘람 굴로 몸을 숨겨야 했고, 부모의 안전이 위태로워 모압 왕에게 부모를 맡기기까지 했습니다. 그러나 다윗은 이 모든 일을 믿음으로 하였습니다.

승리는 마지막까지 참고 견디는 자에게 찾아옵니다. 다윗은 승리케 하시는 분이 하나님이심을 믿고 소망으로 하나님을 바라보았을 때 인내 할 수 있었고, 그 결과 이제 모든 지휘권이 다윗을 향하여 오게 된 것입니다.

반면에 사울은 욕심에 눈이 멀어 자신의 권세를 지키기 위하여 하나님을 무시하고 하나님의 사람까지 핍박하였습니다. 그 결과 그렇게 원하고 지키기를 소원했던 모든 권세가 떠나가게 된 것을 봅니다. 그리고 한 개인의 불 신앙이 공동체 전체를 위태롭게 만드는 것을 볼 수 있습니다. 하나님은 하나님을 소망하고 믿음으로 인내하는 사람을 통하여 일 하십니다. 하나님께 쓰임 받는 믿음의 사람이 되도록 힘써야 합니다.

2. 다윗은 이 문제를 놓고 하나님께 물었습니다.

문제가 생겼을 때 누구보다도 하나님께 묻는다는 것은 문제 해결의 지름길이요. 그 자체가 믿음입니다. 믿음 없이는 하나님께 물을 수 없기 때문입니다.

사울에게 쫓겨다니던 시절 다윗은 하나님에게는 묻지 않고 이방 나라 블레셋 땅까지 내려갔지만 이제 다윗이 하나님의 뜻을 묻는다는 것은 믿음이 성숙된 모습을 보여줍니다. 그리고 하나님은 그에게 답을 주십니다(4절). 이 사실은 오늘 우리에게 큰 위로가 되고 힘이 되는 말씀입니다.

3. 다윗 한 사람 때문에 그일라 전체가 구원받았습니다(5절).

사울 한 사람이 잘못될 때 공동체 전체가 위기에 빠졌습니다. 한 개인의 욕심과 불 신앙은 나 자신 뿐만 아니라 전체를 망하게 합니다. 그러나 한 사람의 믿음과 순종은 전체를 구원하고 살려냅니다. 내 자신의 믿음이 내 가정과 교회와 사회 전체를 살려내는 힘이요. 능력이 된다는 것을 기억해야 합니다.

사울을 살려준 다윗 (사무엘상 24:1-7)

다윗이 사울의 위협을 피해 쫓겨다니던 중에도 여러 번 위기 때마다 하나님께서 돌보아 주심으로 자신의 생명을 보존 할 수 있었음을 살펴보았습니다(19-23장). 그런데 본 장에서는 사태가 역전되어 다윗이 사울을 죽일 수 있었음에도 불구하고 그를 선대하여 살려주는 장면이 나옵니다.

그 사건의 내용은 이렇습니다. 다윗이 400명의 군사를 데리고 엔게디 굴속에 숨어 있었는데 3천명 군사를 이끌고 다윗을 잡으러 왔던 사울이 뜻하지 않게 용변을 보기 위해 다윗과 그 일행이 숨어있는 동굴로 들어오게 되었습니다(1-3절).

다윗의 일행은 하나님이 주신 절호의 기회라고 생각하여 다윗에게 사울을 처치하도록 조언합니다(4절). 하지만 다윗은 사울의 겉옷만 베었을 뿐 그의 일행에게 하나님의 기름 부음을 받은 사울을 해치지 못하도록 지시합니다(4-7절). 이 사건을 통해서 몇 가지 생각할 점이 있습니다.

1. 다윗이 그에게 주어진 기회를 사용하지 않고 사울을 살려준 이유는 몇 가지가 있습니다.

첫째로, 인도주의적 견지에서였습니다. 사울은 다윗의 장인이자(삼상 18:27) 또한 상관이었으니 그에게 손을 대지 않았습니다.

둘째로, 정치적인 측면을 고려해서였습니다. 다윗 역시 기름 부음 받은 자이긴 하나(삼상 16:1-13) 자신이 사울을 죽일 경우 이런 사실을 모르는 백성들에게 다윗은 쿠데타를 일으키는 경우가 되기 때문에 하나님의 섭리에 의해 왕이 되는 신본주의적 입장보다는 인본주의적인 방법에 의한 왕권 이양의 성격을 갖게 되기 때문에 다윗으로서는 하나님의 때를 기다려야 함이 마땅했던 것입니다. 우리의 삶에 있어서도 하나님의 때를 기다리지 못하는 조급함 때문에 일을 망치는 일이 없어야 합니다.

셋째로, 가장 절대적 이유는 신앙적인 것으로써 하나님의 기름 부은 자 즉 하나님의 신적권위를 부여받은 자였기 때문이었습니다. 만약 다윗이 사울을 죽인다면 그것은 하나님의 절대주권에 도전하는 행위였기 때문에 이를 피한 것입니다.

2. 다윗은 작은 죄에도 아파하는 자였습니다.

영적인 사람은 하나님의 말씀에 대하여 민감한 반응을 나타내는 자 입니다. 하지만 육적인 사람은 마음이 무디어져서 하나님의 말씀이 새겨지지 않는 법입니다. 영적인 사람은 마음속에 하나님을 늘 모시고 살기 때문에 자신이 행한 아주 작은 죄에도 민감하고 마음 아파합니다.

다윗은 자신이 사울 왕의 겉옷 자락을 가만히 벤 작은 실수가

죄임을 깨닫고 하나님께 작은 허물일지라도 자복했습니다(6-7
절). 이처럼 하나님께 작은 허물일지라도 자복하고 자신의 죄
악을 숨기지 않는 삶을 살았기에 그는 큰 잘못을 범해도 하나님
께 긍휼을 얻을 수가 있었던 것입니다.

3. 다윗은 선도할 줄 아는 자였습니다.

영적인 사람은 악한 일보다 선한 일 행하기를 즐겨합니다.
다윗은 사울을 죽이려는 부하들에게 하나님께서 기름 부은 자
를 해하는 것은 하나님께 범죄하는 것이므로 안 된다고 부하들
을 강하게 만류했습니다. 이렇게 다윗은 악을 버리고 선을 행
하여 화평을 쫓는 영적인 사람이었습니다(시 34:14). 우리의
삶은 군중들조차 선도하여 선한 길로 인도하는 삶을 사는 삶이
되어야 합니다.

지혜로운 여인 아비가일
(사무엘상 25:1,23-35)

본 장은 영적 지도자였던 사무엘의 죽음과 다윗이 사무엘의
죽음 이후 바란 광야에 내려갔다가 일행의 양식을 위해 나발에
게 도움을 요청했으나(2-8절) 나발이 다윗을 모욕한 채 도움을
거부하였습니다(9-11절). 그러자 이에 격분한 다윗이 나발을
죽이려 하자 이 소식을 들은 나발의 아내 아비가일이 음식을
준비하는 지혜를 발휘하여 급히 다윗에게로 달려가 다윗을 설

득하고 다윗이 아비가일의 호소에 감복하는 내용입니다(12-3
5절). 본 장을 통해서 몇 가지 사실을 교훈 받도록 하겠습니다.

1. 사무엘의 죽음을 통해 교훈 받아야 할 내용입니다(1절).

사무엘은 위대한 선지자입니다. 그렇지만 위대한 선지자도
결국 죽는다는 사실입니다. 이 사실을 통해 죽음의 보편성을
알아야 합니다. 사무엘은 다윗을 아꼈고 친밀했기 때문에 사울
이 그를 대단히 미워했지만 사울의 폭정 아래에서도 사무엘은
편안히 죽을 수가 있었습니다. 사무엘은 때론 사울에 의해 죽
음을 당할까 두려워하기도 했습니다. 사울은 사무엘을 미워했
지만 그 또한 헤롯이 세례 요한을 두려워했듯이 사무엘을 두려
워했습니다. 그러므로 사무엘을 해하지 못했던 것입니다.

하나님은 하나님만을 의지하는 자를 이렇게 보호하여서 사
울의 정권 아래에서도 한평생을 살다 죽게 하셨다는 것을 기억
하며 하나님만을 두려워하고 사람을 두려워하지 않는 삶을 살
도록 노력해야 합니다.

2. 아비가일의 지혜를 본받도록 해야 합니다(23-31절).

"슬기로운 자의 책망은 청종하는 귀에 금 고리와 정금 장식
이니라"(잠언 25:12)는 말씀처럼 아비가일은 슬기로운 책망
자였으며 다윗은 정금 장식과 같이 청종하는 귀였습니다. 사건
의 발단은 다윗이 아비가일의 남편 나발에게 음식을 줄 것을
정중하게 부탁했으나 나발이 다윗을 비웃으며 주지 않자(9-13
절), 이에 격분한 다윗이 400명 군사를 데리고 나발을 죽이려
고 올 때 아비가일이 음식을 싸 가지고 가서 자기 남편의 실수
에 대한 용서를 빌었습니다. 용서를 비는 과정에서 그녀의 겸
손과 경건한 신앙심을 볼 수 있습니다. 그녀는 먼저 겸비한 자

세로 땅에 엎드렸고(23절), 분노한 다윗의 마음에 여호와 하나
님을 생각하게 하는 지혜롭고 경건한 설득을 하였습니다. 진실
한 인간성, 그리고 지혜로운 처세와 하나님을 향한 경건한 신
앙으로 아비가일은 분노하였던 다윗의 노기를 화창한 봄날처
럼 만들었고 그의 가정을 파멸에서 구원하였습니다.

아비가일은 모두에게 기쁨을 가져다 준 여인이었습니다. 그
러므로 모든 여인들은 아비가일처럼 경건한 삶에 힘써 하나님
께 지혜를 받아 모두에게 기쁨을 줄 수 있는 사람이 되어야겠습
니다.

3. 다위의 감사를 본받아야 합니다(32-35절).

다윗은 먼저 죄의 길에 빠지지 않도록 훌륭한 제동자를 보내
주신 하나님께 감사하고(32절), 그 다음에는 그가 살인죄를 짓
지 않도록 그의 노기를 지혜롭게 풀어준 아비가일에게 감사했
습니다(33절). 우리는 때때로 격정으로 인해서 살인할 것 같은
상태에 이를 때도 있습니다. 그럴 때에 충고를 은혜로 받아들
이는 사람은 그렇게 많지 않습니다. 자기를 억제하지 못할 때
충고를 듣는 자세는 귀한 자세입니다. 지혜롭고 선한 사람일수
록 자기보다 못한 사람의 말을 듣고도 자기를 조절합니다. 또
한 지혜로운 사람일수록 무엇이 중요한 줄을 압니다. 다윗은
나발을 죽이겠다고 맹세한 바 있으나 잘못된 맹세를 실천하는
것보다 선을 행함이 더 귀한 줄을 알았던 것입니다.

사울의 변덕과 다윗의 변치 않는 신앙

(사무엘상 26:21-25)

　다윗이 엔게디 동굴에서 사울을 살려 주었습니다. 그때 사울은 울면서까지 회개하고 다시는 다윗을 잡지 않는다고 했습니다(24:16-22절). 그러나 얼마 지나지 않아 사울은 다윗이 하길라 산에 숨어 있다고 십 사람들이 밀고하자 군사 3천명을 이끌고 다윗을 죽이려고 하길라 산 아래인 십 황무지로 달려갔습니다.

　한편 십 사람들은 다윗과 같은 유다 지파였는데 다윗을 두 번씩이나 사울에게 밀고했습니다(삼상 23:19절). 그들은 기회주의자들로써 아직은 기득권을 가지고 있는 사울에게 잘 보이기 위해 다윗을 밀고했습니다. 이러한 사실은 마치 세상을 구원하기 위해 이 땅에 오신 예수님께서 그의 고향 사람들에게 배척받으신 사실을 연상케 합니다(마 13:58절). 그럼에도 상황은 역전되어 사울을 죽일 수 있는 기회가 다윗에게 찾아왔습니다. 다윗은 또 한번 사울을 죽일 수 있는 기회가 왔는데도(6-8절) 그 처분권을 하나님께 위탁한 채 사울의 창과 물병만을 가지고 왔습니다(9-12절). 다윗을 잡으러 왔던 사울이 야영을 하며 잠자는 동안에 다윗과 그의 부하가 내려가 죽이지 않고 머리맡에 있는 사울의 창과 물병만 가지고 왔던 것입니다. 다윗이 가지고 온 사울의 창과 물병을 들고 사울을 죽일 의사가 전혀 없음을 다시 한번 호소합니다(16절). 이 소리를 들은 사울은 다시 한번 자신의 잘못을 뉘우치며(21절) 오히려 다윗에게 복까지 빕니다(25절). 본 장을 통해 우리가 얻을 수 있는 몇 가지 교훈이 있습니다.

1. 인간은 아무리 고상한 정서라고 할지라도 일시적이고 순간적일 때가 많다는 사실입니다.

우리는 사울이 애통하며 회개하는 것을 보았습니다. 그리고 얼마 지나지 않아 다시 군대를 이끌고 다윗을 추격하는 모습도 보았습니다. 그리고 또 다시 잘못을 시인하고 다윗을 위해 복까지 빌었다가 후에 또 다시 다윗을 죽이려고 시도합니다(삼상 27:1절). 왜 이런 모순이 계속 되는 것일까요?

사울의 회개는 진정한 회개가 아니었습니다. 그의 행동은 감정에 의한 후회였습니다. 감정이란 시간이 가면 약해지고 고갈되고 변하는 법입니다. 그러므로 우리의 신앙도 감정에 근거를 두면 변하기 쉬운 것입니다. 항상 하나님의 말씀에 신앙의 근거를 두어야 합니다. 진정한 회개는 말씀 속에서 다가오는 회개인 것입니다.

2. 자기를 자제할 수 있는 능력도 신앙심의 정도와 비례합니다.

자신을 죽이려는 원수나 자신을 미워하는 사람을 보면 누구나 그들을 죽이고 싶어 할 것입니다. 그러나 다윗은 완벽하게 사울을 두 번이나 죽일 수 있는 기회가 있었는데도 죽이지 않았습니다. 이런 놀라운 자제력이 어디서 나왔을까요? 다윗의 부하 아비새는 사울을 가리켜 '당신의 원수'(7절)라고 말했습니다. 하지만 다윗은 끝까지 '여호와의 기름 부은 자'로 사울을 대하고 있었습니다(9,23절). 이것은 다윗의 변함없는 신앙의 자세였습니다. 고통 속에서도 다윗의 이 신앙은 변치 않았습니다.

3. 피하는 것도 가장 뛰어난 용기와 버금갈 수 있음을 알

아야 합니다(25절).

다윗은 싸워야 할 때 싸웠고 피해야 할 때 피했습니다. 전자는 할례 받지 못한 블레셋 인이었기에 싸웠고 후자는 하나님의 기름 부은 자였기에 피했습니다. 화목을 위해서는 피하는 것도 용기임을 알아야 합니다.

블레셋으로 도피한 다윗 (사무엘상 27:1-7절)

앞장(26장)에서 다윗이 사울을 죽일 수 있었음에도 불구하고 그를 살려주었던 일로 인해 두 사람간에 일시적이나마 화해 분위기가 조성되었음을 보았습니다. 그런데 본 장에 보면 여전히 사울은 다윗을 죽이려고 했던 것 같습니다. 그래서 다윗은 사울이 두려워 블레셋으로 도피하게 됩니다.

1. 다윗의 두려움(1절).

1절에 보면 "다윗이 그 마음에 생각하기를 내가 후일에는 사울의 손에 망하리니 블레셋 사람의 땅으로 피하여 들어가는 것이 상책이로다 사울이 이스라엘 온 경내에서 나를 수색하다가 절망하리니 내가 그 손에서 벗어나리라"하고 다윗은 사울이 두려워 블레셋으로 피신하는 장면이 나옵니다.

전에 골리앗 앞에서 "너는 너의 힘을 의지하며 나오지만 나는 살아 게신 하나님의 능력을 힘입어 나온다"고 외치며 담대했던 다윗이 이제는 "사울의 손에 망하리니"라고 말하고 있는

것을 봅니다. 때로는 이렇게 강한 믿음으로 산다고 자처하는
사람들도 믿음이 약해지면 미래가 어둡게 보일 때가 있습니다.
하나님은 다윗에게 왕이 되리라고 했는데 그는 "사울에게 망하
리니"라고 불 신앙적인 마음을 가졌습니다. 성도는 곤경에 처
할 때 이렇게 절망할 수도 있습니다. 하지만 절망에 져서는 안
됩니다. 절망은 결국 전능하신 하나님의 능력을 부정하는 죄에
서 오는 것입니다. 우리는 절망 당할 때 절망을 극복하는 힘이
어디에서 오는가를 바로 아는 것이 중요합니다. 그러므로 시편
기자는 시편 121편에서 "내가 산을 향하여 눈을 들리라 나의
도움이 어디서 올꼬 나의 도움이 천지를 지으신 여호와에게서
로다."라고 노래했습니다. 그러므로 하나님이시여! 우리에게
곤경 속에서 믿음을 더하소서! 하는 것이 우리의 기도문이 되
어야겠습니다.

2. 다윗의 잘못된 결정을 보게 됩니다(2-4절).

사울을 두려워 한 다윗은 블레셋 땅으로 피신하기로 결심을
했습니다. 다윗이 블레셋으로 피신한 것은 사울의 위협으로 부
터 피하자는 생각 외에 그의 가족과 그가 거느리던 6백 명의
부하들의 식량을 확보하자는 생각에서였습니다. 왜냐하면 유
다 땅에서는 약탈을 하지 않는 한 도피생활을 하면서 엄청난
식량을 구한다는 것은 불가능했기 때문이었습니다. 그렇다고
이스라엘의 차기 왕이 될 다윗이 약탈한다는 것은 생각조차 할
수도 없는 일이었습니다.

하지만 이상과 같은 이유에도 불구하고 다윗이 하나님께 묻
지 않고 하나님의 뜻을 알아보지도 않은 채 블레셋 땅으로 들어
가는 것이 상책이라고 생각한 것은 아주 잘못된 판단이었습니
다. 그는 하나님을 신뢰하기보다는 자신의 판단을 더 의지함으

로써 하나님의 명령을 거역하고 피신의 길을 선택한 것입니다.

　오랫동안 시련을 당하면 훌륭한 사람도 판단이 쉽게 흐려질 수가 있습니다. 그의 잘못된 판단은 후에 블레셋이 이스라엘을 칠 때 같은 동족을 쳐야 하는 고통을 당하게 됩니다(삼상 28:1). 그러므로 신앙인이 현실의 고통을 피하기 위해 인간적 방법을 간구 하는 것이 얼마나 어리석은 행위인지를 알아야 합니다.

3. 블레셋의 가드 왕 아기스는 다윗을 친절히 맞이했습니다(5-7절).

　전에는 다윗에게 적대적이었던 아기스(삼상 21:10-15)가 이번에는 다윗의 피신을 받아주고 환대해 주었다는 점은 특이한 일입니다. 다윗을 환대한 이유는 두 가지로 생각 할 수 있습니다. 첫째로, 다윗이 사울에게 오랫동안 정말로 쫓겨다닌다는 사실을 믿은 것과 둘째로, 예전보다 약화된 블레셋의 군사력에 다윗의 부하 600명을 고용함으로써 힘을 만회하고자 의도했던 것 같습니다. 이것이 바로 세속정치의 단면인 것입니다.

다윗과 사울에게 닥친 어려움

(사무엘상 28:1-7)

　지금까지 몇 장에 걸쳐 사울이 다윗을 살해하려고 하는 것을 보았습니다(18장-27장) 그러나 이제 본 장에서부터 마지막 31

장까지에는 사울의 몰락 과정과 그 최후가 그려집니다. 그 가운데서도 오늘 본문은 사울이 그 최후를 맞게 될 길보아 전투의 서론에 해당하는 부분으로 블레셋이 이스라엘을 공격하기 위해 군사를 일으킴으로 다윗은 다윗대로 사울은 사울대로 곤란한 지경에 빠지게 되는 것을 보여 줍니다.

즉 다윗은 아기스가 길보아 전투에 참전할 것을 명령함으로써 동족 상잔의 위기에 휘말리게 되었고(1,2절) 사울은 블레셋의 공격 앞에서 전의를 상실하게 되는 위기를 만나게 된 것입니다(3-7절).

1. 입장이 곤란해진 다윗(1절).

블레셋 왕 아기스는 이스라엘을 치기 위해 군사를 동원하면서 다윗에게 내가 너를 도와주었으니 이번에는 네가 나를 도와달라고 부탁을 해왔습니다. 적의 도움을 받는 것이 얼마나 괴로운 일인가를 생각해 봅니다. 이 모두가 다윗이 자초한 고통인 것입니다. 이것은 다윗의 잘못된 선택의 결과인 것입니다. 블레셋 땅에 자기 자신의 위험을 피하자고 들어갔던 것은 하나님을 믿는 자로서는 선택할 방법이 아니었던 것입니다.

하나님께 묻지 않고 나의 경험과 생각대로의 인위적인 방법은 이렇게 곤란한 위기를 만나게 하는 것입니다. 그러므로 까닭 없는 친절은 없는 것이니 만큼 급하다고 해서 아무의 도움이나 받으려고 하지 말고 오직 하나님의 도움만을 바라며 하나님께 의탁하는 성도가 되면 어떠한 경우에도 곤란을 당하는 경우가 없다는 것을 믿어야합니다.

2. 사울은 블레셋 군대를 보고 두려워 떨었습니다(5절).

만일 사울이 하나님과 가까이 하였다면 블레셋 사람의 군대를 보고 그렇게 크게 두려워하며 떨지는 않았을 것입니다. 죄로 물든 양심은 나뭇잎이 흔들리는 것을 보고도 떨게 되어 있습니다. 이런 근심 속에서 사울은 하나님께 물었습니다(6절).

번영할 때 제단과 주의 종을 경시하였던 사람들도 어려운 지경에 처하게 되면 하나님께 나아갈 수밖에 없게 됩니다. 그러나 하나님은 사울에게 대답하지 않으셨습니다. 6절에 보면 "하나님께서 꿈으로도 우림으로도 선지자들도 그에게 대답지 않으셨다"고 했습니다. 이 세 가지는 하나님께서 하나님의 뜻을 이스라엘에게 알릴 때 쓰던 세 가지 수단이었습니다. 이렇게 하나님이 대답지 않은 것은 하나님이 버리시기로 결정한 뒤에서야 하나님께 물었기 때문이요 진정한 회개 없이 두려움에서 벗어나고자 하는 욕망에 사로잡힌 간구였기 때문입니다. 야고보 선생은 "구하여도 받지 못함은 정욕으로 구하려고 잘못 구하기 때문이라"고 했습니다(약 4:3).

그러므로 우리는 "하나님을 만날 만한 때에 찾고 가까이 계실 때에 그를 부르라"(사 55:6)하신 말씀처럼 기회 잃은 간구를 하는 존재가 되지 않기 위해 기회가 있을 때에 하나님을 가까이 해야겠습니다.

3. 엔돌의 무당을 찾아간 사울(8-19절).

사울은 왕으로 기름부음을 받은 후 초기에는 사무엘의 가르침대로 잘 지켰습니다. 그 업적 중에 하나는 이스라엘의 경내에 무당을 멸절시킨 것이었습니다. 그러나 이제는 하나님께 응답이 없자 다급해져서 변장을 하고 무당을 찾아갑니다. 그리고 사무엘의 혼을 불러 올리게 합니다(8-14절). 우리는 접신녀가 불러낸 사무엘의 영혼을 액면 그대로 받아 들여서는 안됩니다. 영적 존재인 마귀도 얼마든지 사무엘의 혼을 가장할 수 있기 때문입니다. 그리고 하나님은 원하시면 사탄도 당신의 도구로 사용하실 수 있는 전능하신 분이신 것입니다(욥 1:6) 아무튼 하나님이 떠나 버린 자의 결말은 이렇게 접신녀나 찾아다니는 지극히 보잘것없는 자로 전락하고 마는 것입니다.

위기를 벗어난 다윗 (사무엘상 29:1-11)

아기스의 은혜를 입은 다윗은 왕의 요구를 거절하지 못하고 이스라엘과의 전쟁에 부득불 참전하게 되지만 블레셋 방백들의 거센 반발로 전투에 임하지 않고 시글락으로 자기 부하들과 함께 돌아가게 됩니다. 본 장을 통해서 몇 가지 생각하며 교훈을 받고자 합니다.

1. 계속되는 다윗의 난처한 입장을 보게 됩니다.

이제 이스라엘과 블레셋이 전쟁을 하게 되었습니다. 그래서 아기스는 다윗에게 도움을 청했습니다. 자기 동족과 싸워야 된다는 것은 보통 곤란한 문제가 아닌 것입니다. 그런데도 다윗은 그런 어려움을 해결하기 위한 어떤 노력을 시도했다는 기사를 우리는 보지 못했습니다. 만일 이스라엘과 블레셋이 싸울 때 다윗이 물러나서 싸우지 않는다면 아기스에게 비겁자요 배은망덕한 사람이 되고 맙니다. 반대로 블레셋을 도와 싸운다면 조국에 대한 배신자라는 비난을 면치 못하게 될 것입니다. 이렇게 한번의 죄는 계속 더 다른 곤란의 자리에 이르게 됩니다.

그러므로 의인 앞에 환난이 놓인 것 보다 죄가 놓였다는 것이 더욱더 난처하게 만드는 것이니 우리는 죄를 멀리 해야 합니다.

2. 다윗에게 이 어려움에서 피해 나갈 길이 열렸습니다.

그것은 블레셋의 방백들이 다윗의 존재를 의심하기 시작한 까닭입니다. 그들이 그가 "사울은 천천이요. 다윗은 만만이라 하던 자가 아니냐"고 반문하며 다윗의 전쟁 참여에 노골적으로 반대했습니다. 아기스는 다윗의 정직성을 이야기했지만 블레셋 방백들이 크게 노하자 블레셋 방백들과의 내분을 원치 않은 아기스에 의해 철군명령을 받게 됩니다.

다윗은 진퇴유곡의 난관에 빠졌었으나 이러한 상황에서 그를 구하신 것은 하나님의 섭리였습니다. 하나님은 다윗이 실수하기는 했지만 다윗의 마음이 하나님을 향해 바로 서 있는 한 다윗의 위기를 면하게 하셨습니다. 그러므로 지극히 우연하게 보이는 이 사건은 하나님께서 자기 백성들을 어떻게 돕고 계신지를 보여 주시는 훌륭한 증거가 되기에 충분합니다.

고전 10:13절에 하나님은 우리에게 "감당치 못한 시험 당함을 허락치 않으셨고 감당치 못할 때는 피할 길을 주신다"고 하셨습니다. 그러므로 성도들은 일시적으로 잘못되는 일이 있더라도 낙심치 말고 하나님께 기도하고 맡기면 모든 일에 합력하여 선을 이루어 주시는 하나님임을 믿는 성도가 되어야 합니다(롬 8:28).

3. 아기스는 끝까지 다윗을 변호했습니다(6절).

아기스는 다윗에게서 허물을 보지 못했다고 했습니다. 그런데도 아기스가 방백들의 반대를 물리칠 수 없었던 가장 큰 원인

은 블레셋의 정치 형태가 다섯 개의 부족이 연합한 국가 형태로
써 모든 의결사항은 다섯 부족의 방백들의 회의에서 결정되었
기 때문입니다. 이 회의 결과 다윗은 전투에 참여 할 수 없게
되어 다행이지만 다윗은 칭찬을 들어가면서 위기를 면하게 된
셈입니다. 이것은 다윗이 얼마나 겸손했던가를 알 수 있는 사
건입니다. 우리는 이렇게 적에게도 칭찬 받을 수 있는 겸손이
있어야 합니다.

계속되는 다윗의 불행 (사무엘상 30:1-15)

진퇴양난의 위기를 모면한 다윗이 시글락에 당도하니 성은
아말렉 사람들에 의해 불살라지고 모든 여인과 아이들이 잡혀
가고 없었습니다. 이에 다윗은 낙심천만해 하는 백성들에 의해
죽임을 당할 위기에 처하나 하나님을 의지함으로 다시 용기를
얻고 약탈자들을 뒤쫓아가 아말렉을 섬멸하고 포로들과 빼앗
겼던 모든 것을 되찾습니다.

1. 계속되는 다윗의 불행을 봅니다(1-5절).

그것은 다윗이 없는 사이 아말렉이 시글락을 습격하여 폐허
로 만들은 사건이었습니다. 이를 통해 다윗이 이스라엘을 대적
하여 블레셋 사람들과 함께 전쟁에 나가려고 했던 것이 얼마나
잘못된 것이었나를 깨닫는 순간이었습니다. 이는 실로 그가 한
번 뿌린 죄의 씨앗이 오래도록 그에게 아픔의 열매를 거두게
해주고 있음을 보는 것입니다(삼상 27:8-12). 비록 한번 잘못

되었다고 하더라도 블레셋과 함께 가기 전에 그는 한번쯤은 하나님께 물어 봤어야 했습니다. 이런 쓰라린 경험이 있은 후 다윗이 아말렉을 쫓아가는 일을 시작할 때 그때서야 그는 하나님께 물었습니다(7절). 이런 점에서 볼 때 다윗은 쓰라린 경험을 통해 자기에게 무엇이 잘못되었는가를 안 것 같습니다. 우리는 어떤 일이 생기고 나서 하나님께 묻는 것보다 어떤 일이 생기기 전에 하나님께 묻는 기도 생활을 게을리 하지 말아야 할 것입니다.

2. 다윗은 비난 속에서도 하나님을 힘입었습니다(6절).

　백성들은 모든 것을 잃고 기력이 없을 때까지 소리 높여 울다가 이 일로 다윗을 돌로 치려고 하였습니다. 이것은 모든 책임을 다윗에게 돌리는 행위였습니다. 이로 인해 다윗은 크게 군급하였다(6절)고 했습니다. 군급하다는 말은 히브리어로 『야차드』인데 원뜻은 『난처하다, 괴롭다』란 뜻입니다. 이것은 다윗에게 매우 쓰라린 시련이었습니다. 사울에게 추방당하고 아말렉 사람들은 그의 성을 노략질하고 아내들을 붙잡아 갔고 이제는 그가 신임하고 보호해준 절친한 친구들이 돌로 치려하고 있으니 얼마나 허탈했겠습니까?

　위대한 신앙은 이런 가혹한 시련을 받은 뒤 나타나는 것입니다. 크게 발전하기 직전이 가장 어려운 때입니다. 다윗은 이런 시련을 하나님만 의지하고 극복했습니다. 백성들은 극한 슬픔이 있는 나머지 그를 돌로 치려고 하면서 감정을 마음대로 폭발시켰지만 다윗은 참았습니다. 오직 하나님 앞에서 그의 감정을 억제하고 하나님만을 의지했습니다. 그 결과 하나님은 모든 것을 되찾게 해주셨습니다(19,20절).

3. 다윗의 우연한 선행이 승리를 가져다주는 계기가 되었습니다(11-15절).

하나님께 아말렉을 쫓아가라는 기도 응답을 듣고 아말렉을 쫓아가던 다윗을 우연히 들에서 병들은 소년 하나를 만나게 됩니다. 사실 다윗의 일행은 자기 백성들을 구하러 가야하는 절박한 상황이었습니다. 병들은 소년 때문에 지체 할 수 없었던 것입니다. 그런데도 다윗은 그에게 긍휼을 베풀어 떡을 주고 물을 마시게 하여 정신을 차리게 하였습니다. 그런데 그 애굽 소년은 병 때문에 무정한 아말렉 주인에 의해 버림받았던 것입니다. 이 가련하고 불쌍한 애굽 소년은 바로 하나님의 약속의 성취를 위해 준비된 도구였던 것입니다. 그 때문에 다윗은 이 소년의 인도로 아말렉의 진영을 찾아 진멸 할 수 있었던 것입니다.

사울과 세 아들의 죽음 (사무엘상31:1-13)

본 장은 본서 전체를 마감 짓는 결론 장으로 마침내 사울 왕가가 몰락하고 말았음을 보여 주고 있습니다. 전 장인 30장에서 다윗이 아말렉을 진멸하고 승리를 거둔 것과는 대조적으로 사울은 블레셋에게 대패하고 말았습니다. 이를 교훈으로 몇 가지 생각해 보겠습니다.

1. 사울과 사울을 따르던 군사들이 살륙을 당했습니다.

뿐만 아니라 사울의 세 아들 마저 다 전사하여 사울 왕가는 몰락하고 말았습니다(1-6절). 이렇게 하여 평소에 제사장들을 죽이고 악행하던 죄를 보응 받는 날이 찾아오게 된 것입니다. 사울과 그의 군대는 평소에 다윗을 추격하기 위해 고용된 군대들이었습니다. 이처럼 사울을 따르며 사울의 범죄를 도와 주던 사람들은 사울과 함께 멸망하게 되었습니다. 이것은 하나님의 예언의 성취였습니다(삼상 25, 13:14). 또한 사울 왕가의 몰락을 통해 열방과 같은 왕이나 왕정제도 자체가 이스라엘 백성들을 구원하는 능력이 되지 못함도 뚜렷이 증거해 준 것입니다. 정말로 신앙인의 생존문제는 인간의 능력이나 기타 다른 조건에 달려 있는 것이 아니라 하나님과의 정상적인 관계 유지에 달려 있다는 것을 분명히 믿어야 합니다(합 2:4, 갈 3:11).

2. 사울의 죽음과 함께 요나단의 죽음을 통해 선과 악의 구별이 꼭 죽음이라는 결과를 나타내는 것이 아님을 볼 수 있습니다.

요나단은 의인이었습니다. 그의 아버지 사울 과는 달랐습니다. 하지만 요나단 마저도 사울과 운명을 같이 했다는 사실은 당혹스럽지 않을 수 없습니다. 왜냐하면 어떻게 신실한 사람도 악인과 운명을 같이 할 수 있는가? 라는 의문을 불러일으키기 때문입니다. 그러나 의인은 결코 악인과 운명을 같이 하지 않습니다(창 19:22-32). 따라서 요나단의 죽음을 사울과 같이 심판적 견지에서 이해해서는 안 되는 것입니다. 요나단의 죽음은 자기 백성과 부친을 위해 끝까지 충성과 효를 다했다는 측면에서 이해되어야만 합니다(엡 6:2).

사울과 요나단은 죽음의 모양도 달랐습니다. 사울은 자살해 죽었습니다. 그는 블레셋에 잡혀 삼손처럼 고통 당 할 자신의 체면만 생각하고 자살했습니다. 자살은 자신만을 생각하는 이기적인 죽음입니다. 죽을 때마저도 이기적이면 안 되는 것입니다. 하지만 요나단의 죽음은 장렬한 전사였습니다.

하나님은 이로써 왕좌로 가는 다윗의 길을 확실하게 열어 주었습니다. 만일 사울의 세 아들 중 하나만 살아있어서도 특히 그 중에서 요나단이 살아있었다면 사울을 따르던 사람들은 요나단을 왕으로 세우려 했을 것입니다. 의인의 죽음 속에는 하나님의 뜻과 섭리를 이루려는 깊은 뜻이 있음을 깨달아야 합니다.

3. 은혜를 잊지 않는 길르앗 야베스 사람들(7-13절).

사울과 그의 세 아들은 죽어서도 블레셋 사람들에 의해 시체가 능멸을 당했습니다(7-10절). 사울의 목은 잘려 블레셋의 신당에게 바쳐졌고(9절) 그 시체는 벧산 성벽에 못 박히게 되었습니다(10절). 이 소식을 므낫세 지파인 길르앗 야베스 사람들이 듣고 밤새 목숨걸고 가서 가져다가 장사를 지냈습니다. 이것은 전에 그들이 암몬 족속의 침략을 받았을 때 사울이 도와주어 구출 받았던(삼상 11:1-11) 은혜의 보답이었습니다. 우리는 길르앗 야베스 사람들처럼 은혜를 늘 기억하며 사는 사람들이 되어야 합니다.

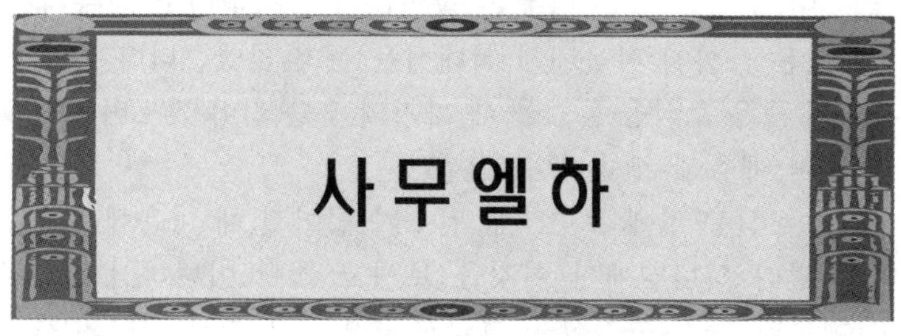

사울의 죽음을 슬퍼한 다윗

(사무엘하 1:1-16)

앞서 사무엘상에서 우리는 사울 왕국의 수립에서부터 몰락에 이르기까지의 과정을 살펴보았습니다. 그리고 그 와중에서 이스라엘의 새 왕이 될 다윗이 사무엘에게 기름 부음 받은 후 10년 동안 어떻게 연단 받았는지도 보았습니다. 이제 연단 뒤에 드디어 다윗이 새 왕이 되는 기회가 다가오고 있었습니다. 그것은 이스라엘의 패전으로 인한 사울과 그의 아들들의 죽음의 사건이 있었기 때문입니다.

본 장은 다윗이 패전 소식과 사울과 요나단의 전사 소식을 접하는 장면입니다. 다윗은 아말렉을 진멸한 후(삼상 30:1-30) 시글락에 머물고 있던 3일째 되는 날에 이스라엘의 용병이었다가 도망한 아말렉 소년으로부터 이스라엘의 패전 소식과 사울 및 요나단의 전사 소식을 듣습니다(1-4절). 이 말씀을 통해서 몇 가지 교훈 받고자 하는 것이 있습니다.

1. 이 소식을 들은 다윗은 슬퍼하며 금식했다고 했습니다.

다윗은 끝까지 사울에게 적대심을 품지 않았습니다. 오히려 사울의 죽음 소식을 들었을 때 자기의 옷을 잡아 찢으며 슬퍼하고 울며 애통해 했습니다(12절).

잠언 24:17절에 보면 "네 원수가 넘어질 때 마음에 즐거워하지 말라 하나님께서 이것을 보시고 기뻐 아니하시느니라"고 했는데 다윗은 자신을 그렇게 죽이려고 했던 사울의 죽음 소식을 들었을 때, 원수와 같은 마음을 가졌던 흔적을 어느 곳에서도 찾아 볼 수 없었습니다. 오히려 진정으로 기름부음을 받은 이스라엘 초대 왕인 사울에 대하여 존경과 사랑을 잊지 않았습니다. 그러므로 하나님의 기름부음 받은 왕을 이방인의 손으로 죽였다는 사실에 분노하여 "네가 어찌하여 손을 들어 여호와의 기름 부음 받은 자 죽이기를 두려워하지 아니하였느냐"(14절)고 말하면서 그 아말렉 사람을 죽이도록 명령했습니다(15절).

다윗은 자신을 사랑하는 자 뿐 아니라 자신을 미워하는 자까지도 사랑할 줄 아는 진정한 사랑의 모습을 가진 사람이었습니다. 그러므로 우리는 원수를 사랑하라는 주님의 교훈을 실천에 옮기는 다윗의 사랑을 본받아야 합니다.

2. 사울의 죽음의 소식을 전해준 사람에 대한 심판의 보상이 있었습니다(14-15절).

다윗은 그 소년을 죽이라고 명령했습니다. 왜? 다윗에게 좋은 소식을 가져다준 그를 죽이라고 했을까요?

첫째로, 그는 하나님의 기름 부은 자를 죽였다고 말했기 때문입니다. 사실 그는 사울을 죽이지 않았습니다. 사울은 분명 자살을 했습니다(삼상 31:4-5절). 그런데 그 소년은 자기가 사울 왕을 죽였다고 거짓말을 한 것입니다. 거짓말은 사탄이 즐겨 사용하는 방법이기에 망할 수밖에 없는 것입니다.

둘째로, 그는 아말렉 사람이었기 때문입니다. 출 17:16절에 보면 "하나님은 아말렉인과 대대로 싸우시리로다"라고 하셨습니다. 그래서 그를 죽인 것입니다. 다윗은 항상 자기 중심적인 삶을 살려고 노력한 것이 아니라 하나님 중심적으로 살려고 했기 때문에 하나님 마음에 합한 자가 된 것입니다(행 13:22).

3. 아말렉 소년은 사울의 면류관과 팔에 있는 고리를 벗겨 왔습니다(10절).

아말렉 소년은 틀림없이 전쟁터에 따라가서 죽은 시체들의 물건을 갈취하는 상인의 무리였을 것입니다. 그런데 그는 우연히 사울의 시체를 발견하고 사울의 면류관을 벗겨왔습니다. 사도 바울은 "믿음을 지킬 때 우리에게 면류관이 준비되어있다(딤후 4:7-8)."고 했는데 사울은 이 면류관을 오히려 잃었습니다. 사탄은 이렇게 우리의 면류관을 빼앗아 가려고 하기 때문에 우리는 항상 믿음을 굳게 지켜야 합니다.

유다 왕이 된 다윗 (사무엘하 2:1-7)

앞장(삼하 1장)에서 우리는 사울과 요나단의 전사 소식을 듣고 진정으로 애도를 표하는 다윗의 모습을 보았습니다. 본 장에서는 다윗이 유다 지파의 왕이 되는 장면이 나옵니다. 그가

사무엘에 의해 기름부음 받은 지 실로 15년만의 일입니다(삼상 16:1-13). 사실 다윗은 원하기만 했다면 자신의 정적이었던 사울을 제거하고 더 빨리 왕위에 오를 수 있는 기회가 얼마든지 있었습니다(삼상 24:4, 26:6-12). 그러나 다윗은 인간적인 방법을 취하지 않고 끝까지 하나님의 뜻과 인도하심을 기다렸습니다. 이렇게 겸손하게 통치하는 사람은 폭력으로 행하지 않는 법입니다. 다윗은 왕 되기를 서두르지 않았고 하나님의 약속이 성취되기를 믿음으로 기다리는 마음으로 있었던 것입니다.

1. 다윗은 하나님께 물었습니다(1절).

다윗이 왕이 되는 것은 확실한 일입니다. 이것은 하나님께 약속을 받은 일이기 때문입니다. 구약 신앙의 사람들은 하나님으로부터 많은 언약을 받았지만 하나님께서는 그 언약들이 성취될 시기를 정확히 알려주지는 않았습니다. 그 이유는 하나님의 백성들에게 끊임없이 하나님의 지혜를 구하게 하기 위하심이었던 것입니다. 그러므로 다윗은 중요한 일이 있을 때마다 하나님께 물었습니다.

오늘 본문에서 다윗은 "내가 유다 한 성으로 올라가리이까?" 하나님께 물었는데 이것은 하나님께서 지시만 하시면 어느 성에라도 올라가겠다는 전적으로 하나님께 모든 것을 맡기는 겸손한 태도의 기도였습니다.

예수님도 십자가 지시고 죽으실 죽음을 알고 계셨지만 겟세마네 동산에서 아버지의 뜻을 다시 한번 물으셨습니다. 그러므로 우리는 절망에 처했을 때뿐만 아니라 일이 순조롭게 될 때에도 하나님의 선한 인도를 부탁하며 하나님께 문의해야 합니다.

2. 하나님은 다윗에게 헤브론으로 가라고 하셨습니다(1절).

헤브론은 조상들과 족장들의 무덤이 있는 곳입니다. 옛 약속이 생각나도록 하기 위한 하나님의 섭리였습니다. 동시에 하나님의 역사는 약속을 믿는 자들에게 역사 하신다는 깊은 뜻도 있는 것입니다. 그리고 다윗은 유다 사람들에 의해 기름부음을 받고 유다 사람들의 왕이 되었습니다. 다윗은 15년 전에 사무엘에게 처음 기름부음을 받았는데 그것은 하나님께로부터 왕적 소명을 받은 것을 인치는 의미를 지녔습니다(삼상 16:12, 13). 그리고 유다 지파에 의해 기름부음을 받고 유다 왕이 되는 것은 왕으로 등극하였음을 공식적으로 확증하는 것입니다. 성도의 삶도 이 땅에 살고 있지만 이미 하늘나라 시민권이 있는 것입니다(빌 3:20). 하지만 그 나라에 가는 날이 시민권이 확증되는 날인 것입니다.

다윗은 처음에 사무엘에게 계승의 뜻으로 기름부음을 받았고 그 다음은 유다 족속의 왕으로 기름부음을 받았습니다. 마지막엔 모든 족속의 왕이 되었습니다. 그리스도도 처음에는 유대인의 왕이었으나 후에는 만국의 왕이 되셨습니다. 하나님의 역사는 이렇게 적은 것에서 출발해서 큰 것이 되어 나가는 것입니다. 그러므로 작은 일에 충성하면 큰 일이 맡겨지는 법입니다(마 25장).

3. 다윗은 유다 왕이 된 후 먼저 사울을 장사했던 길르앗 야베스 사람들에게 사절단을 보내어 노고를 치하하는 일부터 시행했습니다(5-7절).

이렇게 함으로써 그는 모든 백성들에게 공의의 통치를 펼쳐 보임으로 사울 사후 혼란했던 나라를 수습하는데 큰 효과를 거두었습니다. 이러한 사실에서 우리는 악을 악으로 갚지 않고 선으로 갚는 신앙적 지혜를 교훈 받아야 합니다(롬12:17-19).

사울의 집 과 다윗의 집 (사무엘하 3:1-11)

앞장에서 다윗이 유다 지파의 왕으로 즉위하자 그에 대립하여 사울의 아들 이스보셋이 나머지 이스라엘 지파의 왕으로 즉위하였음을 보았습니다(삼하 2:1-11). 그리고 두 세력간의 전투가 벌어졌음도 보았습니다(삼하 2:12-32).

오늘 본문에 보면 사울의 집과 다윗의 집 사이에 전쟁이 오래 되었다고 했습니다. 사울의 심복이었던 아브넬이 사울의 아들 이스보셋을 세워 왕을 삼으니 이스라엘 땅은 2-3년간 왕이 둘이었습니다. 여기서 우리는 하나님이 사울과 함께 요나단을 데려가신 일이 결과적으로 잘된 일인 것을 볼 수 있습니다. 이스보셋에게 사울 가의 사람들이 몰려들었는데 훌륭한 인품을 가진 요나단이 살아있었다면 아마 다윗이 이스라엘 전체의 왕이 되는 일은 굉장히 많은 어려움이 있었을 것입니다. 이렇듯이 하나님의 섭리는 모든 일에 합력하여 선을 이루는 것입니다.

1. 사울의 집과 다윗의 집 사이에 전쟁은 오래 지속되었습니다(1절).

다윗 가와 사울 가에 전쟁이 있었다는 것은 이상할 것이 하나도 없습니다. 진리와 정의가 마침내는 승리하겠지만 그 전쟁은 오래 동안 계속 되었습니다. 그것은 인내의 훈련이며 무엇이든 금새 이루어지는 것은 가치가 없는 것임을 알게 하는 것이었습니다. 오랜 가난 뒤에 얻은 부가 다른 사람들이 얻은 부보다 더 의미가 있고 가치가 있듯이 슬기롭고 거룩한 종결을 보기 위해 연장된 투쟁은 마침내 다윗에게 찾아온 안정된 지위가 더욱 소중한 것이 되게 하였던 것입니다. 그러므로 하나님의 역사를 이루어 나가는 일이라 할지라도 어려움이 계속될 수 있습니다. 그렇더라도 낙심 말고 인내하는 성도가 되어야 합니다.

2. 다윗의 집은 점점 강성해진 반면 사울의 집은 점점 약해져 갔다고 했습니다.

이 말은 하나님께서 세우신 다윗의 집은 점점 흥해 갔고 하나님으로부터 버림받은 사울의 집안은 점점 망해 갔다는 말입니다.

하나님과 함께 하는 사람의 삶을 관찰해 보면 하나님이 함께 하신다고 해서 갑자기 어떤 일이 이루어지는 것이 아니라 점진적으로 이루어지는 것임을 볼 수 있습니다. 이것이 하나님의 방법입니다. 시작은 미약하지만 나중이 심히 창대해지는 것이나(욥 8:7) 작은 일에 충성하는 자에게 큰 일을 맡기는 것(마 25:23)등등 하나님의 역사는 점차적으로 이루어져 나가는 일들이 많습니다. 마찬가지로 사울 집안도 갑자기 기운 것이 아니라 점점 기울어져 갔습니다. 이와 같이 성도의 신앙생활인 영과 육의 싸움에서도 영의 세력이 점점 이겨나가 육체의 소욕을 이겨나가는 것입니다. 이것이 신앙의 점진적인 성장인 것입니다.

3. 사울의 집과 다윗과 집 사이에 전쟁이 있는 동안에 아브넬이 사울의 집에서 점점 권세를 잡았다고 했습니다(6절).

하나님의 함께 하는 다윗이 점점 흥하여져 간 것이 순리이듯이 행악자에게 나타나는 순리는 하극상의 형태로 나타납니다. 즉 사악한 자들의 논리는 정상적인 질서대로가 아니라 힘센 자가 권세를 잡아가는 것입니다. 사악한 무리들에게는 이러한 현상이 시간이 흐름에 따라 가속화됩니다. 그러다가 갑작스럽게 분열되고 맙니다. 아브넬은 점점 실권을 장악하고 교만해져서 결국 선왕 사울의 첩과 통간하고 이스보셋과 결별하고 다윗에게로 왔다가 요압에 의해 살해되고 맙니다(22-39절). 아브넬의 경우는 사악한 자가 급속히 멸망하는 예를 보여준 것입니다.

불의를 척결하는 다윗 (사무엘하 4:1-12)

앞장(삼하 3장) 말미에서 이스보셋의 군대장관 아브넬이 다윗의 군대장관 요압에 의해 암살 당함으로 그나마 사울 왕가를 버티어 오던 중추세력이 사라졌음을 보았습니다(삼하 3:22-39). 이제 본 장에서는 그같은 정변의 와중에서 급기야 이스보셋 마저 패역무도한 두 신하에 의해서 암살 당하는 장면을 보게 됩니다(2-7절). 그리고 요나단의 아들 므비보셋이 아직 생존해 있었긴 하지만 불구인데다가 아직 미성년이어서 왕위를 잇지 못하는 상황이 됨으로 이제 사울 왕가는 완전히 몰락해 버리고 말았음을 보게 됩니다.

1. 여기서 우리는 하나님의 놀라운 섭리를 발견하게 됩니다.
하나님께서는 다윗이 직접 사울 가를 멸하지 않고서도 통일 왕국을 건설할 수 있도록 길을 열어 주신 것입니다. 다윗이 사울 가를 멸망시켰다면 그로 인해 온 이스라엘 백성들의 일치된 호응을 얻지 못해 통일왕국 건설에 장애를 초래했을 것입니다.

그러나 하나님께서 사울 왕가의 내분과 반역사건을 통해 저들이 스스로 붕괴되도록 하시므로 다윗이 통일 이스라엘 왕국의 왕이 될 수 있도록 해 주셨습니다. 이렇게 자연스러운 길을 열어 주신 하나님은 이 세상의 모든 역사를 당신의 뜻대로 진행시켜 나가시는 절대자이십니다. 그러므로 그리스도인은 언제나 하나님께 소망을 두고 고통과 환난 속에 있을지라도 하나님께서 섭리를 진행해 나가시는 한 가운데 있음을 믿고 인내함으로써 하나님이 합력하여 선을 이루시는 결말을 볼 수 있는 믿음의 사람들이 되어야 합니다.

2. 어리석은 신앙 형태와 그 말로를 보게 됩니다(1절).

1절에 보면 "사울의 아들 이스보셋이 아브넬이 헤브론에서 죽었다 함을 듣고 손 맥이 풀렸고 온 이스라엘이 놀라니라"고 했습니다. 아브넬이 죽었다는 소식은 이스보셋에게 이중적 충격을 주었습니다. 그의 왕국에서 아브넬은 중심 세력이었는데 그가 죽었으니 이스보셋은 불안을 느꼈고 또 아브넬이 정적인 다윗과 반역적인 협상을 해 왔다는 것이 이번 일로 드러나자 더 충격을 받았던 것입니다.

하나님을 의지하기 보다 사람들을 절대적으로 의지하는 것처럼 어리석은 일은 없습니다. 좌절한다는 것은 하나님을 믿지 않는 불신의 결과인 것입니다. 그러므로 우리는 절대적으로 하나님만을 의지하는 신앙을 가져야 합니다.

3. 다윗은 이스보셋을 살해한 자들을 죽이도록 명령했습니다(5-12절).

아브넬의 죽음의 소식을 듣고 맥이 풀려있는 이스보셋 왕을 레갑과 바아나라는 자가 죽였습니다(6절). 그리고는 그 목을 베어 가지고는 다윗에게로 와서 원수 사울의 아들 이스보셋의 머리를 가지고 왔다(8절)고 했습니다. 그들은 기회주의자들이 었습니다. 자기들의 유익을 위해서 섬기던 왕의 목숨을 가볍게 여긴 것은 극단의 이기주의 적인 행동인 것입니다. 자신의 지위를 보장받고 인정받기 위해서 상대방을 기쁘게 하기 위해서 살인을 한다는 것은 죄입니다. 그러므로 다윗은 그들을 죽이도록 한 것입니다(12절). 다윗은 단호하게 선고를 내렸습니다. "내 생명을 여러 환난에서 구해주신 하나님의 사심을 가리켜 맹세한다."고 했습니다. 다윗 자신의 왕 됨은 오직 하나님에 의해 된 것이지 누구의 돌봄과 도움으로 된 것이 아니라는 선언입니다.

이것은 어떤 인간의 나쁜 방법이 자기에게 유익이 되었다하더라도 죄는 죄로 다스리겠다는 다윗의 정치관입니다. 오늘 행위야 어떻든 결과는 하나님께 선한 일을 했다고 자부하는 그릇된 신앙관을 버리고 오직 하나님만을 전적으로 의지하는 신앙을 가져야 합니다.

통일 왕국의 왕이 된 다윗 (사무엘하 5:1-10)

앞장에서 이스보셋이 자신의 신하들에 의해 죽임을 당하므로 마침내 사울 왕가가 몰락하였음을 보았습니다. 이제 이스보셋까지 시해 당하고 없는 상황에서 전체 이스라엘의 통치권이 누구에게로 돌아가겠는가 하는 것은 명확한 일이었습니다. 그리하여 이스라엘의 모든 지파 사람들은 다윗에게로 나아와 자기들의 왕이 되어 달라고 간청했습니다. 이제 다윗은 명실공히 통일왕국의 왕이 되는 역사적인 날을 맞이하게 된 것입니다.

1. 이스라엘의 모든 장로는 헤브론에 모여 다윗에게 기름을 부어 전 이스라엘의 왕이 되게 하였습니다(1-3절).

다윗이 하나님의 선지자 사무엘에게 기름부음을 받은 지(삼상 16:13) 무려 20년이 지난 후에 전 이스라엘 왕국의 왕이 되는 예언이 성취되었습니다. 이처럼 다윗이 통일 왕국의 왕이 되기까지 오랜 세월이 걸린 것은 모두 하나님의 섭리하심의 결과였습니다.

하나님의 뜻과 인간의 뜻은 때때로 다를 때가 있습니다. 또한 하나님께서 정하신 시간과 인간이 원하는 시간은 서로 일치하지 않는 경우가 많습니다. 하나님은 하나님이 세우신 계획을 성취하고자 할 때는 하나님의 판단하시기에 모든 여건이 성숙해지는 때에 당신의 일을 이루시는 것입니다. 그러므로 하나님의 백성은 철저하게 하나님 중심적으로 하나님의 때를 기다리며 인내할 줄 알아야 합니다.

2. 다윗은 헤브론에서 여호와 앞에서 이스라엘 백성들과 언약을 세우고 통일 왕국의 왕이 되었습니다(3절).

다윗은 사무엘에게 기름부음을 받은 뒤 백성들에게서 두 번이나 더 기름부음을 받고서야(3절, 삼하 2:4) 온 이스라엘의 왕으로 세움을 받을 수가 있었습니다. 그 기간이 무려 20년간이나 걸렸다고 했습니다. 말이 20년이지 이 기간은 길고 험난한 세월들이었습니다. 이 기간동안에 다윗은 많은 시련을 겪었습니다. 너무 힘들고 암담한 때는 가끔 하나님께 범죄하기도했지만 그때마다 하나님은 은혜로 간섭하셔서 제자리로 돌아오게 하셨습니다. 다윗이 은혜의 자리를 회복할 수 있었던 힘은 바로 "하나님 앞에서"사는 의식 때문이었습니다(3절). 다윗은 자신 앞에 닥치는 어려움을 하나님이 주시는 훈련기간으로 믿고 범죄 했을 때나 환난 가운데서나 끊임없이 기도함으로 어려움을 극복했습니다. 시편에 있는 다윗의 기도문들은 거의 그가 어려움을 당할 때 하나님께 기도한 기도문들입니다. 이 모든 것을 볼 때 다윗이 승리할 수 있었던 비결은 "하나님 앞에서"(3절)란 의식과 삶 때문에 승리할 수 있었던 것입니다.

그는 "하나님 앞에서" 살았기에 모든 것을 하나님의 뜻으로 보았습니다. 그래서 다윗은 20년 동안 한번도 자기의 뜻대로 왕위에 오르려는 시도를 해보지 않았고 오직 하나님의 뜻과 때를 기다렸습니다. 그렇기 때문에 온갖 환난과 시련 가운데서 하나님을 원망하거나 불평함이 없었던 것입니다. 그러므로 우리는 다윗이 가졌던 신앙관인 매사에 "하나님 앞에서" 사는 의식을 가지고 모든 일에 인내하며 순종함으로 승리하는 삶이 되도록 해야합니다.

3. 다윗은 시온 산성을 빼앗아 다윗 성으로 하였습니다(6-10절).

이제 온 이스라엘의 왕이 된 다윗은 민족 단합과 안정된 정치 발전을 위해서 영토 내에 머물고 있는 가나안 족속의 세력을 제거하기 위해 여부스 족이 머물고 있는 시온 성을 공격하였습니다. 다윗이 예루살렘 정복을 시도한 이유는 두 가지였습니다. 첫째는, 아직 미 정복 상태로 남아 있는 예루살렘을 정복하여 하나님께 영광 돌리기 위함이고 둘째로는, 통일된 나라의 수도로 예루살렘이 적합하기 때문이었습니다. 예루살렘성은 요새였습니다. 그래서 6절에 여부스 사람들은 소경과 절뚝발이라도 다윗을 물리칠 것이라고 자부했습니다. 그만큼 천연적인 요새라는 말입니다. 이런 요새를 다윗이 점령한 것은 실로 하나님이 함께 하셨기 때문입니다.

법궤의 운반 (사무엘하 6:1-15)

앞장에서 다윗이 여부스 족속에게서 빼앗은 예루살렘을 다윗 성이라 칭하고 수도를 예루살렘에 옮기고(삼하 5:6-9) 또한 블레셋을 이스라엘 땅에서 완전히 축출함으로써(삼하5:17-25) 점차 정치적, 군사적으로 안정된 기반을 확립하였음을 살펴보았습니다. 그리고 이제 본 장에선 다윗이 예루살렘에 법궤를 안치하게 함으로써 신정국가 건설의 종교적 기틀을 다지려고 하는 것을 보게 됩니다. 그 동안 법궤는 사울이 다스리는 40년 동안 방치되어 있었습니다. 하지만 다윗이 이스라엘의 왕이 되면서 하나님의 법궤의 명예가 되살아나기 시작했습니다. 그런데 유감스럽게도 법궤를 예루살렘에 모시려는 첫 번째 시도가 무산되고 맙니다. 왜 그랬을까요? 몇 가지 생각해 보려고 합니다.

1. 사울과 다른 점이 바로 법궤를 대하는 태도에 있었음을 보게 됩니다(삼상 14:18).

사울은 40년간 왕으로 있을 동안 단 한번 법궤를 찾아간 적이 있었고(삼상14:18) 그 이후로는 법궤를 잃어버린 듯 살았습니다. 하지만 다윗은 왕이 되자마자 하나님의 법궤를 다윗 성으로 모셔오는 종교부흥운동을 일으켰습니다. 이것이 다윗의 첫 번째 정책이었다면 다윗이 얼마나 중심에 하나님을 사랑했는가를 알 수 있습니다. 진실로 다윗은 하나님 제일주의자였습니다(6-8절).

2. 하나님은 법궤를 운송하던 웃사를 쳐서 죽였습니다.

다윗도 하나님의 법궤를 예루살렘에 옮기려고 했지만 그러나 법궤를 옮기는 도중에 운반 책임자인 웃사가 법궤에 손을 댔을 때 죽임을 당하게 되는 불행한 사건이 일어났습니다. 왜 하나님은 소들이 뛰므로 법궤가 쓰러질 것 같아 법궤를 만진 웃사를 죽였을까요? 거기에는 몇 가지 추측할 수 있는 이유가 있습니다. ①하나님과 웃사 만이 아시는 웃사의 교만과 경솔함이 있었을 것입니다. ②민 4:15에 "성물에 손대는 자는 죽을까 함이라"한대로 법궤에 손대는 것은 금지되었던 것이었기 때문이었을 것입니다. ③법궤는 레위인이 메고 날라야 하는데 짐짝처럼 수레에 실어 운반하려고 했기 때문입니다. 다윗은 하나님의 법궤를 예루살렘으로 모셔와 하나님 중심으로 살고자 하는 열심은 있었지만 아무리 선한 동기의 열심을 가졌다하더라도 그것이 하나님의 뜻에 합당치 않는 방법으로 추진된다면 결코 하나님이 기뻐하시지 않는다는 것을 알 수 있습니다. 그러므로 우리는 하나님을 섬기는 방법에 있어서도 내 방식대로 하지 말고 항상 하나님이 기뻐하시고 원하시는 방법대로 해야합니다.

3. 이제 하나님의 법궤는 레위 지파인 오벧에돔의 집에 안치되었습니다(9-11절).

웃사는 하나님의 궤를 잘못 모심으로 죽임을 당한 반면에 오벧에돔의 집은 하나님의 법궤를 석달 동안 모시고 있는 동안 큰복을 받게 된 것을 보게 됩니다. 왜? 오벧에돔의 가정은 복을 받았겠습니까? 분명한 사실은 오벧에돔이 하나님이 원하시는 방법대로 하나님을 섬겼기 때문이었을 것입니다. 법궤 안에는 십계명의 돌판, 아론의 싹 난 지팡이 만나 항아리가 들어 있었는데 모든 것이 다 하나님의 임재를 상징한 것입니다.

①십계명의 돌 판은 오늘의 교회를 상징합니다. 그러므로 하나님의 교회를 사랑하는 것은 곧 하나님을 사랑하는 것입니다. ②아론의 싹 난 지팡이는 민 17:10에 보면 패역한 자들의 표징으로 둔 것입니다. 그러므로 하나님의 세우신 권위를 인정하며 사는 한 복을 받을 것입니다. ③만나 항아리는 광야에서 하나님이 주신 양식입니다. 하나님의 말씀에 순종하여 앞으로 나갈 때 하나님은 만나의 기적을 주셨습니다. 이와 같이 오늘도 하나님을 전적으로 믿고 말씀에 순종하며 살면 하나님께서 반드시 복을 주십니다.

다윗의 마음 (사무엘하 7:1-17)

앞에서 우리는 다윗이 정치적, 군사적 기틀을 마련함은 물론 (삼하 5장) 하나님의 언약궤를 예루살렘에 안치함으로써 신정 왕국건설의 신앙적 토대를 다졌음을 보았습니다(삼하 6장). 그런데 오늘 본문을 보면 다윗이 그것으로 만족하지 않고 하나님

의 언약궤를 모실 수 있는 성전을 건축하기 위해 선지자 나단과
상의하는 장면을 보게 됩니다.

**1. 다윗은 전쟁이 끝나고 평안함이 찾아오자 하나님의 성전
을 지을 생각을 합니다(1-2절).**

1절에 보면 "하나님께서 사방의 모든 대적을 파하사 왕으로
궁에 평안히 거하게 하신 때에"라는 말씀에서 우리는 다윗이
사방의 적들과의 전쟁에서 승리한 것이 결국 하나님께서 승리
하게 하셨고 하나님께서 주신 것이고 평안함도 하나님께로부
터 오는 것임을 알아야 합니다. 다윗은 이런 의미에서 승리와
평안한 날에 안일이나 호화로운 생활에 빠진 것이 아니라 평안
한 날에 내가 하나님을 위하여 무엇을 드릴까? 를 생각하였습
니다. 자기는 궁궐에 살면서 하나님의 궤는 성막 속에 모시는
일은 부당한 일임을 알았습니다. 그래서 하나님의 궤의 거처를
온전히 마련하기까지는 그의 마음이 편안치 않았습니다. 이러
한 사실에서 우리는 하나님께 대한 다윗의 뜨거운 열심과 변함
없는 신앙심을 발견하게 됩니다.

오늘날 모든 그리스도인은 다윗이 하나님께 가졌던 이 뜨거
운 열심을 회복해야 합니다. 감사한 마음으로 넘치는 사람은
결코 하나님을 위해 할만큼 다했다고 생각하지 않고 날마다 하
나님을 향하여 더 귀한 일을 하려고 궁리합니다.

**2. 하나님의 집을 지으려는 다윗의 의도는 거절됩니다(3-7
절).**

하나님의 전을 건축하겠다는 생각을 가진 다윗은 이 일을 나
단 선지자와 의논합니다(2-3절). 나단은 선한 일이니 만큼 왕
의 생각대로 행하라고 대답합니다(3절). 하지만 이것은 나단의

실수였습니다. 하나님의 성전을 건축하겠다는 데 반대할 사람이 어디에 있겠는가 하지만 하나님은 하나님의 집을 지으려는 다윗의 의도를 거절하셨습니다. 이러한 의미에서 볼 때 아무리 좋은 일이라 할지라도 이것이 과연 하나님께서 기뻐하실 일인지를 묻는 습관은 범사에 하나님을 인정하는 행위(잠 3:6)인 것입니다.

하나님은 성전 건축을 하지 말도록 하는 말씀을 나단을 통하여 말하게 하였습니다. 하나님은 하나님의 종이 실수했지만 하나님의 종의 영예를 높이기 위해 다윗에게 직접 말씀하실 수도 있었지만 다윗이 나단을 더 중요하게 여길 수 있도록 나단을 통해 말씀케 하신 것입니다. 다윗의 성전 건축 제안을 거절하신 이유는 몇 가지 있습니다. 첫째로, 다윗은 전쟁을 통하여 많은 피를 흘렸습니다. 하나님의 성전은 평화를 상징하는 의미가 있기 때문입니다(대상 22:8). 둘째로, 하나님은 한정된 공간에 제한을 받지 않으시는 무소부재한 분이심을 깨닫게 하기 위함이며 또 하나님의 거처를 마련할 때가 아니기 때문이었습니다.

3 .그 대신 하나님은 다윗의 마음을 받으시고 다윗을 축복하셨습니다(8-17절).

첫째로, 어디를 가든지 함께 하시고(9절). 둘째로, 다윗의 이름을 존귀케 하시고(10절). 셋째로, 모든 대적으로 벗어나게 하시고(11절). 넷째로, 다윗의 자식으로 왕을 계승하여 견고한 나라를 세우게 하시고(12절). 다섯째, 잘못이 있을지라도 은총을 빼앗지 않고(15절). 여섯째, 위가 견고하게 되리라(16절) 축복하셨습니다. 하나님은 성전 건축을 하나님의 때가 이르지 않아 거절하셨지만 다윗의 마음을 받으시고 축복하셨습니다.

다윗의 정복기 (사무엘하 8:1-12)

전장에서 하나님은 다윗에게 하나님의 성전 건축하는 일은 거절하셨지만 그 마음을 받으시고 다윗을 축복하셨습니다(삼하 7:8-17). 본 장은 그 축복의 언약을 확증이라도 하듯 다윗이 대외적으로 주변의 열강들을 정복해 나가는 장면입니다. 다윗은 성전 짓는 일을 하나님께서 허락하지 않자 그는 자기의 할 일이 무엇인지를 알았습니다. 그래서 그는 그것을 곧 실행에 옮겨 블레셋(1절), 모압(2절), 소바 및 아람(3-8절), 에돔(13, 14절)들을 쳐서 부속시키는 것은 물론 하맛으로부터 조공을 받았습니다(9-12절).

1. 블레셋을 완전히 섬멸했습니다(1절).

블레셋은 오랫동안 이스라엘을 괴롭혀 왔습니다. 메덱암마는 블레셋의 수도인 "가드"였습니다. 블레셋은 흑암 권세의 표징이었습니다. 오늘도 성도들은 흑암 권세에 자주 오랫동안 고통과 고난을 받을지라도 다윗이 급기야는 저들을 섬멸했듯이 예수그리스도의 능력으로 흑암 권세를 무너뜨리는 승리가 반드시 온다는 사실을 믿어야 합니다.

2. 모압을 쳐서 조공국이 되게 했습니다(2절).

다윗은 모압을 쳐서 그 나라를 셋으로 나누어서 줄로 재어 죽일 자와 살려둘 자를 구별하였습니다. 이 말 뜻은 몇 가지로 생각할 수 있습니다. 첫째로, 전쟁 포로를 세 부류로 나누어 그 가운데 끝까지 저항한 두 부류의 사람은 죽이고 투항한 한 부류의 사람을 살렸다는 견해입니다. 둘째로, 저희로 땅에 엎

드리게 한 뒤 자로 재어 두 줄 길이가 된 사람은 죽이고 한 줄 길이가 된 사람은 살려 조공을 받치게 했다는 말입니다. 아마 키가 큰 사람은 힘이 있기에 죽인 것 같고 한 줄 길이의 사람은 힘이 없기 때문에 살려 조공을 받치게 한 것 같습니다. 굳이 영적으로 교훈 한다면 교만한 자(키 큰 자)는 죽이고, 키 작은 사람(즉 겸손한 자)은 살았다는 말입니다.

3. 수리아 군을 쳤습니다(6절).

이 전쟁을 통해서 다윗이 어디를 가든지 이기게 하셨습니다 (6절). 이 말씀은 1-14절의 핵심 구절로써 다윗이 주위의 대적들을 쳐부수고 연속하여 승리를 거둘 수 있었던 이유였습니다. 즉 다윗이 연전연승할 수 있었던 것은 다윗의 용병술이 뛰어나거나 이스라엘의 군사력이 강했기 때문이 아니라 만군의 하나님 여호와께서 다윗을 도와 승리하게 하신 것입니다.

그렇지만 여기서 우리가 한 가지 사실을 알지 않으면 안됩니다. 그것은 다윗이 어디를 가던지 하나님의 도우심을 받게 해 준 그의 신앙이었습니다. 다윗은 자기의 능력과 사람의 수를 의지하기보다는 항상 하나님의 능력을 전적으로 믿고 신뢰했던 것입니다. 그러므로 다윗은 전쟁에서 전리품인 "말의 모든 발의 힘줄을 끊게 함으로써(4절) 다윗은 철저히 하나님의 능력을 의지하는 신앙제일주의를 보였습니다. 이것은 비단 다윗뿐만 아니라 누구에게든지 승리의 비결은 하나님 중심적인 삶에 있음을 알게 하는 것입니다. 그러므로 그리스도의 군사로써 영적 전쟁을 수행하는 중에 있는 성도들은 오직 하나님만을 굳게 의지하는 신앙제일주의적 삶을 살아야 합니다.

은혜를 잊지 않은 다윗 (사무엘하 9:1-8절)

다윗은 대외적으로 주변국들을 차례로 정복하고(삼하 8:1-14) 대내적으로는 행정조직을 정비해 나가는 가운데(삼하 8:15-18) 강력한 통일 이스라엘 왕국을 구현해 나갔음을 살펴보았습니다. 본 장은 그러한 어간에 편안한 생활로 들어갔을 때의 일로써 그는 전에 요나단에게 입었던 은혜를 생각하기 시작했습니다. 그리고 요나단과의 우정과 언약(삼상 20:15-17)을 기억하여 사울의 유족을 찾기 위해 수소문해서(1-3절) 마침내 마길의 집에 은거해 있던 므비보셋을 찾아 안심시키고 위로를 합니다. 이것은 다윗의 선한 통치의 한 일면이기도 한 사건입니다.

1. 다윗은 옛날에 받았던 은혜 갚을 길을 찾았습니다.

다윗은 오랫동안 요나단의 은혜를 잊고 있었습니다. 종종 우리는 우리가 해 놓고 잊어버리는 약속은 없는지 조용한 날에 생각해 보아야 합니다. 그리고 생각나면 늦게라도 이행하는 것이 아주 안 하는 것보다 나은 것임을 알아야 합니다.

다윗은 먼저 "사울의 집에 남은 자"가 없는지를 찾았습니다. 우리가 은혜를 베풀어야 할 진짜 대상자들은 일부러 물어보기 전에 좀처럼 만날 수 없습니다. 가장 곤고한 자는 소리도 못 지르기 때문입니다. 그렇기에 은혜 갚을 선행은 찾아서 해야 되는 것입니다. 그런 까닭에 우리의 눈은 항상 선을 행하는 것을 찾는 눈이 되어야 합니다. 그러기 위해서는 약속은 기억해야 하고 옛 우정을 잊지 말아야 하며 이전의 친분을 잊어서는 안됩니다.

2. 사울의 집안에 남은 자는 요나단의 아들 므비보셋 뿐이 었습니다(2-6절).

사울의 그 많던 식구들이 얼마나 철저히 멸절 되었는가를 볼 수 있습니다. 인간의 죄가 그렇게 만든 것입니다. 사울의 집안 은 유혈을 좋아한 집안인지라 심은 대로 거둔 재앙이 임한 것입 니다. 그러므로 이상할 것이 하나도 없는 것입니다. 오직 남은 자가 하나 있었는데 그는 요나단의 아들인 므비보셋 뿐이었습 니다. 그가 존속할 수 있었던 것은 요나단의 선한 삶 때문이었 습니다(7절). 근동지방에서는 왕조가 바뀌어 새로운 왕이 등극 하면 정적이 될만한 소지가 있는 사람은 모두 제거하는 것이 관례였습니다(왕상 15:29). 그런데도 다윗이 그를 살려줄 뿐 만 아니라 그를 선대한 것은 그의 아버지 요나단으로 인해서였 습니다. 이렇듯 우리는 우리의 자손들에게 좋은 유산을 남겨 줄 수 있는 신앙의 사람들이 되어야 합니다.

3. 이제 므비보셋이 다윗 앞에서 은총을 입었습니다(7-8 절).

다윗은 "혹시 나를 죽이지는 않을까"? 두려워 떠는 므비보셋 에게 무서워 말라고 안심시키고 옛날 사울이 가졌던 모든 재산 을 그에게 주고 왕자들처럼 왕의 상에서 먹으라고 했습니다. 다윗은 사울의 후손에게 하나님의 은총을 베풀고자(3절) 했습 니다. 그는 은혜 베푸는 것조차 자기 중심적이 아니라 하나님 중심적이었습니다. 므비보셋은 다윗의 입장에서 보면 원수의 손자였지만 요나단과의 언약을 생각하고 무조건 그를 사랑했 습니다.

이런 다윗의 사랑은 원수 된 우리를 하나님의 언약 때문에 하나님의 자녀로 인쳐 주시는 그리스도의 사랑에 비교할 수 있습니다. 반면에 므비보셋은 다윗의 은혜에 감격하여 자신을 죽은 개로 표현하는 겸손한 자세를 잃지 않았습니다. 이러한 자세는 그리스도의 사랑을 입어 하나님의 자녀가 된 성도들이 하나님 앞에서 취해야 할 마땅한 자세인 것입니다.

조그마한 은혜도 기억하는 다윗 (사무엘하 10:1-8)

앞에서 다윗이 이스라엘 주변의 여러 국가들을 차례로 정복하고 개가를 올린 사실을 살펴보았습니다(삼하 8:1-14). 본 장은 다윗이 또 다시 암몬과 아람연합군을 격파하고 승리한 것에 대해 언급하고 있습니다. 전쟁이 발발하게 된 배경은 매우 사소한 일에서 비롯되었습니다. 본문을 통해서 몇 가지 생각할 점이 있습니다.

1. 조그마한 은혜도 기억하고 잊지 않는 다윗의 인격을 보게 됩니다(1-2절).

암몬의 왕 나하스가 죽자 다윗은 조문 사절단을 암몬에 보냅니다. 암몬은 이스라엘과는 대대로 적이었지만 다윗이 사울에게 쫓겨다닐 당시 암몬이 다윗에게 어떤 도움을 준 것 같습니다. 그런데 그 암몬 왕 나하스가 죽게 된 것입니다. 그러므로 다윗은 생전의 나하스에게 입은 은혜를 잊지 않고 기억하고 있었기에 그가 죽은 후에라도 조문 사절단을 보내어 은혜를 갚으려고 했던 것입니다.

　다윗은 이렇게 어떤 조그마한 은혜를 입었더라도 갚으려고 노력하는 사람이었습니다. 은혜를 갚는다 해도 당사자가 죽었다면 찾아보지 않을텐데 다윗은 이런 얄팍한 인격의 소유자가 아니라 은혜는 결코 잊지 않고 갚으려는 인격자였습니다.

　여기서 우리가 깨달을 점은 우리 대부분은 다윗과는 달리 타인으로부터 받은 은혜를 너무 쉽게 망각한다는 점이다. 반면에 섭섭케 했던 것은 오래 기억하는 습성이 있습니다. 혹시 하나님께 대하여 이런 태도는 아닌지 살펴보아 조그마한 은혜도 결코 잊지 않고 갚으려고 노력하는 다윗을 본받는 성도가 되어야 합니다.

2. 나하스의 아들 하눈은 다윗이 자기 아버지의 죽음을 슬퍼해서 보낸 조문객을 호의로 받아들이지 않았습니다.

　그뿐만 아니라 다윗의 신복들을 정탐꾼으로 생각하고 그들의 수염을 깎고 의복을 잘라 수치를 당하게 한 후 돌려보냈습니다. 이 사건 때문에 결국은 전쟁이 나고 맙니다.

　우리들도 세상을 살아갈 때 이렇게 상대방을 오해하고 잘못 판단함으로 상대방의 마음을 아프게 한 적은 없는지 살펴보면서 상대방을 쉽게 판단하는 잘못을 범하지 않도록 노력해야 합니다. 그와 반면에 아무리 호의로 하는 일이라 할지라도 상대방에게 오해될 수 있음도 알아야 합니다. 자기 자신 외에 아무도 사랑하지 않는 자들에게는 그 호의조차도 곡해될 수 있기 마련입니다. 그러므로 호의를 베풀었다가 오해되는 일이 있더라도 이상하게 생각하지 말고 상대방이야 어떤 반응이 오던 호의를 베푼 그 자체로 만족할 줄 알아야 합니다. 사랑은 악한 것을 생각지 않는 법(고전 3:5)이기 때문입니다.

3. 하눈은 다윗이 보낸 사신의 수염을 절반이나 깎고 그 의
의복의 중동 볼기까지 자르는 수모를 준 까닭에 전쟁이 일어날
줄 알고 스스로 전쟁을 일으킨 결과 다윗에게 패배하는 고통을
맛보게 됩니다(4-8, 13절).

당시 근동지방에서 수염은 그 사람의 명예와 권위를 상징할
뿐 아니라 자유인임을 나타내는 것인데 그것을 잘라 버리는 수
모를 주었습니다. 다윗은 수모 당한 사신을 수염이 자랄 때까
지 여리고에 머무르게 했습니다. 시간이 흐르면 수염은 자라고
모든 것이 정상이 되는 법입니다. 그러므로 억울한 수모에 너
무 가슴 아파하지 않는 방법을 터득해야 합니다. 남에게 수모
를 주는 자는 반드시 수모 당할 날이 있는 법입니다. 그러므로
수모 주는 자보다 오히려 수모 당하는 편이 나은 법입니다.

다윗의 범죄 (사무엘하11:1-13)

전장에서(삼하 10장) 다윗이 암몬, 아람 연합군과의 싸움에
서 결정적 승리를 거두었음을 보았습니다(삼하 10:6-19). 본
장은 그 때 겨울이 닥쳐 잠시 중단되었던 전쟁이 봄이 되어 재
개된 상황에서 일어난 비극적 사건에 대한 언급입니다. 이제
다윗의 군대는 암몬의 수도 랍바를 에워싸고 승리를 목전에 두
고 있을 때 다윗 궁에서 다윗의 범죄 사건이 일어났습니다. 그
사건은 다윗이 우리아의 아내 밧세바를 범하고 그의 남편 우리
아를 죽게 하는 장면입니다. 이는 실로 지금껏 하나님의 마음

에 합한 자로서 명성을 쌓아온 다윗이 하루아침에 그 탑을 무너트린 통탄할 순간이 아닐 수 없는 사건입니다.

1. 업무에 태만한 것이 원인이었습니다.

그는 하나님께 속한 전쟁을 하면서도 자기 부하와 같이 전쟁에 나가 있어야 하는데 그는 예루살렘에 그대로 있었던 것입니다. 그는 앞서 암몬과의 두 번에 걸친 전투에서 승리한 일로 인해(삼하 10:9-14,18,19) 방심하여 부하들만 전쟁터에 내보내고 긴장을 풀고 방심한 나머지 이런 죄를 범한 것이었습니다. 사실 이때 다윗의 주변은 사울을 추종하던 세력도 다 멸절되고 이스라엘을 향해 칼을 빼어든 나라도 거의 사라진 상태였습니다. 그리고 아람나라의 정복도 이제는 시간문제로만 남아 있을 정도였습니다. 그렇기에 다윗은 자기는 안나가도 될 전쟁이라 생각했던 것 같습니다. 만일 그가 전쟁의 총수로 전쟁터에 있었다면 범죄하지는 않았을 것입니다.

사람들은 어려울 때보다는 이렇게 안일할 때가 범죄 할 가능성이 더 많은 것입니다. 그리고 모든 일이 잘되어 갈 때 사단의 유혹이 더 큰 것입니다. 그러므로 고전 10:12절에 "선 줄로 생각하거든 넘어질까 조심하라"고 했습니다.

2. 다윗이 영적인 생활에 게으름을 피웠던 것이 원인인 것 같습니다.

시편 55:17절에 보면 "저녁과 아침과 정오에 내가 근심하여 탄식하리니 여호와께서 내 소리를 들으시리로다"하는 말씀이 있습니다. 이 시는 다윗이 곤고함을 당할 때 하나님께 하루에 3번씩이나 부르짖어 기도했다는 말입니다. 이렇게 다윗은 낮에도 기도하던 기도의 사람이었습니다.

  그런데 오늘 본문 2절에 보면 "저녁때에 침상에서 일어났다"
고 한 것을 볼 때 그의 기도생활, 그리고 영적인 생활은 육적인
안일한 생활에 병들어 가고 있음을 단적으로 표현한 말씀입니
다. 다윗은 이제 가정도 평안하고 나라도 번영하는 등 그야말
로 태평시대를 누리게 되었습니다. 사람은 경제적으로 여유가
생기면 무료한 시간들이 나게 되고 이 시간에 쓸데없는 생각들
을 하게 됩니다. 다윗은 이 무료한 시간들을 잘못 사용한 것입
니다. 시간의 여유가 생겨도 혼자 있게 될 때에는 말씀과 기도
시간으로 선용해야 합니다. 그렇기에 예수님께서도 제자들에
게 시험에 들지 않게 깨어 기도하라(마 26:41)고 말씀하셨습
니다.

3. 다윗은 그의 시선을 허탄한 곳에 집중했습니다.

  2절 하반절에 보면 "한 여인이 목욕을 하는데 심히 아름다워
보이는지라"고 했습니다. 여기서 '보이는 지라'는 말의 히브리
어 원래의 뜻은 단순히 보는 것 이상의 뜻이 있습니다. '확인하
다, 살펴보다, 주목하다'는 뜻입니다. '아담과 하와가 선악과
를 바라본 즉'의 뜻도 여기에 해당합니다. 다윗은 이런 안목의
정욕의 죄를 짓고 난 뒤에 시 119:37에 "내 눈을 돌이켜 허탄
한 것을 보지 않게 하소서"라고 기도했습니다.

나단의 책망 (사무엘하 12:1-14)

전장(11장)에서 다윗이 밧세바와 간음하고 나서 그 죄를 숨기기 위해 그 남편 우리아를 전쟁터의 최일선에 내보내 죽게 함으로 위장 살인하는 심각한 죄를 범하는 것을 보았습니다. 본 장에서는 이러한 다윗의 범죄를 책망키 위해 하나님은 나단 선지자를 다윗에게 보내셨습니다.

1. 하나님께서 나단을 다윗에게 보낸 것은 다윗을 회개시키기 위함이었습니다(1절).

하나님은 우리가 하나님을 찾지 않으면 우리를 찾아 나서는 분이십니다. 다윗이 죄를 짓고도 회개치 않은 기간은 약10개월 정도였을 것입니다. 그 동안 밧세바가 아기를 나았기 때문입니다(15절). 그 동안 다윗의 마음은 결코 평안치 못했을 것입니다. 죄가 있는 동안 그는 시편을 짓지도 못하고 수금은 곡조가 맞지 않았을 것이고 그의 영혼은 뿌리에만 생명이 있는 겨울나무와 같았을 것입니다. 그러나 다윗은 가책은 있을 지언정 회개하지는 않았습니다. 가책과 회개는 엄청난 차이가 있습니다. 가룻유다는 가책만 하고 회개하지는 않았습니다. 그 결과 그는 자살하고 말았지만 베드로는 가책했을 뿐만 아니라 회개했습니다. 그 결과 수제자의 자리를 회복했습니다.

하나님은 다윗이 회개하지 않자 나단 선지자를 보내셨습니다. 죄란 반드시 해결하지 않고는 넘어갈 수 없다는 하나님의 의지와 진노 중에도 범죄한 인간에게 먼저 찾아와 자비와 긍휼을 베푸시는 하나님의 사랑을 보게 됩니다. 하나님은 우리 인간 스스로가 깨닫고 회개하기를 원하십니다. 그러나 깨닫지 못할 때는 이렇게 하나님의 메시지를 보내십니다. 그래도 깨닫지 못할 때는 징계하십니다. 징계하시는 것조차 심판의 성격이 아니라 사랑의 매의 성격인 것입니다. 이것조차 하나님의 깊은 사랑임을 깨닫는다면 경고 전에 매가 있기 전에 깨닫는 성도가 되어야 합니다.

2. 나단은 한 비유를 들어 완곡하게 경고했습니다(1-6절).

그 비유의 내용은 다음과 같습니다. 어떤 성에 양과 소가 아주 많은 한 부자와 재산이라곤 새끼 양 한 마리밖에 없는 가난한 사람이 살고 있었는데 어떤 행인이 그 부자에게 오자 그 부자는 자기의 양과 소가 아까워 가난한 사람의 양 새끼를 빼앗아 어떤 행인을 대접했다는 이야기입니다.

다윗은 이 이야기를 듣자 대노하여 그 양 새끼를 4배나 갚아 주지 않으면 죽일 자라고 했습니다. 그런 비양심적인 자가 바로 자기인줄 모르고 그렇게 단언했습니다. 이것이 모두 우리의 모습입니다. 자기 자신의 잘못은 작게 보이고 남의 잘못은 크게 보여 용납하지 못하는 것입니다. 4절에 "어떤 행인"은 바로 악한 생각, 악한 욕망을 나타냅니다. 악한 생각은 처음에는 행인에 지나지 않습니다. 하지만 버리지 않으면 때가 되면 손님이 되고 마지막에는 그 집주인이 되어 죄악을 행하게 되는 법입니다. 그러므로 내게 다가오는 악한 생각, 욕망을 속히 버려야 합니다.

3. 다윗은 나단 선지자의 말을 듣고 즉시 회개했습니다(13절).

죄의 시작은 하나님의 말씀을 별것 아닌 듯 생각할 때에 시작함을 알 수 있습니다(9절). 그러므로 하나님은 다윗의 죄의 원인을 먼저 경고하셨습니다. "어찌하여 하나님의 말씀을 업신여겼느냐(9절)"

우리는 하나님의 말씀을 다른 사람이 아닌 내게 하시는 말씀으로 들어야 합니다. 다윗은 나단을 통한 하나님의 말씀을 듣고 즉시 회개하자 즉시 사함이 왔습니다. 얼마나 사함이 즉시 이루어졌는가를 보아야 합니다. 하나님은 이렇게 우리 죄를 자백하면 즉시 용서하시는 분이십니다(요일 1:9).

암논의 죄 (사무엘하13:1-19)

앞장(12장)에서 다윗의 범죄 결과 장차 그의 집안에 재난이 임할 것이라는 엄중한 경고가 주어진 사실을 보았습니다(삼하12:10-12). 본 장에서는 드디어 그 같은 재난이 다윗의 집에 임하는 장면입니다. 이 재난은 다윗의 생애 말엽까지 계속됩니다(20장). 이는 실로 참혹한 범죄의 대가입니다.

1. 다윗의 아들 '암논'의 죄를 보게 됩니다(1-14절).

암논은 다윗이 아히노암에게서 낳은 아들이며(삼하 3:2) 다말은 다윗이 그술 왕 달메의 딸인 마아다에게서 얻은 딸입니다(삼하 3:3). 그러므로 암논과 다말은 이복 남매지간이었습니다. 그런데 암논이 다말과 연애하였는데 이것은 모세 율법이 금하고 있는 것이었습니다(신 22:23-25). 이 법에 따르면 사형에 해당하는 죄였습니다. 그럼에도 불구하고 암논은 자기가 아프다고 거짓말을 해서 다말로 하여금 병간호를 하게 하여 자신의 누이동생을 강간하는 죄를 범합니다(14절).

1절에 보면 이러한 죄를 범한 암논을 가리켜 다윗의 아들 암논이라고 표현하고 있는데 이 다윗의 아들이라는 점에 초점을 맞추어보면 경건한 부모에게서 어떻게 이런 자녀가 있을 수 있는가를 생각케 하는 말씀입니다. 물론 이런 모든 일이 다윗의 범죄의 결과이며 누구에게나 은혜는 유전되지 않으나 부패는 대를 잇는 것을 보게 됩니다. 자녀들은 선한 부모의 신앙심을 모방하기보다는 죄를 빠르게 모방하는 특징을 가지고 있음을 보게 됩니다. 그렇기에 부모가 자녀들에게 나쁜 본을 보이는 경우가 얼마나 치명적인 것인가를 알아야 합니다. 이것은 다윗의 죄의 모방의 결과라 볼 수 있기 때문입니다. 그러므로 우리는 우리의 자녀로 하여금 은혜스러운 삶을 모방할 수 있도록 신앙의 모범을 보여야 합니다.

2. 이 악한 일을 도와준 친구가 있었습니다(3절).

그는 바로 요나답이라는 친구였습니다. 요나답은 다윗의 형 시므아의 아들이었고 암논과는 사촌이었습니다. 그는 심히 간교한 자라고 했습니다(3절). 요나답은 자신의 지혜를 악한 곳에 제공해 줌으로써(4-14절) 암논의 애욕을 채우도록 했습니다.

요나답을 통해서 우리는 우리에게 주신 달란트를 어디에 어떻게 사용해야 하는가를 배울 수 있습니다. 우리의 지혜를 육체를 위해 사용할 것인지 신령한 것을 위해 사용할 것인지를 잘 판단해야 합니다. 이 판단에 따라 지혜로운 자가 되고 간교한 자가 되기 때문입니다. 그리고 우리가 어떤 친구를 사귀느냐에 따라 인생관이 달라질 수 있음도 알아야 합니다. 요나답의 간교한 지혜를 따라 자기의 욕망을 채웠던 암논은 나중에 다말의 친오빠인 압살롬에 의해 살해당하는 비참한 최후를 맞게 됩니다(23-29절).

참된 친구는 생명을 구하기도 하지만 악한 친구는 도리어 생명을 잃게 할 수도 있다(잠 27:17)는 것을 명심하고 친구를 잘 사귀어야 합니다.

3. 암논은 다말을 강간한 후에 심히 미워했습니다(15-17절).

암논이 다말을 강제로 강간한 후에 다말에게 취한 행동은 더욱더 경악하게 만듭니다. 그는 다말에게 조금도 미안해하지 않고 오히려 다말을 심히 미워해서 쫓아냈다고 했습니다. 이러한 심적 변질은 감각적인 것을 추구하는 사람에게 나타나는 현상입니다. 욕정을 탐닉한 후에는 허탈감이 생기고 수치감이 생깁니다. 죄지을 때는 감미롭지만 나중에는 죄로 인해 혐오스럽고 고통스러워 지는 법입니다. 여기서 진정한 사랑과 쾌락만을 추구하는 욕정의 차이를 알게 됩니다.

압살롬의 귀환 (사무엘하 14:21-27절)

압살롬이 암논을 죽이고 그 술로 도망친지 3년이라는 세월이 흐르자 다윗은 점차 압살롬을 그리워하기 시작했습니다(13:39절). 요압이 계책을 세워 드고아 여인을 내세워 다윗으로 하여금

압살롬에게 선처를 내리도록 꾀합니다(1-17절). 그러자 다윗은 요압의 계책인줄 알면서도 압살롬의 귀환을 허락합니다(18-21절).

이와 같은 요압의 계책이 겉으로 볼 때는 다윗을 위하는 것처럼 보이지만 실상은 다윗의 환심을 삼으로써 자신의 지위를 공고히 하고자 하는 자신의 일신상의 영달을 꾀한 처사에 불과했던 것입니다.

1. 압살롬을 데려오라는 다윗의 명령이 떨어졌습니다(21절).

이러한 다윗의 허락은 전혀 의외의 것만은 아닙니다. 다윗의 마음은 어느 정도 압살롬에게 향해 있었음을 이미 살펴보았습니다(삼하 13:39절). 우리는 이러한 마음에서 아버지의 마음을 알 수 있습니다. 비록 자식이 자기의 뜻을 거역했을 뿐만 아니라 자기에게 깊은 상처를 입혔음에도 불구하고 아버지는 자식을 사랑할 수밖에 없는 것입니다. 여기에는 논리나 이성도 없습니다. 비록 아들이 범죄 했을지라도 아버지의 사랑은 모든 죄와 허물을 덮어 줄 수 있는 무한한 사랑인 것입니다. 인간의 부성애도 이러할진대 하나님의 사랑은 더 귀한 사랑인 것입니다.

2. 압살롬을 데려오라는 다윗의 명령이 있기까지는 드고아 여인이라는 중재자가 있었습니다(1-17절).

다윗이 아들 압살롬을 사랑하여 돌아오게 하려 했지만 돌아오게 할 명분이 있어야 했고, 압살롬도 아버지의 집에 돌아오고 싶었지만 자기 힘으로는 도저히 돌아갈 명분이 없었습니다. 바로 이때 다윗과 압살롬을 화해시킬 중재자로 등장한 사람이 바로 드고아 여인이었습니다. 물론 책략은 요압이 세웠으나 실제로 나서서 활동하고 일을 진행시킨 사람은 드고아 여인이었습니다.

그녀는 매우 지혜로운 중재자였습니다. 다윗의 동정을 사기 위해 자신을 과부(5절)라고 소개하고 자기에게는 두 아들이 있었는데 어느 날 형제끼리 싸우다 우발적으로 형이 동생을 죽였는데 살인자는 반드시 죽여야 된다는 율법에 의하여(민 35:20, 21절) 이웃 사람들이 그 형을 찾는다는 것이었습니다. 그렇게 되면 자기 가문은 대가 끊어진다고 호소했습니다.

다윗은 진위도 알아보지 않은 채 그 여인의 아들이 죽지 않도록 보호한다고 했습니다. 여인은 이 사건을 이용해서 압살롬을 데려오기를 요청했습니다. 이러한 행동은 목숨을 건 행동이었습니다. 다윗이 노여워하면 반드시 죽기 때문이었습니다. 그런데도 그는 목숨 건 중재의 일을 훌륭히 해냈던 것입니다. 이것은 예수님의 중재 사역을 예표하기도 한 말씀인 것입니다. 드고아 여인이 죄인인 우리편에 서서 중재자가 됨으로써 하나님의 공의를 실현케 하심으로 하나님과 인간 사이를 화해시킨 것입니다.

3. 압살롬의 외모에 대해서 설명하고 있는 것을 보게 됩니다(25-27절).

그는 외모가 매우 수려했습니다. 그러나 압살롬의 지혜나 경건에 대해서는 한마디도 없었습니다. 아름답고 균형 잡힌 몸매 속에 오염되고 흉칙스런 영혼이 기거하는 예는 허다합니다. 압살롬의 외모는 흠이 없었습니다. 하지만 그의 영혼은 상처 투성이였습니다. 그의 머리털은 아름다웠으나 그가 자랑하던 머리털은 후에 교수형의 오랏줄이 되고 맙니다(삼하 18:9-15절).

역경 중에 충성 (사무엘하 15:19-37)

앞장에서 압살롬의 예루살렘 귀환이 하나님의 뜻과 어긋나게 인본주의적 동기와 방법으로 이루어졌음을 보았습니다. 다윗은 압살롬에게 공의를 실현하는데 미온적인 태도를 보임으로 다윗의 통치에 반기를 든 가장 큰 치명적인 결과를 가져오고 말았습니다(1-12절). 다윗은 압살롬을 피하여 황급히 도피하게 되었습니다(13-17절).

특기할만한 사실은 다윗이 압살롬의 반역소식을 듣고 반란을 진압하려 하기보다는 도피하기에 급급했다는 사실입니다. 다윗에게는 군대장관 요압도 있고 군사들도 상당수 있었을 것입니다. 그런데도 먼저 도주하려고 했던 것은 되도록이면 유혈전을 피하여 거룩한 예루살렘이 피로 물들지 않기를 바랬기 때문이었을 것입니다(14절). 아무튼 다윗은 과거에 자신이 저지른 범죄의 대가(삼하 12:10-12)로 호화로운 왕궁을 저버리고 기약 없는 도피의 길을 떠나게 되었습니다.

이와 같이 한 순간의 죄는 두고두고 그 죄악의 열매를 거두게 되니 그 영향력이 어떠한 것인지를 알 수가 있습니다. 이 사건을 통해서 몇 가지 교훈 받아야 할 점은 그런 와중 속에 서도 다윗에게 충성하는 변함없는 몇몇 사람들이 있는 것을 보게 됩니다.

1. 역경 중에서도 주인에게 충성하는 블레셋 인 『잇대』가 있었습니다(19-20절).

잇대는 가드 사람이었습니다. 가드는 블레셋 지방이므로 그는 블레셋에서 이주해온 사람이었습니다. 다윗이 그를 가리켜 쫓겨난 나그네(19절)라고 부르는 것을 보아 그는 망명자였을 것입니다. 그런데 잇대가 다윗 왕에게 충성을 맹세한 때는 다윗 왕이 가장 비참하고 불행한 처지에 놓여 있을 때였습니다. 다윗은 잇대가 이방인인 점을 고려하여 공연히 타국의 내란에 휩쓸려 목숨을 잃는 것보다 새로이 왕이 되는 인물을 지지함으로 안전을 도모하라고 했으나 잇대의 다윗에 대한 충성심은 왕을 통한 어떤 이익을 얻고자 하는 마음이 아닌 순수한 충성심이었습니다(21절). 주님을 사랑하는 성도들의 마음이 모두 잇대의 마음을 닮았다면 하나님께서는 정말로 기뻐하실 것입니다.

2. 역경을 통해서 다윗은 하나님께 더욱더 충성하게 되었습니다(24-29절).

다윗의 도피에 제사장 사독이 하나님의 법궤를 메고 다윗을 따랐습니다. 하나님의 언약궤는 하나님의 임재의 상징이었고, 승리의 보장물이었습니다. 그렇기에 그들은 전쟁할 때 종종 하나님의 언약궤를 앞세우고 나갔습니다(수 6:6절). 그런데도 다윗은 언약궤를 압살롬이 장악한 예루살렘으로 돌려보냈습니다(37절). 이것은 역경 속에서도 하나님을 향한 다윗의 신앙심에서 비롯된 행동이었습니다. 즉 다윗은 하나님의 궤가 범죄의 결과인 도피의 길을 떠나게 된 자신과 함께 유리하는 것을 원치 않았습니다. 또한 하나님의 언약궤가 예루살렘에 남아 있어야 남아 있을 백성들에게 상처를 주지 않을 것이기 때문이었습니다. 더 나아가서 그는 하나님의 언약궤가 자신과 함께 있던지 없던지 관계없이 하나님이 자신과 함께 하신다면 다시금 예루살렘에 돌아 갈 수 있음을 확실히 믿었습니다. 이렇게 하나님의 절대적인 주권을 인정하는 신앙을 그는 징계를 통해 회복하는 기회로 삼았던 것입니다.

3. 다윗은 환난을 대처하는 신앙적 자세를 가졌습니다(30-37절).

먼저 다윗은 환난을 당할 때 자신의 죄를 회개했습니다(30절). 그는 망명의 길에 들어섰을 때 머리를 가리우며 맨발로 울며 행했다고 했습니다. 이처럼 환난 날에 반성하고 회개하는 것은 환난을 벗어나는 첩경입니다. 그 다음에 다윗은 환난 가운데 기도했습니다. 압살롬의 모략과 아히도벨의 계략을 어리석게 해 달라고 기도했습니다(31절). 그 결과 하나님은 다윗에게 '후새'를 만나게 하심으로써 후에 아히도벨의 모략을 파하는 결정적인 역할을 합니다(삼하 17:1-23절). 이와 같이 우리들도 환난 당할 때 회개하며 부르짖는 성도가 되어야 합니다.

시바의 거짓과 시므이의 저주

(사무엘하 16:1-14)

앞장에서 우리는 압살롬이 다윗에게 반기를 들고 반역정부를 세우자 다윗이 황급히 도피 길에 오른 사실을 보았습니다(삼하 15:13-37). 본 장은 그같은 도피 상황 중에 일어난 일들로써 다윗의 마음에 괴로움을 더해준 인물들의 행동을 보여줍니다.

1. 시바의 거짓 술책을 보게 됩니다(1-4절).

시바는 므비보셋의 종이었습니다. 그런데 그가 다윗이 감람

산을 지날 즈음에 각종 음식물을 실은 나귀를 이끌고 와 다윗을 맞이하며 다윗에게 가장 필요한 선물을 제공했습니다. 이러한 행동은 진심에서 나온 행동이 아니라 다윗의 환심을 사기 위한 행동이었습니다. 너의 주인 므비보셋이 어디 있느냐는 다윗의 안부에 그는 예루살렘에 있으며 왕위를 계승할 것이라고 거짓 말을 했습니다(3절). 다윗은 므비보셋이 야심가가 아니라는 것을 잘 알고 있었습니다. 하지만 다윗의 처지가 쫓기는 처지다 보니 경솔한 판단을 하고 맙니다. 그래서 시바에게 "므비보셋에게 있는 것을 네가 다 가지라"(4절)고 말했습니다.

사람은 본래 양편의 말을 듣고 판단하도록 두개의 귀를 가졌는데 늘 한쪽의 말만 듣고 판단하도록 결정적인 역활을 한 것은 역시 뇌물이 한 몫을 차지했을 것입니다. 이처럼 인간은 아첨하는 자의 뇌물과 간사한 말에 쉽게 넘어갈 소지를 다분히 가지고 있는 연약한 존재입니다. 그러므로 우리는 다윗의 경우를 교훈 삼아 자신의 지혜를 자랑할 것이 아니라 어떠한 경우에 있어서도 신중히 행동하는 태도를 지녀야 할 것입니다.

2. 시므이의 저주가 있었습니다(5-14절).

시므이는 사울 문중의 한 사람이었습니다. 사울이 몰락 할 때 그도 모든 관직에서 쫓겨났습니다. 그렇기에 그는 다윗의 불행을 보자 쫓아와서 저주했습니다(5-8절). 그런데 다윗은 그 저주를 겸허한 자세로 견뎌내는 모습을 보게 됩니다. 다윗은 시므이의 저주를 하나님의 뜻으로 받아들였습니다. 다윗의 신복 아비새가 시므이를 가서 죽이려고 하자 "저가 저주하는 것은 여호와께서 다윗을 저주하라 하심이니 네가 어찌 그리하였느냐 할 자가 누구겠느냐?" 라고 말함으로 그는 시므이의 저주를 하나님의 회초리로 여겼습니다. 그는 시므이의 모욕 속에서 하나님의 손길을 관찰하는 영적 분별력이 있었습니다. 바로 이런 점이 다윗이 범죄 했으나 끝까지 하나님께 사랑 받는 점입니다.

오늘날 모든 그리스도인들이 이렇게 자신에게 일어나는 모든 일들을 하나님이 주관하시는 일로 받아들인다면 모든 불행과 시련을 인내로써 잘 참고 견뎌 낼 수 있을 것입니다. 경건한 사람이란 고난 속에서 자신의 죄악을 발견하며 잘 인내하는 일에 훈련되어짐으로 고난을 잘 은혜롭게 넘기는 사람인 것입니다.

3. 다윗은 고난을 통해 하나님께서 선으로 갚아 주실 것을 믿고 기대했습니다(12절).

다윗은 참기 어려운 모욕 속에서도 하나님께 모든 것을 맡겼습니다. 그래서 시므이의 저주를 결국 자신의 잘못을 깨닫게 하시는 하나님의 섭리로 받아들였고 시므이의 저주 때문에 하나님의 진노가 그쳐질 것이며 하나님의 크신 사랑이 자기에게 임할 것을 믿고 소원하였습니다. 우리들도 다윗처럼 고통 중에 합력하여 선을 이루어주시는 하나님만을 전적으로 믿고 의지하는 성도들이 되어야겠습니다.

압살롬의 군사회의 (사무엘하 17:1-14절)

전장(16장)에서 압살롬은 예루살렘에 무혈입성 했고 당시

근동지방에서 차기 왕권 계승자가 전왕의 후궁들을 자신의 후
궁들로 삼는 관습대로 다윗의 후궁을 취하는 등 거의 왕권을
탈취하는데 성공했음을 보았습니다(삼하 16:15-23절). 그래
서 오늘 본문은 예루살렘을 점령한 압살롬이 첫 군사회의를 열
고 도망간 다윗을 쫓는 일을 의논하고 있었습니다. 여기서 아
히도벨이라는 모략가는 곧바로 다윗을 쫓아가서 멸하자고 했
고 후새라는 모략가는 지금 왕의 부친과 그 종자들은 격분하여
있으므로 조금 지체하였다가 쫓자고 했습니다. 그 결과 압살롬
은 후새의 모략을 따르게 됨으로써 결국 패배하는 결과를 가져
옵니다.

**1. 압살롬이 아히도벨의 모략을 따르지 않고 후새의 모략을
따른 것은 허영심의 결과로 볼 수 있습니다.**

아히도벨은 압살롬에게 지금 다윗이 곤하고 약해 있으니 이
때 군사 일만 이천만 주면 자기가 가서 다윗 왕만 쳐죽이겠다는
것이었습니다. 그러면 나머지 백성은 왕의 아들인 압살롬에게
자연적으로 돌아 올 것이라는 내용이었습니다. 이 모략을 처음
에는 압살롬도 좋게 여겼습니다. 그러나 돌연 압살롬은 후새를
청하여 그의 의견을 물었습니다(5,6절).

실로 이것은 다윗을 보호하시려는 하나님의 섭리였습니다.
비록 압살롬은 신중한 결정을 내리기 위해 후새를 불렀지만 후
새는 다윗 왕의 심복이었던 것입니다. 후새는 어떻게 하던지
다윗 왕에게 도망 갈 기회를 주기 위해 압살롬을 추켜세우면서
지연작전을 썼습니다. 후새는 지금 왕께서는 패잔병과 같은 다
윗을 쫓는 일보다 온 이스라엘을 왕께 모으는 일이 더 중요한
일이라 했습니다(11절). 다시 말하면 압살롬이 전체 이스라엘
의 지지를 받고 있음을 과시하게 하려했던 것입니다. 그 다음

에 다윗을 치는 것은 이슬이 땅에 내림과 같이 일시에 다윗을 공격하면 다윗의 세력을 아주 쉽게 멸할 수 있는 것처럼 말했습니다(12절).

생각보다 예루살렘을 쉽게 점령한 압살롬은 영웅심에 사로잡혀 상황을 너무 가볍게 생각하고 아히도벨의 모략보다는 후새의 모략을 택하게 된 것입니다. 결국 압살롬은 그의 교만과 명예욕 때문에 스스로 파멸의 길로 들어서고 있었던 것입니다(삼하 18:9-15절). 그러므로 교만과 허영심은 반드시 패망한다는 것을 명심해야 합니다.

2. 후새의 모략을 압살롬이 택한 것은 다윗의 기도 응답의 결과였습니다.

삼하 15:31절 말씀을 보면 아히도벨이 압살롬의 무리 속에 있다는 말을 들은 다윗이 '하나님이여 아히도벨의 모략을 어리석게 하옵소서.'라고 기도했는데 하나님은 다윗의 믿음의 기도를 들으신 것입니다. 압살롬이 아히도벨의 모략보다 후새의 모략을 따른 것은 결국 하나님께서 그렇게 하신 것이었습니다(14절). 다윗은 고난 속에서 하나님의 절대 주권을 인정하는 믿음을 회복했지만 압살롬은 한번도 하나님을 믿거나 의지했다는 말이 없습니다. 인간의 모략과 꾀만 믿으면 실패할 수밖에 없지만 하나님만을 믿는 믿음은 다시 회복하는 역사를 가져옵니다.

3. 아히도벨은 자살하고 맙니다(23절).

아히도벨은 자기의 전략대로 될 것이라고 믿고 흐뭇해했지만 압살롬이 자기의 전략보다는 후새의 전략을 선택하는 것을 보고 그는 다윗이 승리할 것을 내다보면서 스스로 목숨을 끊고 말았습니다. 이처럼 악인의 말로는 죽음과 절망밖에 없습니다.

압살롬의 최후 (사무엘하 18:9-18)

이제 압살롬을 피해 피난길에 나섰던 다윗은 다윗을 위한 후
새의 책략을 압살롬이 받아들이는 바람에 전열을 가다듬을 수
있는 충분한 시간적 여유를 얻어 전열을 가다듬고 압살롬의 군
사와 일대격전을 벌입니다. 그 결과 다윗군이 대승을 거두게
됩니다(1-8절).

**1. 압살롬은 도망하다 그의 머리가 상수리나무에 걸려 교수
형에 처단되고 맙니다(9절).**

다윗군에 의해서 대패한 압살롬은 도망가다가 다윗의 수색
군과 마주치게 됩니다. 상수리나무 숲으로 황급하게 도망치던
압살롬은 그가 평소에 자랑하던 머리가 상수리나무에 걸려 나
무에 대롱대롱 매달리는 신세가 됨으로써 비극적인 최후를 맞
이하게 되었습니다. 본문은 교만한 인간의 자랑거리가 얼마나
부끄러운 것인지를 잘 보여 줍니다. 즉 압살롬은 그가 자랑하
던 머리털 때문에 죽임을 당했고(9-15절) 그의 시체는 웅덩이
에 던져지고 그 웅덩이를 돌무덤으로 쌓았는데 그 돌무덤은 자
신의 공적을 자랑할 목적으로 세운 비석이었습니다.

하나님은 이처럼 악인의 자랑거리를 오히려 수치와 멸망의
무덤으로 만드심으로써 스스로 부끄러움을 당하게 하셨습니다
(잠 11:2-3절). 반면에 하나님께선 비록 범죄하여 징계를 당했
으나 그로 인해 회개하며 더욱 겸손해짐으로 신앙심을 회복한
다윗을 다시 이스라엘 왕으로 회복시켜 주셨으니 압살롬과는
대조적인 역사임을 볼 수 있습니다.

2. 압살롬은 요압에 의해 죽임을 당했습니다(14-15절).

다윗은 전투에 임하는 요압과 아비새와 잇대에게 자기 아들 압살롬이 패할지라도 살리라(5절)고 명령했습니다. 그런데 요압은 상수리나무에 걸린 압살롬을 창 3개로 찔러 죽였습니다. 요압이 왕명을 거역하면서까지 압살롬을 죽인 것은 몇 가지 이유 때문이었습니다. ①개인적인 복수심 때문이었을 것입니다. 요압은 평생에 얻은 평안이 압살롬에 의해 사라지고 또 다시 도피 생활하는 고난을 겪었기 때문에 용서할 수 없었을 것입니다. ②압살롬이 살아 있을 경우 다윗 왕의 우유부단한 성격으로 인해 저를 용서해 줌으로써 빚어지는 정치적 혼란을 미연에 방지하기 위해서였을 것입니다. ③훗날 그가 아도니야 옹립에 가담하여 다윗을 배반한 것을 보아(왕상 2:28-34절) 다윗을 우습게 여기는 교만이 싹텄을 것입니다. 하지만 무엇보다도 무도한 요압을 통해서라도 반역자 압살롬을 처형하시는 하나님의 공의로운 섭리임을 깨달아야 합니다. 하나님은 악한자의 계획이 이루어지지 않도록 일일이 간섭하시는 하나님이십니다.

3. 압살롬의 죽음의 소식을 듣고 슬퍼하는 다윗의 모습을 봅니다(5,29,33절).

압살롬은 아버지의 왕좌를 빼앗으려고 4년 동안 철저히 계획을 세워 반란을 일으켰고 아버지를 죽이려 했지만 아버지 다윗은 압살롬을 어떻게 하든지 살리려고 했습니다. 그래서 먼저 사랑할 가치조차 없는 압살롬인데 부하들에게 관대하게 하라고 특별히 부탁했습니다(5절). 그 다음에는 전령에게 제일 먼저 압살롬이 잘 있느냐고 물었습니다(29절). 이것이 자식이 늘 평안하기를 바라는 부모 마음입니다. 그 다음에 압살롬이 전사했다는 소식을 듣자 심히 통곡했습니다(33절). 이것이 부모의 마음입니다. 하지만 하나님의 사랑은 부모의 사랑보다 훨씬 더 깊고 높고 넓은 것입니다.

다윗을 영접한 사람들 (사무엘하 19:16-39)

앞장(18장)에서 압살롬의 반역이 수포로 돌아가므로 다윗은 예루살렘으로 환궁하게 되었고 다시 다윗 왕국이 회복될 수 있게 되었습니다. 예루살렘으로 가는 다윗의 귀향 길에 여러 종류의 사람들이 나와 다윗을 맞이했습니다. 그 사람들은 시므이와 시바(16-23절) 므비보셋(24-30절) 과 길르앗 사람 바르실래(31-39절)였습니다. 이러한 장면은 이전에 다윗이 도피할 당시 외면하고 다윗을 모욕하던 것(삼하 16:5-14절) 과는 대조되는 장면입니다. 이들을 통해 몇 가지 교훈을 얻을 수 있습니다.

1. 시므이와 시바를 통한 교훈입니다(16-23절).

이들은 한마디로 시대적 조류에 약삭빠르게 편승하기를 잘하는 기회주의자들이었습니다. 시므이와 시바는 다윗이 고통당할 때 다윗을 쫓아오며 저주했던 자(시므이)와 다윗을 속였던 자(시바)였습니다. 그런데도 그들은 이제 다윗이 환궁 길에 오르자 목숨을 부지하기 위해서 다윗을 영접하러 나온 것입니다. 이것은 범죄한 자들이 가져야할 지혜로움인 것입니다. 그들은 될 수 있는 대로 죄를 감형 받기 위해 왕이 머물러 있는 요단강을 건너가서 용서를 구했습니다(17-18절). 그리고 베냐민 지파 사람 일 천명을 동원해서 이번에 다윗 왕으로 민심이 돌아오게 하는데 자신들이 많은 역할을 했음을 참고해 주기를 간청했습니다. 다윗은 결국 시므이와 시바를 용서해 주었습니다. 다윗은 일찍이 시므이의 저주를 받을 때 하나님이 하시는 일이라며 고통을 겸손히 받아들였습니다. 그러므로 이제 환궁하는 좋은날에 하나님의 은혜를 생각하면서 그들을 용서해 주었습니다. 우리가 깨달아야 하는 것은, 인간적인 방법으로 용서를 구하는 일에 최선을 다한 저들이 용서받았듯이 주님 앞에 우리가 지은 모든 죄를 자백하면 주님은 어떠한 죄든지 자백하는 죄마다 반드시 용서해 주실 것을 믿고 회개하는 성도가 되어야겠습니다(요일 1:9절).

2. 므비보셋을 통한 교훈입니다(24-30절).

그는 한마디로 받을 바 은혜를 보답할 줄 아는 자였습니다. 그는 자신의 은인인 다윗이 도피 생활하는 동안 자신의 발을 맵시내지 않았고 수염도 자르지 않고 옷도 빨지 않았던 것입니다(24절). 이것은 극심한 애도의 표시로 다윗의 고난에 함께 참여한다는 의미를 지닌 행위였습니다. 그는 다윗과 떨어져 있었지만 다윗이 보는 것처럼 행동하였습니다.

그는 다윗 왕을 따라 가려했지만 그의 종 시바가 그를 속이고 혼자 나귀를 타고 가 자신을 모함하고 다윗에게 뇌물을 주어서 자기의 재산 전부를 시바에게 빼앗기고 말았던 억울함을 당했었습니다. 그런데 이제 모든 상황을 안 다윗이 시바가 속였음에도 불구하고 왕이 한 말이 있어 시바와 재산을 반씩 나누라고 했는데도 그는 다윗을 원망하기는커녕 재산 전부를 시바에게 준다 하더라도 왕과의 인간관계가 회복되기만 하면 만족하다

(30절)는 자세를 보여주었습니다. 우리 그리스도인은 므비보셋처럼 주님 한 분만으로 만족할 수 있는 성도가 되어야 합니다.

3. 바르실래를 통한 교훈입니다(31-39절).

그는 일찍이 다윗의 의로운 통치에 감복하여 다윗이 위기에 처했을 때 도왔던 부호중 한 사람이었습니다(삼하 17:27-29절). 그는 다윗을 도울 때 어떤 보상을 바라고 도왔던 것이 아니라 단지 왕을 도울 수 있다는 사실 하나 만으로 기뻐했습니다(33-37절). 오늘날 모든 그리스도인은 바르실래처럼 하나님을 섬길 수 있는 특전이 우리에게 주어진 것 하나 만으로 기뻐하며 감사하는 성도가 되어야 합니다.

세바의 반란 (사무엘하 20:1-10)

승리의 기쁨과 백성들의 극진한 환영을 받으며 요단을 건너 예루살렘으로 돌아가던 다윗은 뒤늦게 왕을 환영하는 자리에 참석한 한 사람의 난류(전혀 쓸모 없는 사람)에 의하여 또 다시 이스라엘 왕국이 분열되는 쓰라린 아픔을 당하게 됩니다. 뿐만 아니라 반란자를 징벌하라고 보낸 아마사를 시기심에 가득찬 요압이 살해하는 언짢은 일도 보게 됩니다. 그 사건들에 대한 의미를 살펴보도록 합시다.

1. 세바라는 사람이 또 내란을 일으켰습니다(1-3절).

세바는 베냐민 사람 비그리의 아들이었습니다. 그는 다윗 왕의 예루살렘 환궁을 환영하는 자리에 참석한 난류였습니다. 난류란 말은 불량한 자, 악을 도모하는 자란 뜻입니다. 하지만 세바는 당시 많은 백성들이 그의 반란을 지지했다는 점을 생각해 볼 때 그는 상당히 영향력을 가지고 있었던 인물인 것 같습니다. 이렇게 악을 행하는데 상당한 영향력을 끼치는 자들이 있습니다. 사람들의 마음속에는 긍정적인 면과 부정적인 면이 있는데 이렇게 부정적인 면을 설득하여 전체 분위기를 부정적으로 이끄는 사람들이 있는데 이런 사람들은 대단히 좋지 않은 인물입니다. 그러므로 성경은 난류라고 말하고 있습니다. 이런 자들의 말을 따라 함께 부정적이 되는 사람들도 불행해진다는 것을 명심해야 합니다. 하지만 살아가는 삶 속에서 이런 일이 생기는 것을 이상하게 생각해서는 안됩니다. 하나의 고통이 끝나면 또 다른 고통이 시작되는 법입니다.

다윗이 세바의 반란을 당한 때는 압살롬의 반란을 평정한 후 예루살렘 궁전으로 돌아가는 때였습니다. 환난은 이렇게 때와 장소를 가리지 않고 다시 찾아오는 법입니다. 그러므로 이 세상에 사는 동안 문제가 끊임없이 찾아오는 것을 이상히 여기지 말고 오히려 환난을 이길 수 있는 힘을 하나님께 끊임없이 구하는 기도 생활로 대비하여 준비된 신앙으로 무장해야 합니다.

2. 반란의 이유는 유다 지파보다 이스라엘 10지파가 무시 당했다고 생각하는데서 시작되었습니다(2절).

세바의 반란은 유다 지파에 편중된 다윗의 정책적 태도(삼하 19:11-13)가 발단이 되었긴하나 보다 직접적인 원인은 혈통적인 우월주의에 사로잡힌 베냐민 지파를 중심한 열두 지파의 갈등에서 생겨난 것입니다.

오늘날 하나님의 이름으로 모인 신앙공동체인 교회 속에서도 절제되지 못한 개인의 감정과 편협한 사고는 하나님의 교회 전체에 커다란 악영향을 미칠 수가 있습니다. 만일 세바와 그를 따르는 이스라엘 백성들이 저들의 나라 전체를 생각했다면 그렇게 다투지는 않았을 것입니다. 자식들이 조금만 철이 나서 부모를 생각하면 다투지 않을텐데 자기들만 생각해서 다투듯이 교회 성도들이 하나님의 피로 값 주고 사신 교회를 생각한다면 다투는 일이 교회 속에 없을텐데 결국 하나님의 교회는 생각지 않고 자기들만 생각하기에 무시당했다는 편협된 감정에 하나님의 교회를 망치는 경우가 많습니다. 그러므로 바울은 엡 4:1-3절에서 부름에 합당하게 행하여 모든 겸손과 온유로 하고 오래 참음으로 사랑가운데서 서로 용납하고 평안의 매는 줄로 성령의 하나되게 하신 것을 힘써 지키라고 에베소 교인들에 권면했습니다.

3. 세바의 난은 아벨성의 한 지혜로운 여인으로 인해 진압됩니다(14-26절).

요압의 군대는 세바가 도망간 아벨성을 포위하고 그 성을 아예 초토화해서 반란군을 진압하려고 했습니다(14,15절). 하지만 그 성에 한 지혜로운 여인이 요압과의 면담을 통해 요압 작전의 부당함을 지적하고 성읍 사람들을 설득하여 세바만 죽이고 아벨성은 무사한 채 반란이 진압된 것입니다(16-22절). 무릇 지혜로운 여인은 그 집을 세운다(잠언 14:1)는 것을 입증했습니다.

삼 년 기근 사건 (사무엘하 21:1-14)

지금까지 사무엘상, 사무엘하 서는 대체적으로 연대기적 순서에 의거하여 기록되었습니다. 그러나 이제 본 장에서 24장까지는 이런 연대기적 순서를 탈피하여 누락되었던 다윗 통치의 여러 측면들의 상호 독립된 기사들을 보여주면서 본서에 끊임없이 흐르고 있는 대 주제인 하나님만이 역사의 주인이시므로 인간은 그분께 순종할 때만이 번영과 축복을 누릴 수 있다는 구속사적 진리를 거듭 강조하고 있습니다.

본 장은 상호 독립된 두 기사로 나뉘는데 먼저 전반부(1-14절)는 사울이 기브온과 이스라엘간에 맺은 언약(수 9:1-5절)을 무시하고 기브온 사람들이 피를 흘린 일로 인해 다윗 시대에 임한 하나님의 3년 기근 징계사건을 기록하고 있습니다. 후반부는(15-22절) 3년 기근 사건과 독립된 사건으로서 블레셋과의 전투에서 다윗을 위하여 충성하며 용맹을 떨친 용사들의 무용담을 간략히 소개하고 있습니다. 그 중에서 3년 기근 사건을 생각해보고자 합니다.

1. 다윗의 시대에 3년 동안 기근이 일어났습니다.

이일로 인해 다윗은 하나님께 부르짖어 기도했습니다(1절). 다윗은 기도의 사람이었습니다. 하지만 3년이 지나서야 기도했다는 점은 다윗이 기근으로 인한 나라의 고통이 심한 뒤에야 깨달았다는 말입니다. 그리고 하나님께 어떠한 죄를 지었는가 자신을 돌아보는 자기성찰의 기도를 드렸습니다. 자연의 현상을 우리는 우연으로 돌릴 때가 많습니다. 하지만 이런 일들이 자주 그리고 계속될 때에는 내 자신이 하나님께 어떠한 회개치 못한 죄가 있어서 이런 것은 아닌가 하고 다윗처럼 자기성찰의 기도를 드려야 합니다. 이렇게 하나님께 자기성찰을 끊임없이 묻는 신앙의 삶은 하나님의 절대주권을 인정하는 삶입니다.

2. 3년 기근의 원인은 사울 가의 죄 값이었습니다(2절).

다윗의 기도에 하나님은 응답하셨습니다. 그리고 그 이유는 사울과 그 집이 기브온 사람들을 억울하고 잔인하게 죽였기 때문이라고 하셨습니다. 기브온 족속은 여호수아와 언약을 맺어 이스라엘의 보호를 받게 된 민족이었습니다(수 9:3-27) 여호수아가 가나안 땅을 점령해 들어갈 때 그들은 멀리서 온 것처럼 위장하여 여호수아의 동정을 사서 종의 신분으로 살아 남았습니다. 이것은 여호수아의 실수였습니다. 그러나 여호수아는 그들과 하나님의 이름으로 맹세했기 때문에 그들은 종의 신분으로 반역이나 불평 없이 이스라엘을 위해 봉사해왔었습니다. 그런데 사울은 이방인을 멸절시켜야 한다는 정결작업의 일환으로 기브온 족속들을 학살하였습니다. 하나님은 기브온 족속의 원한을 기억하시고 다윗 시대에 기근을 통하여 알려주셨습니다. 그래서 다윗은 하나님의 뜻을 따라 기브온 족속이 사울 가(家)에 대해 복수하는 것을 허용했습니다. 그 결과 사울의 아들 7명이 죽임을 당했습니다. 공의로우신 하나님은 신원하는 자의 기도를 들으시고 죄에 대해서는 반드시 죄의 대가를 보응하십니다(출 34:7절).

3. 사울 가에 대해 다윗은 동정을 베풀었습니다(10-14절).

기브온에게 복수할 기회를 준 다윗이 기브온 족속에게 죽임 당하여 슬픔에 빠진 사울 가를 기억하고 사울과 요나단의 시신을 사울의 가족묘에 안장하도록 배려했습니다. 이러한 일은 사

울의 첩 리스바가 두 아들의 시신을 정성껏 돌보고 있다는 모성
애에 감동을 받아 행한 조치였습니다. 그래서 그들의 뼈를 사
울 가의 묘에 함께 안장하도록 했습니다. 리스바의 모성애가
그들의 저주스러운 죽음을 영광스런 죽음으로 옮겼습니다. 3
년 대 기근은 다윗의 깨어 있는 신앙과 하나님께 대한 절대 복
종으로 해결되었습니다. 그러므로 우리는 우리 앞에 큰 위기의
사건이 닥칠 때마다 깨어있는 신앙과 깨달음에 대한 절대 복종
의 삶이 있어야겠습니다.

다윗의 찬양 시 (사무엘하 22:1-20)

본 장은 다윗의 찬양 시입니다. 다윗은 누구보다도 하나님을
많이 찬양한 사람이었습니다. 실로 하나님의 은혜를 체험하고
그분의 구원을 경험한 자는 마땅히 온 마음과 온 몸으로 찬양하
며 경배함이 마땅합니다. 그러기에 찬양은 구원받은 자의 당연
한 의무요 하나님의 백성 된 자의 아름다운 특권입니다. 그 삶
과 입술에 감사와 찬양이 없는 자는 결국 하나님과 무관한 자라
아니할 수 없습니다. 그렇다면 다윗은 하나님의 어떤 모습을
찬양했습니까?

1. 환난에서 건지신 하나님을 찬양했습니다(1-7절).

1절 말씀을 보면 "여호와께서 다윗을 모든 대적의 손과 사울
의 손에서 구원하신 그날에"라고 말씀하고 있습니다. 하나님의

백성들은 이렇게 항상 대적과 원수의 위험에 직면할 때가 많습니다. 다윗의 일생을 보면 파란만장했습니다. 사울의 칼날을 피해 10년이란 세월을 동서남북 할 것 없이 이리저리 유리방황해야만 했습니다. 때로는 원수나라 블레셋으로 모압으로 도망해야 했으며 광야와 산지로 피해 다녔습니다. 이런 위험한 순간들을 그는 사망의 물결(5절), 불의의 창수(5절), 음부의 줄(6절), 사망의 올무(6절)라고 표현했습니다. 하나같이 피할 수 없는 사망과 죽음을 빗대었으니 실로 다윗이 당한 고초는 능히 짐작하고도 남음이 있습니다. 그렇지만 다윗은 분명히 고백하기를 자신이 이런 환난 속에서 능히 건짐 받았음을 분명히 고백하고 있습니다. 그리고 이런 하나님의 구원이 기도의 응답의 결과임을 분명히 말하고 있습니다.

그러므로 다윗은 '저가 그 전에서 내 소리를 들으심이여(7절)'라고 고백하고 있는 것입니다. 이와 같이 하나님은 항상 택한 백성의 간절한 기도와 끈질긴 간구를 듣고 응답하시는 분이십니다.

2. 다윗은 친히 강림하셔서 도우신 하나님을 찬양했습니다(8-16절).

다윗은 하나님께서 미천한 자신을 구원하시기 위해 친히 하늘에서 보좌를 버리시고 이 땅위에 강림하셔서 당신이 택하신 백성을 환난에서 건져내시도록 도우신 하나님을 찬양했습니다. 하나님이 친히 강림하시는 모양을 '땅이 진동하고 떨며 하늘의 기초가 요동하며 흔들렸다(8절)'고 표현했습니다. 여기서 우리는 두 가지 사실을 깨달을 수가 있습니다. ①하나님께서는 당신의 택한 백성이 원수들로부터 당하는 고초와 환난을 그대로 묵과하시지 않으실 뿐만 아니라 떨릴 정도로 격분하신다는 것과, ②하나님께서는 성도의 원수를 하나님의 원수처럼 여기시며 친히 원수를 갚으려 강림하신다는 사실입니다. 다윗은 이렇게 강림하시어서 성도의 원수를 물리치는 행위를 '여호와께서 하늘에서 뇌성을 발하시며(14절)' '살(화살)을 날려 저희를 흩으시며 번개로 파하셨도다(15절)'라고 시적으로 표현하였습니다.

이렇게 하나님께서 성령으로 친히 강림하사 우리 곁에서 우리의 원수를 하나님의 원수처럼 싸워주시는데 우리가 염려하고 걱정할 필요가 무엇이 있겠습니까?

3. 다윗은 은총과 자비를 보여주신 하나님을 찬양했습니다 (17-20절).

다윗은 '하나님께서 자신을 물에서 건지셨다(17절)'고 했고 '강한 원수와 미워하는 자에게서 건지셨다(18절)'고 했습니다. 뿐만 아니라 자신을 '넓은 곳으로 인도 하셨다(20절)'고 했습니다. 다시 말하면 구원하셨을 뿐 아니라 편안한 세상, 넓은 세상으로 인도하셨다는 말입니다. 이렇게 하나님은 구원과 안식을 주시는 자비로우신 분입니다. 하나님의 큰 자비를 받는 사람들은 그로 인해 하나님께 영광 돌려야 합니다. 다윗은 하나님을 '나의 하나님'이라고 불렀습니다. 이것은 하나님의 자비의 손길을 체험한 자만이 부를 수 있는 단어입니다. 자신의 삶 속에서 '나의 하나님'이기를 자신 있게 고백하는 자만이 진실로 하나님께 감사 찬양 할 수 있는 것입니다.

다윗 왕국에 충성한 용사들 (사무엘하 23:8-39)

본 장에서는 다윗 가문에서 나올 미래의 의로운 통치자에 대한 소망을 담은 다윗의 마지막 말(1-7절)과 하나님의 종 다윗과 그의 나라를 위해 충성을 다한 37명의 다윗의 용사들의 명단을 수록하고 있습니다(8-39절). 결국 다윗이 막강한 나라를 이룩한 공적은 결코 다윗 혼자의 힘으로만 된 것이 아니라 생명을 아끼지 않고 다윗 왕을 도운 많은 용사들이 있었던 까닭입니다.

먼저 막강한 힘과 능력을 가진 일당백의 용사 3인이 있었습니다(8-12절). 둘째로, 블레셋에게 점령된 베들레헴 성문 곁의 우물가에 가서 물을 길어 다윗에게 바칠 정도로 충성을 다한 3인의 용사가 있었습니다(13-23절). 셋째로, 이스라엘 각 지파와 유대인으로 귀화한 이방인으로 구성된 30인의 용사가 있었습니다(24-29절).

이렇게 하나님의 큰 일을 위해서는 훌륭한 지도자와 아울러 선한 조력자들이 필요한 것입니다. 다윗을 도와 충성을 다한 용사들은 그리스도의 십자가 군병으로 비유될 수 있습니다. 그렇다면 주님 앞에 합당한 군사로 여김 받기 위해서라면 어떤 자격을 갖추어야 할까요?

1.모든 재능을 주님을 위해 바치는 자라야 합니다(8-12절).

다윗의 용사들 가운데 가장 대표적 용사로 손꼽히는 첫 번째 부류의 세 용사들은 하나 같이 막강한 힘과 지략 그리고 담력을 가지고 있었습니다.

요셉밧세벳은 혼자서 블레셋 군사 800명을 쳐죽일 정도로 무예에 능한 용사였습니다(8절). 엘르아살은 손에 쥐가 나서 더 이상 칼을 쥐지 못할 정도로 많은 블레셋 군사들을 쳐죽인 강한 힘을 가진 용사였습니다(9-10절).또 삼마는 모든 이스라엘 백성이 도망치는 와중에서도 블레셋 군사와 이스라엘 백성들의 사이에 홀로 우뚝 서 추격하는 블레셋 군사들을 쳐죽인 용맹스러운 용사였습니다(11-12절).

이 세 용사의 위대한 점은 자기들에게 위대한 힘이 있어서라기 보다는 귀하고 엄청난 힘을 국가와 민족을 위해 아낌없이 사용했다는 사실입니다. 우리 성도들도 하나님께 받은 재물과 달란트(재능)를 주님 위해 사용할 줄 알아야 합니다.

2.지극히 작은 일에도 충성을 아끼지 않는 자라야 합니다(12-23절).

이스라엘을 초강대국으로 세우는 일에 일익을 담당한 두 번째 그룹의 용사들이 있습니다. 그들은 전시에 다윗이 적들에 의해 점령당한 베들레헴 우물물을 몹시 갈망하는 것을 보고 블레셋의 포위망을 뚫고 적진에 뛰어들어 베들레헴 성문 밖의 우물물을 길어 다윗에게 바쳤습니다. 사실 이들은 첫 번째의 세 용사에 비해 다소간 무예나 기량이 떨어지는 자들이었습니다(23절). 그렇지만 왕을 향한 충성심은 이전 세 용사들 이상이었습니다. 그렇기 때문에 다윗의 베들레헴 우물물을 마시고 싶어하는 마음을 알고 지극히 개인적인 사소한 마음을 읽고 그를 위해 생명을 걸고 베들레헴 우물물을 가지고 왔습니다. 진실로 지극히 작은 일에도 충성을 아끼지 않는 자라 아니 할 수 없습니다. 주님 앞에 중요한 것은 재능과 은사의 크고 작음이 문제가 아니라 충성의 정도가 문제입니다(고전 4:2).

3. 성도 상호간에 유대와 결속을 공고히 하는 자라야 합니다(24-39절).

마지막으로 다윗을 도와 이스라엘 왕국을 크게 부강시키는 데 일익을 담당한 자들은 30인 용사들이었습니다(24절). 이들 가운데는 이방인으로써 이스라엘에 귀화하여 하나님의 백성이 된 사람들도 있었습니다. 실로 주님의 보혈의 공로를 믿는 모두는 한 피 받아 한 몸 이룬 유기적 공동체입니다.

다윗의 인구 조사에 대한 징벌

(사무엘하 24:1-17)

본 장은 본서의 결론 부분에 해당하는 "장"으로써 그 내용은 다윗의 인구 조사의 범죄(1-9절), 다윗의 범죄에 대한 하나님의 징계(10-15절), 다윗의 회개와 아라우나 타작 마당에서의 다윗의 제사 및 징계의 중지(16-25절) 등의 순으로 전개됩니다.

본 장은 하나님 제일주의의 신앙으로 무장하지 않고 인구 조사를 통하여 인간의 숫자의 힘을 더 의존하려고 했던 비 신앙적인 동기를 하나님께서 책망하고 징계하신 사건인 것입니다. 왜 하나님은 인구 조사를 죄로 여기셨을까요? 이 사건을 통해서 우리는 다음과 같은 교훈들을 얻을 수 있습니다.

1. 다윗이 인구 조사를 하게 된 동기는 헛된 교만 때문이었습니다.

다윗이 인구 조사를 실시한 것은 유사시 군사력으로 전환될 수 있는 백성의 수를 헤아려 보는 가운데 스스로의 힘을 과시해 보려고 했던 것 같습니다. 자기 나라의 인구 수효를 열방 중에 공포함으로 두려운 힘있는 나라임을 나타내고자 했습니다. 전에는 수에 개의치 않고 골리앗 앞에서도 하나님의 능력만을 믿고 혈혈단신으로 나섰던 사람이었으며 또한 다윗 왕국의 초창기에는 하나님만을 의지하는 힘으로 미약한 군사들만으로도 능히 열방 국가들을 정복할 수 있었던 다윗이었습니다. 그런데 다윗이 신하들의 만류에도 불구하고(1-4절) 인구조사를 실시한 것은 일순간이나마 하나님의 주권적 은혜를 망각한 채 자기의 힘으로 이토록 무수한 백성을 좌우할 수 있다는 헛된 교만 때문이었습니다.

1절 말씀을 보면 "여호와께서 다시 이스라엘을 향하여 진노하사 저희를 치시려고 다윗을 감동시키사 가서 유다 인구를 조사하라 하신지라"고 하셨는데 이 말씀은 언뜻 생각하면 하나님의 감동으로 인구 조사를 하게 했다는 오해를 불러일으킬 수 있는 말씀입니다.

하지만 여기서 "감동하사"라는 말씀은 히브리어로 "야세트"인데 이 말의 뜻은 심사숙고한 가운데서 일어나는 마음의 변화가 아니라 순간적인 감정의 변화를 묘사한 말입니다. 다시 말하면 다윗이 인구 조사를 하려는 계획은 자신의 위엄을 나타내려고 하는 교만스러운 순간적 충동의 발로였음을 알 수가 있습니다. 그러므로 순간적 충동에 빠지는 죄를 범하지 않도록 깨어 기도해야 합니다(눅 22:31).

2. 다윗은 인구 조사가 자신의 교만한 마음에서 시작된 것임을 비로소 깨닫고 회개합니다(10절).

인구 조사 결과 그 엄청난 군사력에 다윗은 대단히 만족했을 것입니다. 그러나 그 만족은 오래가지 못했습니다. 그는 인구 조사가 자신의 불순한 목적에서 비롯되었음을 곧 깨닫게 되었습니다. 이 깨우침 역시 하나님의 간섭이셨으리라 봅니다. 다윗이 범죄 했으나 그가 끝까지 하나님께 버림받지 않은 이유는 바로 죄를 깨달은 즉시 회개했다는 점입니다. 그러므로 우리는 성령의 도우심으로 항상 자신을 하나님 말씀에 복종하기를 게을리 하지 말아야 합니다(고전 9:27).

3. 하나님의 징계와 용서가 있었습니다.

하나님은 다윗에게 칠 년 기근을 당할 것인지, 대적에게 석 달을 쫓길 것인지, 삼일 온역을 당할 것인지 그 중에 하나를 택하라고 하셨습니다(12절). 다윗은 하나님의 손에 매맞기를 원해서 3일 온역을 택했습니다(14절). 그 결과 이스라엘 백성 칠만 명이 온역으로 죽었습니다(15절). 여기서 우리는 두 가지 질문을 던질 수 있습니다. ①왜 다윗의 죄가 백성에게 미쳐야 하느냐는 점입니다. 그것은 다윗의 죄만이 아니라 백성들의 죄도 포함되었기 때문입니다(1절). ②왜 회개했는데도 보응을 받았는가 하는 점입니다. 그것은 제물이 없었기 때문입니다. 하나님은 아라우나의 타작 마당에서 제단을 쌓으라고 했습니다(18절). 피 흘림이 없이는 사함이 없기 때문입니다. 그러므로 예수 그리스도는 우리의 모든 죄를 대신해서 피를 흘리셨습니다.

가종현 목사

* 서울신학대학교 졸업
* 서울신학대학교 목회대학원 졸업
* 연세대 연합신학대학원 졸업
* 피어선 신학대학 연구원 졸업
* 서울신학대학교 목회학 박사과정 수료

* 캐나다Providence신학대학 목회학박사(D.Min)

* 기독교대한성결교회 인천 남지방회장 역임
* 경인신학교 교수
* 기성부흥사회 회원
* 현 인천성암교회 담임목사

뉴 밀레니엄 **새벽 만나 2**

(신명기, 여호수아, 사사기, 룻기, 사무엘상, 사무엘하)

가종현 목사 지음

1판 인쇄 / 2001. 11. 10
1판 발행 / 2001. 11. 12

발행처 / 말씀과만남
발행인 / 최 헌 근

등록번호 / 제20-444호
등록일자 / 1991. 6. 19

서울 특별시 송파구 잠실동 339-3 우편번호 138-220
(031)594-6327, Fax(031)594-6328

값은 표지에 있습니다.

잘못된 책은 바꾸어 드립니다.
ISBN 89-7508-375-6 04230